Diário de Oração

Este diário pertence a:

_____

Presenteado por:

_____

© 2012 Ministérios Pão Diário. Todos os direitos reservados.

ESCRITORES:
Dave Branon, Anne M. Cetas, William E. Crowder, David C. Egner, H. Dennis Fisher, Hia Chek Phang, Cindy Hess Kasper, Randy Kilgore, Albert Lee, Julie Ackerman Link, David C. McCasland, David H. Roper, Jennifer Benson Schuldt, Joseph M. Stowell, Marvin L. Williams, Philip D. Yancey.

TRADUÇÃO: Elisa Tisserant de Castro, Cláudio F. Chagas
REVISÃO EDITORIAL: Rita Rosário, Thaís Soler
PROJETO GRÁFICO E CAPA: Audrey Novac Ribeiro
DIAGRAMAÇÃO: Lucila Lis

CRÉDITOS:
Artigos: 13 de janeiro, 20 de fevereiro, 24 de março, 30 de abril, 14 de maio, 14 de junho, extraídos e adaptados do livro *Grace Notes* (Anotações sobre a Graça) de Philip Yancey © 2009 Zondervan. Publicado com a permissão de Zondervan; 21 de julho, extraído e adaptado do livro *Onde Está Deus Quando Chega a Dor?* de Philip Yancey © 1997 Editora Vida. Publicado com a permissão da Editora Vida; Hino: 23 de outubro *The Lord my Shepherd Guards me Well* (O Senhor, meu Pastor me Protege bem). Letra: Carl P. Daw, Jr. © 1990 Hope Publishing Company. Todos os direitos reservados. Publicado com permissão.

Exceto se indicado o contrário, as citações bíblicas são extraídas da Edição Revista e Atualizada de João F. de Almeida © 1993 Sociedade Bíblica do Brasil.

Proibida a reprodução total ou parcial, sem prévia autorização, por escrito, da editora. Todos os direitos reservados e protegidos pela Lei 9.610, de 19/02/1998.

Publicações Pão Diário
Caixa Postal 9740, 82620-981 Curitiba/PR, Brasil
publicacoes@paodiario.org
www.publicacoespaodiario.com.br
Telefone: (41) 3257-4028

AW348 • ISBN: 978-1-60485-946-1

1ª edição: 2012 • 9ª impressão: 2025

Impresso na China

Quem é a mulher virtuosa?

> *Mulher virtuosa quem a achará?*
> *O seu valor muito excede ao de rubis.*
> —Provérbios 31:10

É fácil encontrar meditações sobre ela no mundo virtual e ouvir sobre a mulher citada no livro de Provérbios 31, escrito pelo sábio rei Salomão; agraciado com excelente sabedoria como um favor imerecido do próprio Deus. Quando ouvimos a expressão "Mulher Virtuosa" o que nos vem à mente? Talvez a mulher quase perfeita, aquela que se esquece de si mesma em favor de outros. Quem sabe até aquele tipo de mulher que gostaríamos de ser e sozinhas, não conseguimos.

O que é necessário para sermos consideradas mulheres virtuosas?

É preciso possuir e cultivar as virtudes, desejar o que é correto do ponto de vista da moral, da religião, do comportamento social. É necessário ter ânimo, ter energia, ser esforçada e valorosa, agir com eficácia e ter beleza e excelência em tudo que se faz. Sendo assim o interior será belo, e agradará não apenas a todos que as cercam, mas ao próprio Deus, que a todas concede esses atributos à medida que confiamos em Seu poder para nos conduzir e nutrir diariamente.

O segredo de sucesso da mulher virtuosa está em sua intimidade e relacionamento com Deus. A mulher descrita por Salomão foi abençoada e aprovada por confiar em Deus. Por confiar nele e depender dele, ela pôde fazer coisas grandiosas com os dons que lhe foram concedidos.

Nestas páginas, descubra os segredos do bem viver ao encontrar-se diariamente com Deus. Aproveite o plano de leitura bíblica em um ano para conhecer melhor o poderoso Deus, Seu Filho Jesus, e o Consolador — o Espírito Santo. Registre de que maneira as verdades bíblicas contidas no texto podem ser aplicadas em sua jornada diária. Escreva os seus pedidos e respostas de oração como um memorial da fidelidade de Deus em sua vida. Descubra como ser virtuosa: confiável, valorosa, responsável, forte, segura, louvável, respeitosa e de grande sensibilidade em seu lar e na sociedade.

Como usar este Diário de Oração?

Veja estas sugestões e aproveite ao máximo o seu momento devocional com Deus.

Selecione o momento e o local. Se possível, separe diariamente o momento e o local para fazer a leitura bíblica e meditar sobre o artigo do dia. O seu momento devocional será mais significativo se você concentrar-se e estabelecer este momento como rotina diária.

Leia a passagem bíblica. O versículo-chave, que aparece abaixo do título é uma verdade importante contida no Livro Sagrado, e nutrição espiritual diária.

Leia a Bíblia em um ano. As referências citadas facilitarão no acompanhamento diário da leitura.

Leia o texto do dia. Procure aprender mais sobre Deus e seu relacionamento com Ele. Descubra como Ele quer que você viva seus dias. Reflita sobre os exemplos.

Use o "pensamento do dia" a seu favor. Ele o ajudará a lembrar-se do alvo da mensagem e provocará a reflexão sobre os valores abordados na meditação diária.

Reserve tempo para orar. Após a leitura, converse com o Senhor sobre as descobertas em Sua Palavra e suas novas atitudes a partir deste reconhecimento. Diariamente, ore e registre seus pedidos e respostas de oração, você será recompensado por sua fidelidade e disciplina. Ao reler sobre as bênçãos que Deus trará a você e às pessoas pelas quais você orou, você buscará ainda mais a presença de Deus, e perceberá como a Sua Palavra foi importante em sua vida, e na vida das pessoas pelas quais você orou.

Com estas sugestões, você está pronto para começar!

Encontre o ânimo, a esperança, o desafio e o conforto ao aproximar-se mais de Deus. Tenha mais comunhão com o Pai. Ore com disciplina, propósito, regularidade e gratidão. Descubra como Deus exerce o Seu poder nas páginas deste Diário de Oração.

A Bíblia em um ano

Janeiro

- 1 Gn. 1–3; Mt. 1
- 2 Gn. 4–6; Mt. 2
- 3 Gn. 7–9; Mt. 3
- 4 Gn. 10–12; Mt. 4
- 5 Gn. 13–15; Mt. 5:1-26
- 6 Gn. 16–17; Mt. 5:27-48
- 7 Gn. 18–19; Mt. 6:1-18
- 8 Gn. 20–22; Mt. 6:19-34
- 9 Gn. 23–24; Mt. 7
- 10 Gn. 25–26; Mt. 8:1-17
- 11 Gn. 27–28; Mt. 8:18-34
- 12 Gn. 29–30; Mt. 9:1-17
- 13 Gn. 31–32; Mt. 9:18-38
- 14 Gn. 33–35; Mt. 10:1-20
- 15 Gn. 36–38; Mt. 10:21-42
- 16 Gn. 39–40; Mt. 11
- 17 Gn. 41–42; Mt. 12:1-23
- 18 Gn. 43–45; Mt. 12:24-50
- 19 Gn. 46–48; Mt. 13:1-30
- 20 Gn. 49–50; Mt. 13:31-58
- 21 Êx. 1–3; Mt. 14:1-21
- 22 Êx. 4–6; Mt. 14:22-36
- 23 Êx. 7–8; Mt. 15:1-20
- 24 Êx. 9–11; Mt. 15:21-39
- 25 Êx. 12–13; Mt. 16
- 26 Êx. 14–15; Mt. 17
- 27 Êx. 16–18; Mt. 18:1-20
- 28 Êx. 19–20; Mt. 18:21-35
- 29 Êx. 21–22; Mt. 19
- 30 Êx. 23–24; Mt. 20:1-16
- 31 Êx. 25–26; Mt. 20:17-34

Fevereiro

- 1 Êx. 27–28; Mt. 21:1-22
- 2 Êx. 29–30; Mt. 21:23-46
- 3 Êx. 31–33; Mt. 22:1-22
- 4 Êx. 34–35; Mt. 22:23-46
- 5 Êx. 36–38; Mt. 23:1-22
- 6 Êx. 39–40; Mt. 23:23-39
- 7 Lv. 1–3; Mt. 24:1-28
- 8 Lv. 4–5; Mt. 24:29-51
- 9 Lv. 6–7; Mt. 25:1-30
- 10 Lv. 8–10; Mt. 25:31-46
- 11 Lv. 11–12; Mt. 26:1-25
- 12 Lv. 13; Mt. 26:26-50
- 13 Lv. 14; Mt. 26:51-75
- 14 Lv. 15–16; Mt. 27:1-26
- 15 Lv. 17–18; Mt. 27:27-50
- 16 Lv. 19–20; Mt. 27:51-66
- 17 Lv. 21–22; Mt. 28
- 18 Lv. 23–24; Mc. 1:1-22
- 19 Lv. 25; Mc. 1:23-45
- 20 Lv. 26–27; Mc. 2
- 21 Nm. 1–3; Mc. 3
- 22 Nm. 4–6; Mc. 4:1-20
- 23 Nm. 7–8; Mc. 4:21-41
- 24 Nm. 9–11; Mc. 5:1-20
- 25 Nm. 12–14; Mc. 5:21-43
- 26 Nm. 15–16; Mc. 6:1-29
- 27 Nm. 17–19; Mc. 6:30-56
- 28 Nm. 20–22; Mc. 7:1-13

Março

- 1 Nm. 23–25; Mc. 7:14-37
- 2 Nm. 26–27; Mc. 8:1-21
- 3 Nm. 28–30; Mc. 8:22-38
- 4 Nm. 31–33; Mc. 9:1-29
- 5 Nm. 34–36; Mc. 9:30-50
- 6 Dt. 1–2; Mc. 10:1-31
- 7 Dt. 3–4; Mc. 10:32-52
- 8 Dt. 5–7; Mc. 11:1-18
- 9 Dt. 8–10; Mc. 11:19-33
- 10 Dt. 11–13; Mc. 12:1-27
- 11 Dt. 14–16; Mc. 12:28-44
- 12 Dt. 17–19; Mc. 13:1-20
- 13 Dt. 20–22; Mc. 13:21-37
- 14 Dt. 23–25; Mc. 14:1-26
- 15 Dt. 26–27; Mc. 14:27-53
- 16 Dt. 28–29; Mc. 14:54-72
- 17 Dt. 30–31; Mc. 15:1-25
- 18 Dt. 32–34; Mc. 15:26-47
- 19 Js. 1–3; Mc. 16
- 20 Js. 4–6; Lc. 1:1-20
- 21 Js. 7–9; Lc. 1:21-38
- 22 Js. 10–12; Lc. 1:39-56
- 23 Js. 13–15; Lc. 1:57-80
- 24 Js. 16–18; Lc. 2:1-24
- 25 Js. 19–21; Lc. 2:25-52
- 26 Js. 22–24; Lc. 3
- 27 Jz. 1–3; Lc. 4:1-30
- 28 Jz. 4–6; Lc. 4:31-44
- 29 Jz. 7–8; Lc. 5:1-16
- 30 Jz. 9–10; Lc. 5:17-39
- 31 Jz. 11–12; Lc. 6:1-26

Abril

- 1 Jz. 13–15; Lc. 6:27-49
- 2 Jz. 16–18; Lc. 7:1-30
- 3 Jz. 19–21; Lc. 7:31-50
- 4 Rt 1–4; Lc. 8:1-25
- 5 1 Sm. 1–3; Lc. 8:26-56
- 6 1 Sm. 4–6; Lc. 9:1-17
- 7 1 Sm. 7–9; Lc. 9:18-36
- 8 1 Sm. 10–12; Lc. 9:37-62
- 9 1 Sm. 13–14; Lc. 10:1-24
- 10 1 Sm. 15–16; Lc. 10:25-42
- 11 1 Sm. 17–18; Lc. 11:1-28
- 12 1 Sm. 19–21; Lc. 11:29-54
- 13 1 Sm. 22–24; Lc. 12:1-31
- 14 1 Sm. 25–26; Lc. 12:32-59
- 15 1 Sm. 27–29; Lc. 13:1-22
- 16 1 Sm. 30–31; Lc. 13:23-35
- 17 2 Sm. 1–2; Lc. 14:1-24
- 18 2 Sm. 3–5; Lc. 14:25-35
- 19 2 Sm. 6–8; Lc. 15:1-10
- 20 2 Sm. 9–11; Lc. 15:11-32
- 21 2 Sm. 12–13; Lc. 16
- 22 2 Sm. 14–15; Lc. 17:1-19
- 23 2 Sm. 16–18; Lc. 17:20-37
- 24 2 Sm. 19–20; Lc. 18:1-23
- 25 2 Sm. 21–22; Lc. 18:24-43
- 26 2 Sm. 23–24; Lc. 19:1-27
- 27 1 Rs. 1–2; Lc. 19:28-48
- 28 1 Rs. 3–5; Lc. 20:1-26
- 29 1 Rs. 6–7; Lc. 20:27-47
- 30 1 Rs. 8–9; Lc. 21:1-19

Maio

- 1 1 Rs. 10–11; Lc. 21:20-38
- 2 1 Rs. 12–13; Lc. 22:1-20
- 3 1 Rs. 14–15; Lc. 22:21-46

A Bíblia em um ano

- ☐ 4   1 Rs. 16–18; Lc. 22:47-71
- ☐ 5   1 Rs. 19–20; Lc. 23:1-25
- ☐ 6   1 Rs. 21–22; Lc. 23:26-56
- ☐ 7   2 Rs. 1–3; Lc. 24:1-35
- ☐ 8   2 Rs. 4–6; Lc. 24:36-53
- ☐ 9   2 Rs. 7–9; Jo. 1:1-28
- ☐ 10   2 Rs. 10–12; Jo. 1:29-51
- ☐ 11   2 Rs. 13–14; Jo. 2
- ☐ 12   2 Rs. 15–16; Jo. 3:1-18
- ☐ 13   2 Rs. 17–18; Jo. 3:19-36
- ☐ 14   2 Rs. 19–21; Jo. 4:1-30
- ☐ 15   2 Rs. 22–23; Jo. 4:31-54
- ☐ 16   2 Rs. 24–25; Jo. 5:1-24
- ☐ 17   1 Cr. 1–3; Jo. 5:25-47
- ☐ 18   1 Cr. 4–6; Jo. 6:1-21
- ☐ 19   1 Cr. 7–9; Jo. 6:22-44
- ☐ 20   1 Cr. 10–12; Jo. 6:45-71
- ☐ 21   1 Cr. 13–15; Jo. 7:1-27
- ☐ 22   1 Cr. 16–18; Jo. 7:28-53
- ☐ 23   1 Cr. 19–21; Jo. 8:1-27
- ☐ 24   1 Cr. 22–24; Jo. 8:28-59
- ☐ 25   1 Cr. 25–27; Jo. 9:1-23
- ☐ 26   1 Cr. 28–29; Jo. 9:24-41
- ☐ 27   2 Cr. 1–3; Jo. 10:1-23
- ☐ 28   2 Cr. 4–6; Jo. 10:24-42
- ☐ 29   2 Cr. 7–9; Jo. 11:1-29
- ☐ 30   2 Cr. 10–12; Jo. 11:30-57
- ☐ 31   2 Cr. 13–14; Jo. 12:1-26

Junho

- ☐ 1   2 Cr. 15–16; Jo. 12:27-50
- ☐ 2   2 Cr. 17–18; Jo. 13:1-20
- ☐ 3   2 Cr. 19–20; Jo. 13:21-38
- ☐ 4   2 Cr. 21–22; Jo. 14
- ☐ 5   2 Cr. 23–24; Jo. 15
- ☐ 6   2 Cr. 25–27; Jo. 16
- ☐ 7   2 Cr. 28–29; Jo. 17
- ☐ 8   2 Cr. 30–31; Jo. 18:1-18
- ☐ 9   2 Cr. 32–33; Jo. 18:19-40
- ☐ 10   2 Cr. 34–36; Jo. 19:1-22
- ☐ 11   Ed 1–2; Jo. 19:23-42
- ☐ 12   Ed 3–5; Jo. 20
- ☐ 13   Ed 6–8; Jo. 21
- ☐ 14   Ed 9–10; At 1
- ☐ 15   Ne. 1–3; At 2:1-21

- ☐ 16   Ne. 4–6; At 2:22-47
- ☐ 17   Ne. 7–9; At 3
- ☐ 18   Ne. 10–11; At 4:1-22
- ☐ 19   Ne. 12–13; At 4:23-37
- ☐ 20   Et. 1–2; At 5:1-21
- ☐ 21   Et. 3–5; At 5:22-42
- ☐ 22   Et. 6–8; At 6
- ☐ 23   Et. 9–10; At 7:1-21
- ☐ 24   Jó 1–2; At 7:22-43
- ☐ 25   Jó 3–4; At 7:44-60
- ☐ 26   Jó 5–7; At 8:1-25
- ☐ 27   Jó 8–10; At 8:26-40
- ☐ 28   Jó 11–13; At 9:1-21
- ☐ 29   Jó 14–16; At 9:22-43
- ☐ 30   Jó 17–19; At 10:1-23

Julho

- ☐ 1   Jó 20–21; At 10:24-48
- ☐ 2   Jó 22–24; At 11
- ☐ 3   Jó 25–27; At 12
- ☐ 4   Jó 28–29; At 13:1-25
- ☐ 5   Jó 30–31; At 13:26-52
- ☐ 6   Jó 32–33; At 14
- ☐ 7   Jó 34–35; At 15:1-21
- ☐ 8   Jó 36–37; At 15:22-41
- ☐ 9   Jó 38–40; At 16:1-21
- ☐ 10   Jó 41–42; At 16:22-40
- ☐ 11   Sl 1–3; At 17:1-15
- ☐ 12   Sl 4–6; At 17:16-34
- ☐ 13   Sl 7–9; At 18
- ☐ 14   Sl 10–12; At 19:1-20
- ☐ 15   Sl 13–15; At 19:21-41
- ☐ 16   Sl 16–17; At 20:1-16
- ☐ 17   Sl 18–19; At 20:17-38
- ☐ 18   Sl 20–22; At 21:1-17
- ☐ 19   Sl 23–25; At 21:18-40
- ☐ 20   Sl 26–28; At 22
- ☐ 21   Sl 29–30; At 23:1-15
- ☐ 22   Sl 31–32; At 23:16-35
- ☐ 23   Sl 33–34; At 24
- ☐ 24   Sl 35–36; At 25
- ☐ 25   Sl 37–39; At 26
- ☐ 26   Sl 40–42; At 27:1-26
- ☐ 27   Sl 43–45; At 27:27-44
- ☐ 28   Sl 46–48; At 28

- ☐ 29   Sl 49–50; Rm. 1
- ☐ 30   Sl 51–53; Rm. 2
- ☐ 31   Sl 54–56; Rm. 3

Agosto

- ☐ 1   Sl 57–59; Rm. 4
- ☐ 2   Sl 60–62; Rm. 5
- ☐ 3   Sl 63–65; Rm. 6
- ☐ 4   Sl 66–67; Rm. 7
- ☐ 5   Sl 68–69; Rm. 8:1-21
- ☐ 6   Sl 70–71; Rm. 8:22-39
- ☐ 7   Sl 72–73; Rm. 9:1-15
- ☐ 8   Sl 74–76; Rm. 9:16-33
- ☐ 9   Sl 77–78; Rm. 10
- ☐ 10   Sl 79–80; Rm. 11:1-18
- ☐ 11   Sl 81–83; Rm. 11:19-36
- ☐ 12   Sl 84–86; Rm. 12
- ☐ 13   Sl 87–88; Rm. 13
- ☐ 14   Sl 89–90; Rm. 14
- ☐ 15   Sl 91–93; Rm. 15:1-13
- ☐ 16   Sl 94–96; Rm. 15:14-33
- ☐ 17   Sl 97–99; Rm. 16
- ☐ 18   Sl 100–102; 1 Co. 1
- ☐ 19   Sl 103–104; 1 Co. 2
- ☐ 20   Sl 105–106; 1 Co. 3
- ☐ 21   Sl 107–109; 1 Co. 4
- ☐ 22   Sl 110–112; 1 Co. 5
- ☐ 23   Sl 113–115; 1 Co. 6
- ☐ 24   Sl 116–118; 1 Co. 7:1-19
- ☐ 25   Sl 119:1-88; 1 Co. 7:20-40
- ☐ 26   Sl 119:89-176; 1 Co. 8
- ☐ 27   Sl 120–122; 1 Co. 9
- ☐ 28   Sl 123–125; 1 Co. 10:1-18
- ☐ 29   Sl 126–128; 1 Co. 10:19-33
- ☐ 30   Sl 129–131; 1 Co. 11:1-16
- ☐ 31   Sl 132–134; 1 Co. 11:17-34

Setembro

- ☐ 1   Sl 135–136; 1 Co. 12
- ☐ 2   Sl 137–139; 1 Co. 13
- ☐ 3   Sl 140–142; 1 Co. 14:1-20
- ☐ 4   Sl 143–145; 1 Co. 14:21-40
- ☐ 5   Sl 146–147; 1 Co. 15:1-28
- ☐ 6   Sl 148–150; 1 Co. 15:29-58

A Bíblia em um ano

- ☐ 7 Pv. 1–2; 1 Co. 16
- ☐ 8 Pv. 3–5; 2 Co. 1
- ☐ 9 Pv. 6–7; 2 Co. 2
- ☐ 10 Pv. 8–9; 2 Co. 3
- ☐ 11 Pv. 10–12; 2 Co. 4
- ☐ 12 Pv. 13–15; 2 Co. 5
- ☐ 13 Pv. 16–18; 2 Co. 6
- ☐ 14 Pv. 19–21; 2 Co. 7
- ☐ 15 Pv. 22–24; 2 Co. 8
- ☐ 16 Pv. 25–26; 2 Co. 9
- ☐ 17 Pv. 27–29; 2 Co. 10
- ☐ 18 Pv. 30–31; 2 Co. 11:1-15
- ☐ 19 Ec. 1–3; 2 Co. 11:16-33
- ☐ 20 Ec. 4–6; 2 Co. 12
- ☐ 21 Ec. 7–9; 2 Co. 13
- ☐ 22 Ec. 10–12; Gl. 1
- ☐ 23 Ct 1–3; Gl. 2
- ☐ 24 Ct 4–5; Gl. 3
- ☐ 25 Ct 6–8; Gl. 4
- ☐ 26 Is. 1–2; Gl. 5
- ☐ 27 Is. 3–4; Gl. 6
- ☐ 28 Is. 5–6; Ef. 1
- ☐ 29 Is. 7–8; Ef. 2
- ☐ 30 Is. 9–10; Ef. 3

Outubro

- ☐ 1 Is. 11–13; Ef. 4
- ☐ 2 Is. 14–16; Ef. 5:1-16
- ☐ 3 Is. 17–19; Ef. 5:17-33
- ☐ 4 Is. 20–22; Ef. 6
- ☐ 5 Is. 23–25; Fp. 1
- ☐ 6 Is. 26–27; Fp. 2
- ☐ 7 Is. 28–29; Fp. 3
- ☐ 8 Is. 30–31; Fp 4
- ☐ 9 Is. 32–33; Cl. 1
- ☐ 10 Is. 34–36; Cl. 2
- ☐ 11 Is. 37–38; Cl. 3
- ☐ 12 Is. 39–40; Cl. 4
- ☐ 13 Is. 41–42; 1 Ts. 1
- ☐ 14 Is. 43–44; 1 Ts. 2
- ☐ 15 Is. 45–46; 1 Ts. 3
- ☐ 16 Is. 47–49; 1 Ts. 4
- ☐ 17 Is. 50–52; 1 Ts. 5
- ☐ 18 Is. 53–55; 2 Ts. 1
- ☐ 19 Is. 56–58; 2 Ts. 2
- ☐ 20 Is. 59–61; 2 Ts. 3
- ☐ 21 Is. 62–64; 1 Tm. 1
- ☐ 22 Is. 65–66; 1 Tm. 2
- ☐ 23 Jr. 1–2; 1 Tm. 3
- ☐ 24 Jr. 3–5; 1 Tm. 4
- ☐ 25 Jr. 6–8; 1 Tm. 5
- ☐ 26 Jr. 9–11; 1 Tm. 6
- ☐ 27 Jr. 12–14; 2 Tm. 1
- ☐ 28 Jr. 15–17; 2 Tm. 2
- ☐ 29 Jr. 18–19; 2 Tm. 3
- ☐ 30 Jr. 20–21; 2 Tm. 4
- ☐ 31 Jr. 22–23; Tt. 1

Novembro

- ☐ 1 Jr. 24–26; Tt. 2
- ☐ 2 Jr. 27–29; Tt. 3
- ☐ 3 Jr. 30–31; Fm
- ☐ 4 Jr. 32–33; Hb. 1
- ☐ 5 Jr. 34–36; Hb. 2
- ☐ 6 Jr. 37–39; Hb. 3
- ☐ 7 Jr. 40–42; Hb. 4
- ☐ 8 Jr. 43–45; Hb. 5
- ☐ 9 Jr. 46–47; Hb. 6
- ☐ 10 Jr. 48–49; Hb. 7
- ☐ 11 Jr. 50; Hb. 8
- ☐ 12 Jr. 51–52; Hb. 9
- ☐ 13 Lm. 1–2; Hb. 10:1-18
- ☐ 14 Lm. 3–5; Hb. 10:19-39
- ☐ 15 Ez. 1–2; Hb. 11:1-19
- ☐ 16 Ez. 3–4; Hb. 11:20-40
- ☐ 17 Ez. 5–7; Hb. 12
- ☐ 18 Ez. 8–10; Hb. 13
- ☐ 19 Ez. 11–13; Tg. 1
- ☐ 20 Ez. 14–15; Tg. 2
- ☐ 21 Ez. 16–17; Tg. 3
- ☐ 22 Ez. 18–19; Tg. 4
- ☐ 23 Ez. 20–21; Tg. 5
- ☐ 24 Ez. 22–23; 1 Pe. 1
- ☐ 25 Ez. 24–26; 1 Pe. 2
- ☐ 26 Ez. 27–29; 1 Pe. 3
- ☐ 27 Ez. 30–32; 1 Pe. 4
- ☐ 28 Ez. 33–34; 1 Pe. 5
- ☐ 29 Ez. 35–36; 2 Pe. 1
- ☐ 30 Ez. 37–39; 2 Pe. 2

Dezembro

- ☐ 1 Ez. 40–41; 2 Pe. 3
- ☐ 2 Ez. 42–44; 1 Jo. 1
- ☐ 3 Ez. 45–46; 1 Jo. 2
- ☐ 4 Ez. 47–48; 1 Jo. 3
- ☐ 5 Dn. 1–2; 1 Jo. 4
- ☐ 6 Dn. 3–4; 1 Jo. 5
- ☐ 7 Dn. 5–7; 2 Jo
- ☐ 8 Dn. 8–10; 3 Jo
- ☐ 9 Dn. 11–12; Jd
- ☐ 10 Os. 1–4; Ap. 1
- ☐ 11 Os. 5–8; Ap. 2
- ☐ 12 Os. 9–11; Ap. 3
- ☐ 13 Os. 12–14; Ap. 4
- ☐ 14 Jl 1–3; Ap. 5
- ☐ 15 Am 1–3; Ap. 6
- ☐ 16 Am 4–6; Ap. 7
- ☐ 17 Am 7–9; Ap. 8
- ☐ 18 Ob; Ap. 9
- ☐ 19 Jn 1–4; Ap. 10
- ☐ 20 Mq. 1–3; Ap. 11
- ☐ 21 Mq. 4–5; Ap. 12
- ☐ 22 Mq. 6–7; Ap. 13
- ☐ 23 Na 1–3; Ap. 14
- ☐ 24 Hc 1–3; Ap. 15
- ☐ 25 Sf 1–3; Ap. 16
- ☐ 26 Ag 1–2; Ap. 17
- ☐ 27 Zc. 1–4; Ap. 18
- ☐ 28 Zc. 5–8; Ap. 19
- ☐ 29 Zc. 9–12; Ap. 20
- ☐ 30 Zc. 13–14; Ap. 21
- ☐ 31 Ml 1–4; Ap. 22

1 de Janeiro

Leitura: 1 João 2:28; 3:3

Verdades bíblicas:

Aplicação pessoal:

Pedidos de oração:

Respostas de oração:

ESTEJAMOS PRONTOS

E a si mesmo se purifica todo o que nele tem esta esperança...
—1 João 3:3

Feliz Ano Novo! Esperando por aquilo que o novo ano possa trazer, não consigo deixar de pensar se neste novo ano Jesus voltará. Mas questiono também se estou pronto para isso.

Em toda a minha vida tive que "estar pronto". Quando criança precisava lavar minhas mãos ao preparar-me para o jantar. Agora adulto, estar pronto para lidar com responsabilidades importantes, continua a ser realidade contínua. Mas percebi que o mais importante é estar pronto para nosso reencontro com Jesus.

Ao falar sobre o retorno de Cristo, João nos diz que: "E a si mesmo se purifica todo o que nele tem esta esperança, assim como ele é puro" (1 João 3:3). Esperar por Seu retorno nos enche de esperança — não do tipo que cria listas de desejos pelos quais esperar, mas de uma expectativa sólida que nos motiva a manter nossos corações afastados de distrações pecaminosas e fixa nossa atenção no objetivo de tornarmo-nos mais semelhantes a Ele. Se realmente acreditarmos que este poderá ser o ano de Seu retorno, estaremos mais preparados para perdoar, pedir perdão e compartilhar o amor incondicional de Deus.

Ao considerarmos a possibilidade do retorno de Jesus neste ano, devemos estar certos de que estamos prontos. Batalhemos para sermos puros como Ele é puro, esperando pelo dia em que lágrimas e tristeza, dor e morte serão substituídos pela eterna alegria de Sua presença. —JMS

DESEJAR ESTAR PREPARADO PARA O RETORNO DE CRISTO FARÁ DIFERENÇA NA MANEIRA COMO VIVEMOS.

DÊ A IMPORTÂNCIA

*Amai, porém, os vossos inimigos,
fazei o bem e emprestai,
sem esperar nenhuma paga…*
—Lucas 6:35

2 de Janeiro

Leitura: LUCAS 6:27-36

Verdades bíblicas:

Dirigir um enorme caminhão nas estradas cobertas de gelo no norte do Alasca poderia parecer uma tarefa que requer muito senso de humor. Mas quando um motorista ouviu outro motorista chamado Alex rir alto no sistema de radiocomunicação de todos os caminhões, ficou irritado. Então fez algumas observações depreciativas sobre Alex e suas gargalhadas.

Não muito depois disso, o motorista que estava criticando Alex perdeu o controle de sua enorme carreta e acabou caindo em uma vala — atolado até os eixos em neve. E adivinhe quem surgiu na estrada deserta e percebeu a situação? Isso mesmo. Alex!

E você, o que faria? Continuaria em seu caminho apenas rindo do problema do outro? Não foi isso o que Alex fez. Ele parou e investiu muitas horas ajudando o motorista que lhe criticara. Ao terminar, simplesmente disse: "Qualquer oportunidade que tiver para fazer algo bom, aproveito com alegria." E em seguida, é claro, riu.

Que lição para todos nós. Não foi isso que Cristo nos ordenou a fazer em Lucas 6 — ajudar mesmo aqueles que parecem ser nossos inimigos? Na próxima vez em que alguém disser algo sobre você que não lhe agrade, pense em Alex — e não minimize. Faça algo positivo por essa pessoa, e ao fazê-lo você poderá ganhar um amigo. —JDB

Aplicação pessoal:

Pedidos de oração:

Respostas de oração:

O MELHOR SERMÃO É UM BOM EXEMPLO.

3 de Janeiro

Leitura: PROVÉRBIOS 2:1-9

Verdades bíblicas:

Aplicação pessoal:

Pedidos de oração:

Respostas de oração:

A BUSCA

…se buscares a sabedoria como a prata e como a tesouros escondidos a procurares…
—Provérbios 2:4

Quando meu marido, Carlos, queria me conhecer melhor durante nosso namoro, ele telefonava, escrevia bilhetes, fazia perguntas atenciosas. Ele também comprava flores, doces, livros, outros presentes e também me levava para jantar. Ele investiu muito tempo e esforço na conquista.

Há muito tempo no século 10 a.C., Salomão recomendou este tipo de compromisso sério quando buscássemos outra coisa — sabedoria. Uma definição dicionarizada da palavra sabedoria, "entender o que é verdadeiro, correto ou duradouro," parece importante se quisermos ter uma vida que glorifique nosso Deus Santo.

Talvez por essa razão Salomão tenha usado tantos verbos indicadores de ação em Provérbios 2 para descrever os esforços necessários para obtermos sabedoria, pois disse para: "fazer o ouvido atento," "inclinar o coração," "clamar," "alcançar a voz," "buscar a sabedoria," "procurar por ela" (vv.2-4).

Buscar sabedoria exige esforço e as Escrituras nos dizem onde encontrá-la: "Porque o SENHOR dá a sabedoria, e da sua boca vem a inteligência e o entendimento." Ele não reserva sabedoria para si mesmo, "Ele reserva a verdadeira sabedoria para os retos…" (vv.6-7).

Busque a Deus com todo o seu coração. Ele é a fonte de toda sabedoria para a sua vida. —AMC

VOCÊ PODE ADQUIRIR MUITO CONHECIMENTO, MAS A VERDADEIRA SABEDORIA VEM APENAS DE DEUS.

PRÁTICA DA MISERICÓRDIA

4 de Janeiro

Pois o exercício físico para pouco é proveitoso, mas a piedade para tudo é proveitosa...
—1 Timóteo 4:8

Leitura: 1 Timóteo 4:6-11

O Ano Novo é geralmente um momento em que decidimos cuidar melhor de nós mesmos — nos exercitar, nos alimentarmos corretamente e talvez perder alguns quilos que ganhamos nas festas. Paulo diz, "...o exercício físico para pouco é proveitoso..." (1 Timóteo 4:8), então eu luto para me manter em forma o máximo que puder. Tento me alimentar mais ou menos corretamente, apesar de adorar frango frito. Ergo pesos e caminho, mas sei que meu corpo não permanecerá neste mundo por muito tempo, pois sua força está se esgotando.

É melhor nos concentrarmos na piedade, porque ela nos dá promessas para a vida de agora e para a que há de vir (v.8). Ao contrário do que diz o antigo provérbio, podemos sim levar algo conosco quando partirmos desta vida.

A misericórdia pode soar como algo tedioso, assustador e inatingível, mas a essência da piedade é o simples amor doador — preocuparmo-nos mais com os outros do que conosco mesmos. É difícil obter este tipo de amor doador, mas é um tipo que aumenta na presença do amor. Nós nos tornamos mais amáveis e mais cativantes ao nos sentarmos aos pés de Jesus, ouvindo-o falar sobre o que acontece — nos assemelhando mais àquele que é amor (1 João 4:8).

Parece-me que a vida é uma jornada para o amor e não há nada tão lindo quanto uma alma piedosa. O exercício físico é bom, sem dúvida, mas há algo muito, muito melhor: o amor. —DHR

Verdades bíblicas:

Aplicação pessoal:

Pedidos de oração:

Respostas de oração:

O AMOR É A MISERICÓRDIA EM AÇÃO.

5 de Janeiro

Leitura: Tiago 4:13-17

Verdades bíblicas:

Aplicação pessoal:

Pedidos de oração:

Respostas de oração:

ENCARANDO O FUTURO

...Se o Senhor quiser, não só viveremos, como também faremos isto ou aquilo.
—Tiago 4:15

Enquanto remexia alguns papéis antigos, encontrei uma edição especial de 1992 da revista *Time* intitulada "Além do ano 2000: O que esperar no Novo Milênio." Foi fascinante ler as previsões feitas há duas décadas sobre o que o futuro nos traria. Algumas observações gerais estavam 100% corretas, mas ninguém previu muitos dos acontecimentos e inovações que mudaram radicalmente nossas vidas. A afirmação mais convincente para mim foi, "A primeira regra das previsões deveria ser que o imprevisto continua mantendo o futuro imprevisível."

Tiago nos lembra que qualquer visão de futuro que omita Deus é boba e orgulhosa. "Atendei, agora, vós que dizeis: Hoje ou amanhã, iremos para a cidade tal, e lá passaremos um ano, e negociaremos, e teremos lucros. Vós não sabeis o que sucederá amanhã [...] Em vez disso, devíeis dizer: Se o Senhor quiser, não só viveremos, como também faremos isto ou aquilo" (Tiago 4:13-15).

Muitas pessoas costumavam iniciar suas afirmações sobre planos futuros com, "Se o Senhor quiser." A frase pode ter se tornado banal, mas não o reconhecimento de que a mão de Deus pode agir de maneira contrária aos nossos planos.

Ao olharmos firmemente para frente tendo Deus em vista, podemos encarar o futuro com confiança em Seu plano amoroso. —DCM

AQUELES QUE CONHECEM CRISTO COMO SALVADOR PODEM ENCARAR O FUTURO COM ALEGRIA.

SAUDADES DE CASA

Ora, de um e outro lado, estou constrangido, tendo o desejo de partir e estar com Cristo, o que é incomparavelmente melhor.
—Filipenses 1:23

6 de Janeiro

Leitura: FILIPENSES 1:21-30

Verdades bíblicas:

Quando nosso filho Estêvão era pequeno, participou de um acampamento cristão no verão por uma semana. Naquela mesma semana recebemos uma carta dele endereçada a "Mamãe e Papai Crowder" e dizia simplesmente, "por favor, venham me buscar hoje". A mente dessa criança não podia compreender, é claro, que seria necessário dias para que recebêssemos sua carta e mais tempo para que pudéssemos ir até lá. Tudo o que seu coração de menino sabia era que sentia saudades de casa e da mamãe e do papai — e isso pode ser difícil para uma criança.

Às vezes podemos ser como Estêvão ao pensarmos sobre este mundo. É fácil almejar estar com Jesus e desejar ir à nossa "casa eterna" (Eclesiastes 12:5) onde "estaremos com Cristo" (Filipenses 1:23). Como filhos de Deus (João 1:12), sabemos que este mundo nunca será verdadeiramente nosso lar. Como o apóstolo Paulo, sentimos isso especialmente quando os conflitos da vida são severos. Enquanto esperava pelo julgamento em Roma, Paulo escreveu: "Ora, de um e outro lado, estou constrangido, tendo o desejo de partir e estar com Cristo, o que é incomparavelmente melhor" (Filipenses 1:23). Ele amava servir a Cristo, mas uma parte dele ansiava por estar com o Salvador.

É confortante saber que podemos pensar no futuro em que estaremos com Jesus — em uma casa que é incomparavelmente melhor. —WEC

Aplicação pessoal:

Pedidos de oração:

Respostas de oração:

NÃO HÁ LUGAR COMO NOSSO LAR — ESPECIALMENTE QUANDO ESTE LAR É O CÉU.

7 de Janeiro

Leitura: 2 Samuel 12:1-15

Verdades bíblicas:

Aplicação pessoal:

Pedidos de oração:

Respostas de oração:

ROTA DE COLISÃO

…sabei que o vosso pecado vos há de achar.
—*Números 32:23*

Minha esposa e eu estávamos dirigindo em uma rodovia quando vimos um motorista fazer a curva à esquerda em um ponto específico para veículos de emergência. Ele estava planejando fazer o contorno e voltar para o outro lado da rodovia.

Olhando para seu lado direito esperando por um momento em que pudesse atravessar, não notou que uma viatura de polícia estava se aproximando dele pelo lado esquerdo. Finalmente, ao ver uma abertura, o motorista arrancou e bateu no carro de polícia.

É comum pensarmos que podemos fazer algo errado sem sermos punidos por isso. Após o rei Davi ter cometido adultério com Bate-Seba, ele também se preocupou em "livrar-se da punição". No entanto, estava em uma rota de colisão com Natã. Seu adultério, engano e assassinato "… foi mal aos olhos do Senhor" (2 Samuel 11:27), então quando Natã expôs o pecado atroz de Davi, o rei ficou profundamente arrependido. Ele confessou, se arrependeu e recebeu o perdão de Deus. Porém as consequências de seu pecado nunca se afastaram de sua casa (12:10).

Se você tem procurado se livrar de algo, lembre-se de que "…o vosso pecado vos há de achar" (Números 32:23). Entregue-se para Deus. Não se esconda. Em vez disso, busque Seu gracioso perdão. —HDF

PRECISAMOS ENCARAR NOSSOS PECADOS ANTES DE ABANDONÁ-LOS NO PASSADO.

DOAÇÃO DE ANIVERSÁRIO

...Deus ama a quem dá com alegria.
—2 Coríntios 9:7

8 de Janeiro

Leitura: 1 CRÔNICAS 29:1-14

Quando lembrei meu marido que seu aniversário de 39 anos estava chegando, ele afirmou não querer nenhum presente. Eu pensei, *Ah! Acredito!*, e continuei a pressioná-lo para conseguir ideias do que comprar. Mas ele me disse que gostaria de doar o dinheiro que fôssemos gastar em seu aniversário.

A Bíblia nos chama para doar de boa vontade — não com má vontade ou por necessidade — para dar assistência à obra de Deus e ajudar pessoas (2 Coríntios 9:7). Este tipo de doação espontânea geralmente traz alegria ao doador. Quando o rei Davi doou seu estoque pessoal de ouro e prata para ajudar a construir o templo, muitos oficiais israelitas seguiram seu exemplo. Após terem contribuído com bronze, ferro, pedras preciosas e metais preciosos, "O povo se alegrou com tudo o que se fez voluntariamente..." (1 Crônicas 29:9).

Como parte da celebração, Davi louvou a Deus dizendo, "...das tuas mãos to damos" (v.14). Seu ponto era ressaltar que Deus é dono de todas as coisas. Lembrarmo-nos disto nos permite dar com maior ímpeto, porque estamos simplesmente devolvendo nossos recursos a seu dono por direito — o próprio Deus.

Na próxima vez em que você contribuir com dinheiro, serviço ou pertences para apoiar a causa de Cristo, examine a sua atitude. Você está doando de livre e espontânea vontade? Deus ama a quem dá com alegria. —JBS

Verdades bíblicas:

Aplicação pessoal:

Pedidos de oração:

Respostas de oração:

A MANEIRA QUE DOAMOS É MAIS IMPORTANTE DO QUE O VALOR QUE DOAMOS.

9 de Janeiro

Leitura: SALMO 33:10-15

Verdades bíblicas:

Aplicação pessoal:

Pedidos de oração:

Respostas de oração:

ABENÇOADAS INTERRUPÇÕES

O SENHOR [...] anula os intentos dos povos. O conselho do SENHOR dura para sempre...
—Salmo 33:10-11

Se sua vida é semelhante à minha, é muito bem planejada. Tenho um calendário que me lembra de compromissos, reuniões e outros itens *a fazer*. Sem dúvida, as interrupções mudam meu dia dramaticamente e ainda que sejam frustrantes também podem ser produtivas.

Alguns dos grandes avanços nos planos de Deus vêm por meio de *interrupções* na rotina normal. Pense em Maria, por exemplo. Um anjo interrompeu sua vida com o anúncio de que ela teria um filho chamado Jesus. Como ela era uma virgem, que estava noiva para logo se casar, essa notícia com certeza foi chocante e profundamente perturbadora (Lucas 1:26-31). E Saulo, o zelote judeu que perseguia os cristãos do primeiro século, estava a caminho de Damasco para prender mais seguidores do Caminho quando foi cegado pelo próprio Jesus (Atos 9:1-9). Essa interrupção transformadora teve enormes implicações para o futuro do cristianismo.

O salmista nos lembra de que o Senhor "...anula os intentos dos povos..." (Salmo 33:10). No entanto, muito frequentemente reagimos às interrupções em nossas vidas muito bem organizadas com atitudes como frustração, irritação, medo e dúvida. As surpresas de Deus em nosso dia são repletas de oportunidades. Vamos recebê-las como uma nova lista de itens a *fazer* escrita por Ele. —JMS

NA PRÓXIMA INTERRUPÇÃO — PROCURE ENCONTRAR O PROPÓSITO DE DEUS.

SURPREENDIDO POR DEUS

*...Bendito seja ele do S*ENHOR*, que ainda não tem deixado a sua benevolência...*
—Rute 2:20

10 de Janeiro

Leitura: RUTE 2:17-23

Se Noemi tivesse sonhado em voltar próspera e bem-sucedida à sua terra natal, entrar em Belém teria sido um pesadelo. Enquanto viveu em terra estrangeira, perdeu seu marido e dois filhos e voltou apenas com sua nora Rute e um coração cheio de tristeza. "Não me chameis Noemi [amável, alegre]; chamai-me Mara [amarga]..." ela disse a suas antigas vizinhas, "...porque grande amargura me tem dado o Todo-Poderoso" (Rute 1:20).

Mas esse não era o fim da história. Quando a desencorajada Noemi viu a mão de Deus na vida de Rute, ela disse, "...Bendito seja ele do S*ENHOR*, que ainda não tem deixado a sua benevolência nem para com os vivos nem para com os mortos..." (2:20). O que aparentava ser um beco sem saída tornou-se uma porta aberta para estas duas mulheres que haviam perdido tanto.

O livro de Rute, no Antigo Testamento, contém uma história maravilhosa. A breve narrativa é repleta de incrível doçura e graça conforme o *Senhor* é mencionado um momento após o outro.

Por meio de Noemi e Rute, somos lembrados de que Deus trabalha de maneiras surpreendentes para tornar Seu amor conhecido e para cumprir Seus propósitos — mesmo em momentos difíceis.

As surpresas de Deus existem para que tenhamos coragem. Ele não deixa de mostrar Sua bondade a mim e a você. —DCM

Verdades bíblicas:

Aplicação pessoal:

Pedidos de oração:

Respostas de oração:

AS PROVISÕES DE DEUS NOS ENSINAM A CONFIAR NELE MESMO QUANDO NÃO VEMOS SEUS PROPÓSITOS.

11 de Janeiro

Leitura: EFÉSIOS 2:1-10

Verdades bíblicas:

Aplicação pessoal:

Pedidos de oração:

Respostas de oração:

UMA ESCOLHA PERFEITA

...para que os que têm crido em Deus sejam solícitos na prática de boas obras...
—Tito 3:8

Que tipo de habilidades você tem? Essa pergunta, feita em uma entrevista de trabalho, deveria determinar se meu amigo seria uma boa escolha para um cargo. Ele rapidamente fez uma retrospectiva mental de suas habilidades e seus talentos, esperando enfatizar as características singulares que possuía e que contribuiriam para o sucesso da companhia.

E se nós já tivéssemos o conjunto perfeito de habilidades necessárias para cumprir o que Deus quer que façamos? Bem — na verdade — nós temos! Os dons espirituais que possuímos, e nossas experiências, treinamento, talentos naturais e um coração submisso formam um indivíduo singular que tem as habilidades necessárias para as "boas obras" que Deus "...de antemão preparou para que andássemos nelas" (Efésios 2:10). Se Deus tem algo que deseja cumprir e para o qual você sente que Ele o chama, Ele proverá o que você precisa para cumprir a tarefa. Ou, como uma paráfrase enfatiza, Deus quer que "nos juntemos a Ele no trabalho que Ele executa; a boa obra que Ele preparou para executarmos" (Efésios 2:10). A única coisa que Ele exige é que sejamos encontrados fiéis (1 Coríntios 4:2).

Você já encontrou um lugar na obra de Deus onde pode ser usado por Ele? Vamos praticar o bem e "...ser ricos de boas obras..." (1 Timóteo 6:18). —CHK

DEVEMOS USAR NOSSOS DONS ESPIRITUAIS, NÃO SIMPLESMENTE ADMIRÁ-LOS.

ATRAINDO OS PERDIDOS

12 de Janeiro

Eu vim como luz para o mundo…
—João 12:46

Leitura: 2 Coríntios 5:12-21

Minha amiga Anna é frequentemente parada na rua por pessoas que precisam de ajuda para se localizar. Isto já aconteceu com ela inclusive em outros países; e ela se pergunta se seria por causa de seu rosto sincero que parece confiável. Eu sugeri que talvez seja porque ela aparenta saber onde está indo. Outro amigo disse que talvez ela atraia os perdidos.

Todos esses atributos deveriam ser verdadeiros no povo de Deus no sentido espiritual. Como cristãos, temos propósito e direção, sabemos onde estamos indo e sabemos como chegar lá. Isto nos dá confiança ao caminharmos para cumprir o chamado de Deus em nossas vidas. Quando este tipo de confiança torna-se evidente para outros, o perdido nos procurará pedindo orientação.

Deus sempre manteve uma presença na terra para que as pessoas pudessem encontrá-lo. Sua primeira luz para o mundo foi a nação de Israel (Isaías 42:6). Depois, Salomão orou para que o grande nome de Deus atraísse pessoas para o próprio Deus (1 Reis 8:41-43). A luz da nação judia culminou em Jesus, "a luz do mundo" (João 9:5). E agora, os seguidores de Jesus devem ser a luz do mundo (Mateus 5:14). Como tal, é nossa responsabilidade mostrar às pessoas o caminho para se reconciliarem com Deus (2 Coríntios 5:18). —JAL

Verdades bíblicas:

Aplicação pessoal:

Pedidos de oração:

Respostas de oração:

DEIXE QUE OS OUTROS VEJAM SUA LUZ PARA SEREM RETIRADOS DA ESCURIDÃO DO PECADO.

13 de Janeiro

Leitura: João 14:15-24

Verdades bíblicas:

Aplicação pessoal:

Pedidos de oração:

Respostas de oração:

DESTRAVE

*Se me amais,
guardareis os meus mandamentos.*
—João 14:15

Jesus deixou claro aos Seus discípulos que Ele é "…o caminho, a verdade e a vida…" (João 14:6). Ele é o único caminho para o Pai, e nossa crença e compromisso com Ele resulta em amor e obediência — e nos leva ao nosso eterno lar no céu.

Cristina, uma estudante de seminário em Minsk, Belarus, escreveu este testemunho: "Jesus morreu por todos, inclusive pelo mais desesperado pecador. O pior dos criminosos que vier até Ele em fé será aceito.

"Por muito tempo, Jesus vinha batendo à minha porta. Falando figurativamente, a porta do meu coração estava aberta, eu era cristã. Mas eu mantinha a trava de segurança posicionada, não entregando minha vida por completo a Ele."

Cristina sabia que isso não estava certo e sentiu que Deus a constrangia a mudar. "Ajoelhei-me diante dele e abri as portas o máximo que pude." Ela destravou a entrada.

Os seguidores de Jesus comprometidos farão o que Ele ordena — sem travas de segurança ou porta dos fundos. Sem reservar pequenos cantos de nossas vidas apenas para nós. Sem pecados secretos.

Se, como Cristina, você tem hesitado em entregar-se a Deus, este é o momento de se livrar das travas de segurança. Abra mão dessas restrições. Escancare as portas de sua vida, e experimente a alegria do discipulado obediente. —DCE

**NENHUMA VIDA É MAIS SEGURA
DO QUE A VIDA SUBMISSA A DEUS.**

NÃO O ENTRISTEÇA

E eu rogarei ao Pai, e ele vos dará outro Consolador, a fim de que esteja para sempre convosco.
—João 14:16

14 de Janeiro

Leitura: EFÉSIOS 4:25-32

Se algum dinheiro desaparecesse misteriosamente de sua carteira, você ficaria furioso. Mas se descobrisse que seu filho o roubara, sua ira rapidamente se transformaria em tristeza. Um dos usos da palavra tristeza descreve o pesar que sentimos quando aqueles que amamos nos desapontam.

"E não entristeçais o Espírito de Deus…" (Efésios 4:30) essencialmente significa não magoar aquele que nos ama e está aqui para nos ajudar, pois lemos as palavras de Jesus em João 14:26 que nos dizem que o Espírito Santo nos é enviado pelo Pai para ser o nosso Consolador.

Quando o Espírito Santo em nós é entristecido por nossas ações ou atitudes, isso pode ser uma tensão tremenda. O Espírito nos puxa a uma direção, mas as luxúrias da carne nos arrastam para outra. Paulo descreve isto em Gálatas 5:17, "Porque a carne milita contra o Espírito, e o Espírito, contra a carne, porque são opostos entre si; para que não façais o que, porventura, seja do vosso querer." Se isto continua, podemos começar a nos sentir culpados e insatisfeitos com a vida. Em pouco tempo a alegria e o vigor em nosso interior podem diminuir, e ser substituídos apenas por indiferença e apatia (Salmo 32:3-4).

Então não entristeça o Espírito Santo que foi dado em amor para ajudar você. "Longe de vós" as más escolhas da carne (Efésios 4:31), e viva fielmente para Deus.
—AL

Verdades bíblicas:

Aplicação pessoal:

Pedidos de oração:

Respostas de oração:

O CORAÇÃO DO CRISTÃO É O LAR DO ESPÍRITO.

15 de Janeiro

Leitura: SALMO 139:1-16

Verdades bíblicas:

Aplicação pessoal:

Pedidos de oração:

Respostas de oração:

CADA VIDA UM PRESENTE

Graças te dou, visto que por modo assombrosamente maravilhoso me formaste...
—Salmo 139:14

Uma jovem estava grávida, mas solteira. E apesar de viver numa sociedade que não dava tanta importância a uma vida por nascer, ela sabiamente escolheu permitir que seu bebê vivesse.

A criança, que ela generosamente entregou para adoção, tornou-se parte de uma amorosa família cristã que educou sua filha preciosa, amou-a e lhe mostrou o caminho para Cristo.

Antes que essa menina chegasse à idade adulta, no entanto, ela morreu. Sua morte deixou um enorme vazio em sua família, mas também deixou memórias de alegrias na infância e entusiasmo juvenil. Com certeza sua morte trouxe um enorme vazio nos corações de todos que a amavam, mas imagine o que teriam perdido se nunca a tivessem segurado em seus braços, compartilhado sobre Jesus, rido juntos, ensinado e tratado-a com carinho.

Toda vida — toda criança — é maravilhosamente feita como amostra do trabalho manual de Deus (Salmo 139). Todo ser humano é uma imagem à semelhança de Deus (Gênesis 1:27) e um descendente de nosso primeiro pai que recebeu o fôlego de Deus.

A morte nos priva de certa inteireza que desejamos ter na vida, mas também nos lembra do valor de cada vida que Deus cria (Colossenses 1:16). Aprecie o dom da vida e desfrute da alegria advinda do trabalho das mãos de Deus. —JDB

TODA VIDA É CRIADA POR DEUS E OSTENTA O SEU AUTÓGRAFO.

O LIVRO DA NATUREZA

16 de Janeiro

Porque os atributos invisíveis de Deus […] se reconhecem, desde o princípio do mundo sendo percebidos pelas coisas que foram criadas…
—Romanos 1:20

Leitura: ROMANOS 1:18-24

O escocês-americano John Muir (1838–1914) foi criado por um pai cristão que colocava grande ênfase na memorização das Escrituras. Quando era rapaz, John podia citar todo o Novo Testamento com facilidade e grandes porções do Antigo Testamento.

Ainda jovem, Muir desenvolveu grande amor pela criação de Deus e a via como fonte para compreender Deus. O historiador Dennis Williams diz que Muir se referia à criação como o "Livro da Natureza." Ao explorar o deserto, pôde estudar plantas e animais num ambiente que "veio diretamente da mão de Deus, não corrompido pela civilização e domesticação". Muir passou a liderar o movimento de conservação das florestas e auxiliou na criação de muitos parques nos Estados Unidos, incluindo os famosos parques Yosemite, Sequoia e Monte Rainier.

Para cultivar o interesse espiritual das crianças e jovens, devemos primeiramente nos concentrar no texto da Bíblia. Mas também podemos levá-los à sala de aula de Deus ao ar livre, onde podemos cultivar seu amor pelo Criador mostrando-lhes a majestade da criação: "Porque os atributos invisíveis de Deus, assim o seu eterno poder, como também a sua própria divindade, claramente se reconhecem, desde o princípio do mundo, sendo percebidos por meio das coisas que foram criadas" (Romanos 1:20).
—HDF

Verdades bíblicas:

Aplicação pessoal:

Pedidos de oração:

Respostas de oração:

NO LIVRO DIVINO SOBRE A NATUREZA — A BÍBLIA, PODEMOS RECONHECER MUITAS LIÇÕES VALIOSAS.

17 de Janeiro

Leitura: Êxodo 18:13-24

Verdades bíblicas:

Aplicação pessoal:

Pedidos de oração:

Respostas de oração:

BOM CONSELHO

Moisés atendeu às palavras de seu sogro e fez tudo quanto este lhe dissera.
—Êxodo 18:24

Por causa de nossas vidas ocupadas, não é difícil nos encontrarmos na situação de Moisés em Êxodo 18. Sendo o único juiz do povo, ficava cercado "...desde a manhã até ao pôr-do-sol" (v.13) pelo povo que precisava de sua ajuda.

Na verdade, algumas pessoas — especialmente os pais jovens — dizem-me que se identificam com Moisés. Parece que precisamos desenvolver duas habilidades para sobreviver: uma avidez por ouvir (v.24) e a disposição em aceitar ajuda (v.25). Às vezes não aceitamos ajuda por causa do orgulho, mas esse não é sempre o caso.

No caso de Moisés, e frequentemente conosco, a vida simplesmente passa tão rapidamente e nos faz tantas exigências (vv.13-15) que mal temos tempo para reagir — quanto mais contemplar ou pedir conselhos a alguém. Talvez essa seja uma razão para as Escrituras nos lembrarem que devemos nos cercar de conselheiros que oferecerão sua experiência e sabedoria mesmo quando estivermos ocupados demais para pedir. Vemos nesta história o que Jetro fez por Moisés quando disse a seu genro que delegasse algumas de suas responsabilidades (vv.17-23).

Não seja dominado pelas responsabilidades. Busque conselho divino e faça o que lhe for dito. —RKK

AQUELE QUE NÃO FOR ACONSELHADO, NÃO SERÁ AUXILIADO.

RECUPERANDO O EQUILÍBRIO

...tomai toda a armadura de Deus, para que possais resistir no dia mau e, depois de terdes vencido tudo, permanecer inabaláveis.
—Efésios 6:13

18 de Janeiro

Leitura: EFÉSIOS 6:10-18

Verdades bíblicas:

Aplicação pessoal:

Pedidos de oração:

Respostas de oração:

Nos últimos anos, minha esposa, Marlene, vem sofrendo de problemas no ouvido interno que a fazem perder o equilíbrio. Sem qualquer aviso, algo no interior de seu ouvido se altera e ela entontece. Se ela tenta sentar ou levantar-se, uma vertigem a impede — e ela então precisa se deitar. Nenhum esforço pode compensar o poder que o ouvido interno tem de interromper e incomodar. Sendo uma pessoa ativa, Marlene acha esses episódios inoportunos frustrantes.

Algumas vezes a vida é assim. Algo inesperado altera a nossa rotina e nos faz perder o equilíbrio. Talvez sejam as más notícias sobre o fim do nosso trabalho ou os resultados de exames médicos que nos incomodam. Pode inclusive ser um ataque de nosso inimigo espiritual. Em cada caso, nosso equilíbrio emocional é martelado e nos sentimos como se não pudéssemos suportar.

Momentos como esses deveriam nos levar a voltarmo-nos a Deus. Quando sentirmos que estamos perdendo o equilíbrio, Ele poderá ajudar. Ele nos provê os recursos espirituais para ajudar-nos a suportar. Paulo diz, "Portanto, tomai toda a armadura de Deus, para que possais resistir no dia mau e, depois de terdes vencido tudo, permanecer inabaláveis" (Efésios 6:13).

Quando a vida nos dá rasteiras, não precisamos nos sentir frustrados. Com a força de Deus para nos levantar e a armadura de Deus para nos proteger, podemos permanecer inabaláveis. —WEC

PODEMOS SUPORTAR QUALQUER COISA SE DEPENDERMOS DE DEUS EM TODAS AS COISAS.

19 de Janeiro

Leitura: HEBREUS 11:1-10

Verdades bíblicas:

Aplicação pessoal:

Pedidos de oração:

Respostas de oração:

OLHO MÁGICO

…Deus […] se torna galardoador dos que o buscam.
—*Hebreus 11:6*

Um de meus sobrinhos trouxe um livro de imagens da série *Olho Mágico* a uma reunião familiar. As imagens do livro parecem ter formas bidimensionais comuns, mas ao olharmos de certa maneira, a superfície plana aparenta ser tridimensional.

Todos se revezaram tentando treinar os olhos para tornar visível a imagem tridimensional. Um dos familiares teve dificuldades para detectar a terceira dimensão. Muitas vezes percebi que ele estava com o livro aberto, olhando-o de diferentes distâncias e direções, mas apesar de não poder enxergar a imagem escondida, acreditava que estava ali porque outros a tinham visto.

Sua persistência me fez pensar sobre a importância de termos a mesma tenacidade em questões de fé. O perigo para aqueles que duvidam é deixarem de procurar por Deus por acreditarem que Ele não pode ser encontrado. Moisés alertou os israelitas que as gerações futuras se afastariam de Deus. Prometeu, no entanto, que aqueles que buscam a Deus de todo coração e de toda a alma o encontrarão (Deuteronômio 4:29). O livro de Hebreus confirma que Deus recompensa aqueles que o buscam diligentemente (11:6).

Se você luta para crer, lembre-se: Só porque você não vê a Deus não significa que Ele não existe. Ele promete ser encontrado por aqueles que o buscam. —JAL

PORQUE DEUS É MAGNÍFICO ELE SERÁ PROCURADO; PORQUE DEUS É BOM ELE SERÁ ENCONTRADO.

AMPLIANDO GRAÇA

20 de Janeiro

*...Os sãos não precisam de médico,
e sim os doentes.*
—Mateus 9:12

Leitura: MATEUS 9:9-13

No meio da década de 70, do século 20, arquivos de divórcios e sentenças finais apareciam na seção de Registros Públicos de nosso jornal local. O pastor de nossa igreja lia esses nomes semana após semana e começou a reconhecer o nome das pessoas, não apenas ler estatísticas. Criou então um seminário sobre como recuperar-se do divórcio para oferecer ajuda e cura em Cristo às pessoas que estivessem passando por um momento difícil. Quando membros da igreja lhe disseram que estavam preocupados com o fato de ele estar sendo indulgente com o divórcio, ele gentilmente respondeu que estava apenas estendendo a graça de Deus àqueles que precisavam.

Quando Jesus convidou Mateus, o coletor de impostos, para segui-lo, ele aceitou. Mateus então convidou Jesus para jantar em sua casa. Após ter sido criticado por líderes religiosos por comer com coletores de impostos e pecadores, Jesus disse: "...Os sãos não precisam de médico, e sim os doentes. Ide, porém, e aprendei o que significa: Misericórdia quero e não holocaustos; pois não vim chamar justos, e sim pecadores ao arrependimento" (Mateus 9:12-13). Jesus, o grande médico, quer suprir nossas necessidades, oferecendo perdão, cura e esperança. O que não merecemos, Ele dá de bom grado.

Alcançando os necessitados, podemos estender a outros esta graça de Deus em Cristo — guiando-os ao Seu toque curador.
—DCM

Verdades bíblicas:

Aplicação pessoal:

Pedidos de oração:

Respostas de oração:

AO CONHECER A GRAÇA DE DEUS,
VOCÊ DESEJARÁ DEMONSTRÁ-LA.

21 de Janeiro

Leitura: 1 Coríntios 5

Verdades bíblicas:

Aplicação pessoal:

Pedidos de oração:

Respostas de oração:

LIBERTE-SE DO PASSADO

Lançai fora o velho fermento, para que sejais nova massa [...] sem fermento. Pois também Cristo, nosso Cordeiro pascal, foi imolado.
—1 Coríntios 5:7

Muitos dias antes de sua celebração de Ano Novo, várias famílias chinesas fazem uma limpeza completa em suas casas. Há um ditado cantonês que diz: "Lave a sujeira no *ninyabaat*" (28º dia do 12º mês). Eles praticam essa tradição porque acreditam que a limpeza remove a má sorte do ano anterior e prepara suas casas para a boa sorte.

Quando o apóstolo Paulo escreveu aos cristãos de Corinto, pediu-lhes que limpassem suas vidas por completo — não para ter boa sorte, mas para agradar a Deus. Ele lhes disse: "Lançai fora o velho fermento..." (1 Coríntios 5:7).

Paulo usou as festas judaicas da Páscoa e o pão sem fermento (Êxodo 12:1-28) como pano de fundo para esta afirmação. Fermento era um símbolo de pecado e corrupção e deveria ser removido dos lares judeus para celebrar estes festivais (Deuteronômio 16:3-4). Porque Jesus é o Cordeiro Pascal que nos limpa do pecado, os coríntios deveriam limpar seus corações e remover todo o fermento de imoralidade sexual, malícia e perversão de suas vidas e sua assembleia (1 Coríntios 5:9-13).

Em gratidão a Jesus por Seu sacrifício, lancemos fora o pecado de nossas vidas e celebremos a santidade que apenas Ele pode nos dar. —MLW

A CONTAMINAÇÃO DO PECADO REQUER A LIMPEZA DO SALVADOR.

AGRADEÇA A DEUS PELA MÚSICA

22 de Janeiro

...e quando [...] tocaram as trombetas e cantaram [...] a glória do S<small>ENHOR</small> encheu a Casa de Deus.
—2 Crônicas 5:13-14

Leitura: 2 C<small>RÔNICAS</small> 5:7-14

A música tem um papel muito importante na Bíblia. De Gênesis a Apocalipse, Deus recruta os músicos para trabalharem a seu favor. Ele usa a música para chamar o povo à adoração e para enviá-los à guerra, para acalmar ânimos e para acender a paixão espiritual, para celebrar vitórias e lamentar as perdas. A música é uma forma de arte totalmente inclusiva para todas as ocasiões. Há seguidores e líderes, canções simples e complexas, instrumentos fáceis ou difíceis de tocar, melodias e harmonias, ritmos acelerados ou lentos, notas agudas ou graves.

A música é uma metáfora maravilhosa para a igreja, pois todos participam com aquilo que fazem melhor. Todos nós cantamos ou tocamos notas diferentes em momentos distintos, ao executarmos a mesma canção. Quanto melhor conhecermos nossa parte e melhor seguirmos o condutor, mais bela será a música.

O louvor é uma das melhores maneiras de utilizar a música. Quando o templo de Salomão estava pronto, os músicos louvaram e agradeceram a Deus. Enquanto faziam-no, "...a glória do S<small>ENHOR</small> encheu a Casa de Deus" (2 Crônicas 5:14).

Agradeçamos a Deus pela música bela, pois é como se fosse uma amostra do que será no céu, onde a glória de Deus habitará para sempre e onde o louvor a Ele nunca cessará. —JAL

Verdades bíblicas:

Aplicação pessoal:

Pedidos de oração:

Respostas de oração:

AQUELES QUE LOUVAM A DEUS NA TERRA SE SENTIRÃO EM CASA NO CÉU.

23 de Janeiro

Leitura: DEUTERONÔMIO 8:7-18

Verdades bíblicas:

Aplicação pessoal:

Pedidos de oração:

Respostas de oração:

UMA VIDA PLENA

Porque todos nós temos recebido da sua plenitude e graça sobre graça.
—João 1:16

Durante a celebração do Ano Novo chinês, costuma-se usar certas palavras nos impressos e em conversações. Uma palavra usada frequentemente é a palavra plenitude, com o significado de "abundância de", a qual expressa o desejo de prosperidade material para o ano que se inicia.

Moisés contou aos israelitas sobre a riqueza e a prosperidade na terra de Canaã antes que entrassem nela (Deuteronômio 8:7-9). Eles teriam tudo que precisassem e ainda mais. Contudo o profeta os admoestou sobre o perigo de esquecerem-se de Deus, aquele que os tirara do Egito e os protegera por todo caminho e que lhes havia dado aquela abundância (v.11). Deste modo Moisés ordenou-lhes: "Antes, te lembrarás do SENHOR, teu Deus, porque é ele o que te dá força para adquirires riquezas…" (v.18).

"Riqueza," claro, não significa apenas bens materiais. Tudo que você tem vem de Deus. O nosso Senhor Jesus disse aos Seus discípulos, "…eu vim para que tenham vida e a tenham em abundância" (João 10:10).

Da mesma maneira também podemos ser tentados a esquecer que é o Senhor quem nos abençoa e provê nossas necessidades. Nossas vidas serão plenas, abundantes e satisfatórias apenas quando estivermos conectados a Jesus Cristo. —CPH

NÃO PERMITA QUE A ABUNDÂNCIA DAS DÁDIVAS DIVINAS O FAÇAM ESQUECER QUEM AS CONCEDEU.

CALHAS E JANELAS

*...amor que procede de coração puro [...]
e de fé sem hipocrisia.*
—1 Timóteo 1:5

24 de Janeiro

Leitura: MATEUS 23:23-31

Enquanto passeávamos em família, uma placa impecavelmente branca com letras vermelhas perfeitas chamou minha atenção "Calhas e Janelas — Trabalho de qualidade garantida." A placa estava perfeita, mas temi que a casa e o celeiro logo atrás despencassem a qualquer momento. A tinta estava descascando, as janelas estavam rachadas e não havia calhas!

Muitos de nós *anunciamos* Jesus, mas nossas casas espirituais estão em mau estado. Podemos ir à igreja, falar o "evangeliquês" e misturarmo-nos sutilmente com os outros. Mas quando nossa conduta não se alinha com nossos corações, nosso comportamento de primeira classe reflete apenas um desempenho religioso. Quando Jesus confrontou os fariseus, Ele disse: "...vós exteriormente pareceis justos aos homens, mas, por dentro, estais cheios de hipocrisia e de iniquidade" (Mateus 23:28).

Jesus tinha uma mensagem diferente, mas igualmente direta para os Seus seguidores: "...não vos mostreis contristados como os hipócritas..." (6:16). A Bíblia nos encoraja a cultivar um "...amor que procede de coração puro [...] e de fé sem hipocrisia" (1 Timóteo 1:5). Estas atitudes interiores devem transparecer em nossas palavras e ações (Lucas 6:45).

Considere o estado atual de sua experiência espiritual. Se as pessoas olharem além do que se ostenta externamente, descobrirão um coração autêntico? —JBS

Verdades bíblicas:

Aplicação pessoal:

Pedidos de oração:

Respostas de oração:

DEUS DESEJA QUE AS NOSSAS AÇÕES SEJAM REFLEXOS DE UM CORAÇÃO PURO.

25 de Janeiro

Leitura: SALMO 19:7-11

Verdades bíblicas:

Aplicação pessoal:

Pedidos de oração:

Respostas de oração:

VALE O ESFORÇO?

Toda a Escritura é inspirada por Deus e útil [...] para a educação na justiça.
—2 Timóteo 3:16

Certa vez decidi ler todas as 38 peças de Shakespeare em um ano. Para minha surpresa, cumprir a tarefa parecia muito mais divertimento do que trabalho. Esperava aprender algo sobre o mundo de Shakespeare e das pessoas que ali viviam, mas descobri que ele me ensinou, principalmente, sobre o meu mundo.

Passei exatamente pelo mesmo processo com o Antigo Testamento. Por que investir tanto tempo em templos, sacerdotes e regras sobre sacrifícios que já não existem mais? Como podemos entender o Antigo Testamento, e como podemos aplicá-lo em nossas vidas hoje?

Após romper algumas barreiras, passei a sentir *necessidade* de ler devido ao que estava aprendendo. Finalmente, percebi que *queria ler* aqueles 39 livros. Eles satisfaziam minha necessidade interior como nada o fazia. Eles me ensinaram sobre a vida com Deus.

O Antigo Testamento fala sobre a nossa fome; dá-nos um curso avançado de "Vida com Deus", expresso num estilo pessoal e impetuoso.

As recompensas oferecidas não vêm facilmente. Todas as realizações requerem um processo similar de trabalho pesado e nós perseveramos porque as recompensas virão. —PY

A BÍBLIA NOS MOSTRA COMO REALMENTE SOMOS.

A TERRA DO MAIS

Nós, porém, segundo a sua promessa, esperamos novos céus e nova terra, nos quais habita justiça.
—2 Pedro 3:13

26 de Janeiro

Leitura: APOCALIPSE 22:1-5

Em um comercial de televisão que vi recentemente, as crianças discutiam no assento de trás do carro sobre onde deveriam jantar. Uma queria pizza; a outra preferia frango. A mamãe, no assento dianteiro do passageiro, disse: "Hoje vamos comer hambúrgueres."

Papai rapidamente resolveu a discussão familiar com a seguinte ideia: "Vamos parar num restaurante bufê, e cada um poderá comer o que e o quanto quiser." O comercial termina assim: "Resolva os problemas da refeição em sua família. Vá ao restaurante a 'Terra do Mais.'"

Quando vi o comercial, pensei em outra "Terra do Mais": o céu. É um lugar onde haverá tudo o que precisarmos. O principal é que estaremos na presença do Deus Todo-Poderoso. Ao descrever o céu, o apóstolo João disse que lá "…estará o trono de Deus e do Cordeiro…" (Apocalipse 22:3). Nossas almas sedentas serão completamente satisfeitas com o "rio da água da vida" que sai do Seu trono (22:1), porque Ele diz ao Seu povo, "…Eu, a quem tem sede, darei de graça…" (21:6). Outro "mais" nesta terra será a árvore da vida "…para a cura dos povos" (22:2). Não encontraremos nesta terra do "mais" as maldições (22:3), a morte, a tristeza e as lágrimas (21:4).

No mundo porvir seremos completamente satisfeitos. Você está pronto para ir? —AMC

Verdades bíblicas:

Aplicação pessoal:

Pedidos de oração:

Respostas de oração:

TERRA — UM LUGAR DE LUTAS; CÉU — UM LUGAR DE ALEGRIAS.

27 de Janeiro

Leitura: Salmo 18:30-36

Verdades bíblicas:

Aplicação pessoal:

Pedidos de oração:

Respostas de oração:

ESCONDIDO NA ROCHA

*O Senhor é a minha rocha,
a minha cidadela...*
—Salmo 18:2

Conta-se a história de um jovem pregador chamado Augustus Toplady, que estava caminhando na região campestre inglesa quando uma repentina tempestade varreu todo o cenário. Toplady avistou uma grande formação rochosa com uma abertura — uma fenda — onde ele se abrigou até que a tempestade passasse. Enquanto aguardava o fim do dilúvio, contemplou a conexão entre seu abrigo e a ajuda de Deus nas tempestades da vida.

Ele não tinha papel para escrever, mas encontrou uma carta de jogo no chão da estrutura cavernosa e começou a escrever as palavras do maravilhoso hino *Rocha Eterna*.

Escrito durante aquela tempestade em 1775, este hino tem sido fonte de força para os cristãos desde então.

*Rocha eterna, foi na cruz,
que morreste tu, Jesus.
Vem de ti um sangue tal,
Que me limpa todo o mal.
Traz as bênçãos do perdão;
gozo, paz e salvação* (CC 371).

Pense em suas lutas. Você precisa de um lugar para se esconder? Você precisa de alguém que o abrigue das investidas da vida? Você precisa da certeza de ter sido perdoado? Como Toplady vivenciou, nós podemos encontrar abrigo e segurança em Deus.

Não lute sozinho contra as tempestades da vida. Procure abrigo em Deus, peça a Ele que o proteja. Certifique-se de que você já recebeu o Seu perdão. Aproxime-se da Rocha Eterna. É o lugar mais seguro da vida. —JDB

QUANDO O MUNDO AO SEU REDOR ESTIVER DESMORONANDO, DEUS É A ROCHA EM QUE VOCÊ PODE SE FIRMAR.

FRENESI ALIMENTÍCIO

Bem-aventurados os misericordiosos, porque alcançarão misericórdia.
—Mateus 5:7

28 de Janeiro

Leitura: MATEUS 5:1-12

As pessoas que estudam os tubarões nos dizem que eles tendem a atacar quando percebem que há sangue na água. O sangue age como um gatilho em seu mecanismo de alimentação e eles atacam, geralmente em grupo, criando um frenesi alimentício mortal. O sangue na água indica a vulnerabilidade do alvo.

Infelizmente, é assim que algumas vezes as pessoas na igreja reagem àqueles que estão sofrendo. Em vez de ser uma comunidade onde as pessoas são amadas, cuidadas e nutridas, pode se tornar um ambiente perigoso onde os predadores procuram pelo "sangue na água" das faltas ou fraquezas de alguém. E então começa o frenesi alimentício.

Em vez de chutar quem já está caído, deveríamos oferecer o encorajamento de Cristo ajudando a restabelecer o caído. É claro que não devemos tolerar o comportamento pecaminoso, mas o nosso Senhor nos chama para manifestar graça. Ele disse: "Bem-aventurados os misericordiosos, porque alcançarão misericórdia" (Mateus 5:7). Misericórdia tem sido descrita como não receber o que merecemos, e todos nós merecemos o julgamento eterno. O mesmo Deus que nos mostra misericórdia em Cristo nos chama para demonstrar misericórdia uns aos outros.

Portanto, quando virmos *sangue na água*, busquemos demonstrar misericórdia. Poderá chegar o dia em que desejaremos que alguém demonstre misericórdia conosco! —WEC

PODEMOS DEIXAR DE DEMONSTRAR MISERICÓRDIA A OUTROS QUANDO CRISTO DEIXAR DE FAZÊ-LO POR NÓS.

29 de Janeiro

Leitura: João 15:9-17

Verdades bíblicas:

Aplicação pessoal:

Pedidos de oração:

Respostas de oração:

AMIGOS GENUÍNOS

> Já não vos chamo servos […] mas […] amigos, porque tudo quanto ouvi de meu Pai vos tenho dado a conhecer.
> —João 15:15

Especialistas que rastreiam a mudança de vocabulário da língua inglesa escolheram a palavra *unfriend* (deixar de ser amigo) como a palavra do ano de 2009 do dicionário americano *New Oxford*. Eles definiram a palavra como um verbo, "remover alguém de seu grupo de amigos em uma rede social," como o *Facebook*. Nesse site, *amigos* permitem acessos às informações pessoais, entre si, em suas páginas iniciais. Podem nunca se encontrar pessoalmente nem mesmo conversar *on-line*. Em nosso mundo de conhecidos virtuais e passageiros, passamos a perceber que ter um *amigo verdadeiro* tem mais significado agora do que em qualquer outro tempo.

Quando Jesus chamou Seus discípulos de *amigos* (João 15:15), Ele falou de um relacionamento singular envolvendo o compromisso mútuo. Faltavam apenas algumas horas para que Ele entregasse Sua vida (v.13) e pediu-lhes que demonstrassem sua amizade guardando Seus mandamentos (v.14). Mais surpreendente, talvez, seja a afirmação de Jesus: "Já não vos chamo servos, porque o servo não sabe o que faz o seu senhor; mas tenho-vos chamado amigos, porque tudo quanto ouvi de meu Pai vos tenho dado a conhecer" (v.15).

Em uma amizade genuína, a fidelidade de um pode amparar a do outro em momentos de desencorajamento ou medo. Jesus é esse amparo para nós — nosso amigo eterno, sempre fiel. —DCM

O AMIGO MAIS QUERIDO NA TERRA NÃO PASSA DE UMA SOMBRA SE FOR COMPARADO A JESUS.

QUANDO O VENTO SOPRA

Bendito seja o Deus […] que nos conforta em toda a nossa tribulação…
—2 Coríntios 1:3-4

30 de Janeiro

Leitura: ROMANOS 8:26-30

Haroldo, Kátia e seus três filhos estavam numa área arborizada quando um tornado surgiu. Kátia descreveu-me sua experiência muitos anos depois:

"Meu marido e meu filho mais velho estavam um pouco distantes, mas meu filho mais novo e eu nos abrigamos numa cabana. Ouvimos um som como se fosse de cem vagões de trem e instintivamente nos atiramos no chão e nos protegemos. A cabana começou a se desmontar e fechei meus olhos por causa de todos os escombros que voavam. Senti como se ela estivesse subindo num elevador e depois sendo lançada no ar. Aterrisei num lago e agarrei-me aos escombros para flutuar."

Tragicamente, no entanto, o filho mais novo deles não sobreviveu. Haroldo ao falar sobre a perda, disse: "Choramos todos os dias por seis semanas. Mas acreditamos que a amorosa soberania de Deus permitiu que o tornado viesse onde estávamos. E também fomos consolados com o fato de nosso filho conhecer o Senhor."

Quando alguém que amamos é levado e somos deixados para trás, surgem muitas perguntas. Em momentos como esses, Romanos 8:28 pode servir de grande encorajamento: "Sabemos que todas as coisas cooperam para o bem daqueles que amam a Deus, daqueles que são chamados segundo o seu propósito." A confiança deste casal na amorosa soberania de Deus trouxe-lhes consolo em meio ao seu pesar (2 Coríntios 1:3-4). —HDF

Verdades bíblicas:

Aplicação pessoal:

Pedidos de oração:

Respostas de oração:

**NOSSO MAIOR CONSOLO NA TRISTEZA
É SABER QUE DEUS ESTÁ NO CONTROLE.**

31 de Janeiro

Leitura: João 14:25-31

Verdades bíblicas:

Aplicação pessoal:

Pedidos de oração:

Respostas de oração:

O PRÍNCIPE DA PAZ

Deixo-vos a paz, a minha paz vos dou...
—João 14:27

Anos atrás conheci um jovem que participava de uma gangue de motociclistas. Ele havia crescido no campo missionário onde seus pais serviam. Quando sua família voltou aos Estados Unidos, ele parecia incapaz de se ajustar à nova realidade. Sua vida foi difícil e ele morreu numa briga de rua, enfrentando uma gangue rival.

Já ajudei em muitos funerais, mas este com certeza foi inesquecível. Foi num parque onde havia montes de grama circundando um pequeno lago. Seus amigos estacionaram suas motos em círculo e sentaram-se na grama em volta de outro amigo e de mim, enquanto conduzíamos o culto. Falamos algo simples e breve sobre paz em meio às facções rivais e sobre a paz interior que o amor de Jesus pode trazer.

Mais tarde, um membro da gangue nos agradeceu, começou a se afastar, mas voltou. Nunca esqueci suas palavras. Ele disse que ele tinha "uma magrela, uma baia e uma patroa" (uma moto, um apartamento e uma namorada), e acrescentou, "Mas não tenho paz." Então conversamos sobre Jesus que é a nossa paz.

Não importa se temos uma motocicleta ou um Cadillac, uma mansão ou um pequeno apartamento, alguém que amamos ou ninguém — não faz diferença. Sem Jesus, não há paz. Ele disse, "Deixo-vos a paz, a minha paz vos dou..." (João 14:27). Este dom é para todos que confiam nele. Você já pediu a Sua paz? —DHR

JESUS MORREU EM NOSSO LUGAR PARA NOS DAR A SUA PAZ.

Fevereiro

1 de Fevereiro

Leitura: LUCAS 1:31-41

Verdades bíblicas:

Aplicação pessoal:

Pedidos de oração:

Respostas de oração:

O ESPÍRITO NATALINO

…Descerá sobre ti o Espírito Santo, e o poder do Altíssimo te envolverá com a sua sombra…
—Lucas 1:35

Com muita frequência, os atos de generosidade e boa vontade que florescem em dezembro se desvanecem rapidamente, fazendo muitos dizerem: "Gostaria que pudéssemos manter o espírito natalino durante o ano todo." Parece que bondade e compaixão estão ligadas ao calendário — por quê? Existe uma fonte inesgotável de compaixão, mais profunda que os sentimentos natalinos que se vão com a estação?

Nos dois primeiros capítulos de Lucas é impressionante o Espírito Santo ser mencionado sete vezes. Seu mover é citado nas vidas de João Batista, ainda por nascer (1:15), Maria (1:35), Isabel (1:41), Zacarias (1:67) e Simeão (2:25-27). Nestas passagens que frequentemente chamamos *a história do Natal*, não há menção alguma de pessoas que tiveram algo vindo à mente ou que se sentiram estranhamente movidas. Em vez disso, o Espírito Santo é identificado como aquele que guiou Simeão, concedeu plenitude a Zacarias e Isabel, e criou o bebê no ventre de Maria.

Será que, assim como eles, reconhecemos a voz do Espírito em meio a todas as outras? Estamos alertas aos Seus chamados e ansiosos por obedecer? Permitiremos que o Seu calor e amor encham nossos corações e fluam por meio de nossas mãos?

Hoje, a presença e o poder de Cristo permanecem conosco por meio do Espírito Santo, que é o verdadeiro e eterno Espírito natalino — o ano todo. —DCM

JESUS SE FOI PARA QUE O ESPÍRITO PUDESSE VIR E PERMANECER.

O PLANO DIVINO

2 de Fevereiro

*...Meu refúgio e meu baluarte,
Deus meu, em quem confio.*
—Salmo 91:2

Leitura: 1 Samuel 4:1-11

Todos estavam errados a respeito da arca da aliança (um móvel do tabernáculo que representava o trono de Deus). Após perder uma batalha para os filisteus, Israel enviou mensageiros a Siló para pedir que a arca fosse transportada para Ebenézer, o local de acampamento do seu exército.

Quando a arca chegou, os israelitas celebraram com tanto alarido, que o inimigo os ouviu até em Afeca. A chegada da arca fez com que os filisteus temessem e os israelitas tivessem coragem.

Ambos estavam errados. Os israelitas levaram a arca para a batalha e foram novamente espancados pelos filisteus, que capturaram a arca. Outro engano. Os filisteus adoeceram e seus falsos deuses foram destruídos.

Podemos compreender o erro dos filisteus — eles eram idólatras. Mas, os israelitas deveriam ter sido mais sábios. Eles não consultaram a Deus sobre o uso da arca. Embora soubessem que a arca havia sido levada para a batalha anteriormente (Josué 6), eles não consideraram que o plano de Deus, não o envolvimento da arca, permitiu a Israel derrotar Jericó.

Independente dos nossos recursos, fracassaremos a menos que os usemos de acordo com o plano de Deus. Estudemos a Palavra, oremos pela direção de Deus e confiemos nela (Salmo 91:2) antes de iniciarmos qualquer jornada de fé. —JDB

Verdades bíblicas:

Aplicação pessoal:

Pedidos de oração:

Respostas de oração:

NÓS VEMOS PARCIALMENTE; DEUS VÊ A TOTALIDADE.

3 de Fevereiro

Leitura: FILIPENSES 1:12-18

Verdades bíblicas:

Aplicação pessoal:

Pedidos de oração:

Respostas de oração:

A CAUSA DO SENHOR

…estou incumbido da defesa do evangelho.
—Filipenses 1:16

Charles Finney, um advogado de 29 anos de idade, estava preocupado com a salvação de sua alma. Em 10 de outubro de 1821, retirou-se para um local arborizado, próximo à sua casa, para um tempo de oração. Enquanto estava lá, teve uma profunda experiência de conversão, e escreveu: "O Espírito Santo [...] pareceu atravessar meu corpo e minha alma [...] Ele parecia vir e ir em ondas de líquido amor."

No dia seguinte, ele recebeu um cliente que desejava ser legalmente representado. Finney lhe disse: "Tenho um compromisso com o Senhor Jesus Cristo para defender a causa dele e não posso defender a sua." Ele abandonou a advocacia e dedicou-se ao ministério. Mais tarde, ele seria usado poderosamente por Deus para levar outras almas a Cristo.

O apóstolo Paulo também recebeu o chamado para defender a causa do Senhor. Ele escreveu: "…estou incumbido da defesa do evangelho" (Filipenses 1:16). Antigamente, a palavra traduzida como *defesa* era utilizada pelos advogados que pleiteavam seus casos na justiça. Todos os cristãos são chamados para compartilhar as maravilhosas boas-novas da graça salvadora de Deus. "De sorte que somos embaixadores em nome de Cristo, como se Deus exortasse por nosso intermédio. Em nome de Cristo, pois, rogamos que vos reconcilieis com Deus" (2 Coríntios 5:20).

Que enorme privilégio ser usado por Deus para levar outros a Cristo! —HDF

AS BOAS-NOVAS DE CRISTO SÃO BOAS DEMAIS PARA GUARDARMOS PARA NÓS MESMOS.

SEIS GRAUS DE SEPARAÇÃO

4 de Fevereiro

*...assim será a palavra que sair
da minha boca:
não voltará para mim vazia...*
—Isaías 55:11

Leitura: ISAÍAS 55:8-11

Oitenta anos atrás, o autor húngaro Frigyes Karinthy escreveu o conto Cadeias, no qual propôs que quaisquer dois indivíduos no mundo se conectam através de, no máximo, cinco conhecidos. A tese renasceu recentemente, sendo habitualmente descrita como *Seis Graus de Separação*. Trata-se de uma teoria não comprovada, é claro. Mas, existe uma dinâmica em ação que nos liga a outras pessoas do mundo: a sabedoria e providência de Deus operando por meio de Sua Palavra para realizar a Sua vontade.

Recebi alguns anos atrás uma carta de um homem que nunca havia encontrado; ela dizia que um bilhete que eu tinha enviado a um amigo próximo havia chegado até ele e o tinha encorajado num tempo de exaustão e sombrio desespero. O amigo a quem eu havia enviado o bilhete o enviou a outro amigo, este a outro ainda, e assim por diante, até chegar ao homem que finalmente me escreveu.

Pode ser que uma simples palavra oferecida com amor, guiada pela sabedoria de Deus e transportada para o alto nas asas do Espírito produza consequências eternas na vida de alguém.

Não devemos então encher-nos da Palavra de Deus e transmiti-la a outras pessoas com a oração de que Deus a usará para os Seus propósitos? (Isaías 55:11). —DHR

Verdades bíblicas:

Aplicação pessoal:

Pedidos de oração:

Respostas de oração:

COMO A FLOR DESCONHECE O RUMO DE SUA FRAGRÂNCIA, DESCONHECEMOS O DE NOSSA INFLUÊNCIA.

5 de Fevereiro

Leitura: 1 Coríntios 3:1-17

Verdades bíblicas:

Aplicação pessoal:

Pedidos de oração:

Respostas de oração:

FAZENDO MÚSICA

...enchei-vos do Espírito [...] entoando e louvando de coração ao Senhor com hinos e cânticos espirituais.
—Efésios 5:18-19

Numa adorável noite de verão, uma multidão se reuniu num lindo local ao ar livre para a apresentação de um concerto de um de meus colegas de faculdade. Era o seu aniversário e o mestre de cerimônias sugeriu que cantássemos a canção "Parabéns a você". Uma a uma, as pessoas começaram a cantar, cada uma em tom e ritmo diferentes. Quando as notas musicais se juntaram às palavras, o resultado não conseguiu ser harmonioso. Nem melódico. Na verdade, era sofrível. Quando o aniversariante subiu ao palco, ele nos deu uma nova oportunidade. Não nos deu o tom, mas um ritmo, para que, ao final, pudéssemos cantar juntos. Ao terminar a canção, a maioria das pessoas cantava num tom bastante próximo.

O ruído que deveria ser uma canção me fez recordar um problema da igreja do primeiro século. Eles não concordavam quanto ao seu líder. Alguns seguiam Paulo; outros Apolo (1 Coríntios 3:4), e isso resultou em conflito e divisão (v.3). Em vez de música, eles estavam fazendo ruído. Quando pessoas não concordam a respeito de um líder, todas *cantam* (no sentido figurado) no ritmo e tom mais confortáveis para elas.

Para fazer uma linda música que atraia os descrentes a Jesus, todos os cristãos devem seguir o mesmo líder, e esse líder deve ser Cristo. —JAL

MANTER A UNIDADE COM CRISTO PRESERVA A HARMONIA NA IGREJA.

CONSIDERE A ORIGEM

6 de Fevereiro

*Toda boa dádiva
e todo dom perfeito são lá do alto,
descendo do Pai das luzes...*
—Tiago 1:17

Leitura: Tiago 1:12-18

Gosto muito de canela: em pães, biscoitos, doces, torradas, frutas e *pretzels* (pãozinho alemão em forma de nó). A canela é uma daquelas especiarias que dá um sabor melhor aos alimentos. Contudo, nunca me ocorreu pensar sobre a origem da canela. Porém, numa recente viagem ao Sri Lanka, descobri que 90% de toda a canela no mundo provém daquela nação, uma ilha localizada no Oceano Índico. Apesar de apreciar canela há tantos anos, nunca parei para considerar sua origem.

Infelizmente, às vezes meu caminhar com Cristo é assim. Deus me abençoou com uma esposa maravilhosa, cinco filhos e netos impossíveis de serem mais divertidos. Em meio à minha alegria com eles, porém, às vezes não considero a origem dessas bênçãos — o que o hinista denominou "a origem de todas as bênçãos". Tiago afirmou: "Toda boa dádiva e todo dom perfeito são lá do alto, descendo do Pai das luzes, em quem não pode existir variação ou sombra de mudança" (1:17).

Seríamos muito ingratos se desfrutássemos as ricas bênçãos da vida sem agradecer ao Pai, que é a origem de toda a criação.
—WEC

Verdades bíblicas:

Aplicação pessoal:

Pedidos de oração:

Respostas de oração:

GRATIDÃO É UMA ATITUDE QUE HONRA A DEUS.

7 de Fevereiro

Leitura: MATEUS 6:1-6,16-18

Verdades bíblicas:

Aplicação pessoal:

Pedidos de oração:

Respostas de oração:

GRANDE É A RECOMPENSA

...teu Pai, que vê em secreto,
te recompensará.
—Mateus 6:4

Muitas empresas têm *programas de pontos* que oferecem prêmios aos clientes fiéis. Você pode acumular esses pontos e depois trocá-los por recompensas, utilizando os serviços dessas mesmas empresas; como frequentar alguns restaurantes, hospedar-se em certos hotéis, ou viajar por determinadas empresas aéreas. A escolha de gastar seu dinheiro desta maneira faz muito sentido.

Deus também tem um programa de recompensas. Jesus falou, com frequência, sobre Seu desejo de recompensar-nos por lhe servirmos fielmente. Quando somos perseguidos por causa dele, por exemplo, Ele diz: "Regozijai-vos [...] porque é grande o vosso galardão nos céus..." (Mateus 5:12). Diferente do hábito religioso dos fariseus, de dar, orar e jejuar em público, Jesus nos instruiu a fazer estas coisas em oculto, porque "...teu Pai, que vê em secreto, te recompensará" (6:4,6,18). Quando se trata de viver para Jesus, a fidelidade jamais colocará sua vida em situação de perda, não obstante o custo.

Mas, nós não servimos Jesus pelas recompensas. Ao morrer na cruz pelos pecadores, Ele fez por nós muito mais do que merecíamos. Fidelidade a Ele é um ato de adoração que expressa nossa amorosa gratidão por Seu amor por nós. Em retribuição, Jesus se deleita em encorajar-nos com a certeza de que, ao final, Suas recompensas serão maiores que tudo que tenhamos renunciado por Ele.

Viva para Jesus — não obstante o custo.
—JMS

O QUE É FEITO PARA CRISTO NESTA VIDA SERÁ RECOMPENSADO NA VIDA FUTURA.

SÓ PORQUE ELE É BOM

*Rendei graças ao Senhor,
porque ele é bom...*
—Salmo 136:1

8 de Fevereiro

Leitura: SALMO 100

Joel e Laura decidiram mudar-se do estado de Washington e voltar para Michigan, EUA. Desejando levar uma última lembrança especial, compraram café em sua loja favorita e foram até a livraria de sua preferência. Lá, compraram dois adesivos com um dos lemas favoritos da cidade da qual se despediam: "É um dia típico de Edmonds."

Após duas semanas e 4.800 quilômetros, entraram no estado de Michigan. Famintos e desejosos de comemorar sua chegada, pararam para perguntar onde poderiam encontrar um restaurante. Embora tivessem de voltar alguns quilômetros, encontraram um café pequeno e singular. A garçonete, entusiasmada por perceber que eles vinham de seu estado natal, perguntou-lhes de onde vinham. Ao responderem que vinham da cidade de Edmonds, ela lhes disse: "Foi lá que eu nasci!". Desejoso de compartilhar de sua alegria, Joel buscou um dos adesivos no carro e lhe deu. Surpreendentemente, o adesivo tinha sido comprado na loja da mãe da garçonete! Ele havia passado das mãos de sua mãe às mãos dela após percorrer 4.800 quilômetros.

Mera coincidência? Ou esses acontecimentos foram bons presentes orquestrados por um bom Deus que ama encorajar Seus filhos? O livro de Provérbios nos diz: "Os passos do homem são dirigidos pelo Senhor..." (20:24). Então, vamos "...bendizer-lhe o nome. Porque o Senhor é bom..." (Salmo 100:4-5). —AMC

Verdades bíblicas:

Aplicação pessoal:

Pedidos de oração:

Respostas de oração:

TODO BOM PRESENTE PROVÉM DO PAI.

9 de Fevereiro

Leitura: João 21:12-19

Verdades bíblicas:

Aplicação pessoal:

Pedidos de oração:

Respostas de oração:

GLORIFICANDO A DEUS

[Jesus] disse isto para significar com que gênero de morte Pedro havia de glorificar a Deus...
—João 21:19

Quando somos ativos e fortes, frequentemente, pensamos sobre como podemos glorificar a Deus por meio de nossas vidas. Mas, fico imaginando se não deveríamos também considerar como glorificá-lo por meio de nossa morte.

Após Pedro negar Jesus três vezes (João 18:15-27), o Senhor lhe deu uma oportunidade de reafirmar o seu amor (21:15-17). Três vezes, Jesus perguntou: "Pedro, tu me amas?" e em seguida, numa surpreendente mudança de assunto, Jesus disse: "...quando eras mais moço, tu te cingias a ti mesmo e andavas por onde querias; quando, porém, fores velho, estenderás as mãos, e outro te cingirá e te levará para onde não queres. Disse isto para significar com que gênero de morte Pedro havia de glorificar a Deus. Depois de assim falar, acrescentou-lhe: Segue-me" (vv.18-19). Jesus disse a Pedro que outros o levariam para onde ele não queria ir, no entanto, por aquela maneira indesejada de morrer, ele glorificaria a Deus.

Paulo disse ser sua "...ardente expectativa e esperança de que em nada serei envergonhado; antes, com toda a ousadia, como sempre, também agora, será Cristo engrandecido no meu corpo, quer pela vida, quer pela morte" (Filipenses 1:20).

Podemos honrar e glorificar a Deus quando vivemos — e quando morremos.
—DCM

VOCÊ É ÚNICO — PROJETADO PARA GLORIFICAR A DEUS DE MANEIRA ÚNICA.

ANTI-HERÓI

...o poder se aperfeiçoa na fraqueza.
—2 Coríntios 12:9

10 de Fevereiro

Leitura: Gênesis 27:6-23

Um conhecido ator comentou que gostava de representar personagens *anti-heróis* em filmes porque as pessoas se identificam melhor com os personagens imperfeitos. A maioria de nós concordaria que é mais fácil compreendermos as pessoas que não são perfeitas porque sabemos que somos imperfeitos.

Na Bíblia, Deus incluiu histórias de pessoas falsas, fracas, não confiáveis e iradas. Tomemos por exemplo Jacó, que enganou seu pai para receber a bênção (Gênesis 27:1-29). Também houve Gideão, que não confiou em Deus a ponto de pedir-lhe uma prova por duas vezes; uma prova de que Ele seria fiel ao que havia prometido (Juízes 6:39). E também Pedro, que, temendo por sua própria segurança, negou até mesmo conhecer seu amigo e Senhor (Marcos 14:66-72).

Todavia, quando lemos o restante das suas histórias, observamos que essas pessoas eram capazes, com a ajuda de Deus, de superar suas deficiências e serem úteis a Ele. Isso acontecia quando dependiam não de si mesmos, mas de Deus.

Exatamente como as pessoas que viveram há milhares de anos, cada um de nós tem imperfeições. No entanto, pela graça de Deus, podemos superá-las aceitando o Seu "...poder [que] se aperfeiçoa na fraqueza" (2 Coríntios 12:9). —CHK

Verdades bíblicas:

Aplicação pessoal:

Pedidos de oração:

Respostas de oração:

**É BOM APRENDER SOBRE NOSSAS FRAQUEZAS
SE ISSO NOS FIZER DEPENDER DA FORÇA DE DEUS.**

11 de Fevereiro

Leitura: Jó 31:1-4
1 Tessalonicenses 4:1-8

Verdades bíblicas:

Aplicação pessoal:

Pedidos de oração:

Respostas de oração:

ALIANÇA COM MEUS OLHOS

Fiz aliança com meus olhos...
—Jó 31:1

Nosso amigo é um tecnólogo em computação. Certa noite, quando nossa família estava na casa dele, percebi um versículo colado em seu monitor: "Fiz uma aliança com meus olhos..." (Jó 31:1). Evidentemente, ele compreendera o perigo potencial de passar horas a sós à frente de um computador, com fácil acesso a imagens indecentes.

O "versículo-lembrete" de nosso amigo é uma citação do livro de Jó, que continua assim: "...como, pois, os fixaria eu numa donzela?" Como muitos de nós, Jó havia prometido a si mesmo manter-se afastado da concupiscência. Refletindo sobre esse juramento, ele disse: "Ou não vê Deus os meus caminhos e não conta todos os meus passos?" (v.4). A Bíblia nos assegura que Deus o faz (Hebreus 4:13) e que devemos prestar contas a Ele. Por essa razão, os cristãos devem abster-se da imoralidade sexual (1 Tessalonicenses 4:3). Embora algumas pessoas desejem discutir os limites da moralidade, a Bíblia diz: "...qualquer que olhar para uma mulher com intenção impura, no coração, já adulterou com ela" (Mateus 5:28).

Se você já fez uma aliança com seus olhos, considere de que maneira as Escrituras podem ajudá-lo a manter esse compromisso. Cole um versículo na tela do seu computador, televisor, ou no painel do seu carro, e lembre-se: "Deus não nos chamou para a impureza, e sim para a santificação (1 Tessalonicenses 4:7). —JBS

**UM OLHAR QUE SE PROLONGA
PODE CONDUZIR À LUXÚRIA.**

ORAÇÃO NÃO RESPONDIDA

12 de Fevereiro

…assim como os céus são mais altos do que a terra, assim são os meus caminhos mais altos do que os vossos caminhos…
—Isaías 55:9

Leitura: ROMANOS 11:26-36

O apóstolo Paulo tinha um desejo incontrolável; que seus compatriotas judeus seguissem o Messias que ele encontrara. Ele afirmou: "Tenho grande tristeza e incessante dor no coração porque eu mesmo desejaria ser […] separado de Cristo, por amor de meus irmãos" (Romanos 9:2-3). Mas seus compatriotas judeus o rejeitavam, e ao Cristo que ele pregava.

Em sua carta, Paulo estabeleceu como ponto central (Romanos 9–11) uma passagem na qual ele lutava abertamente com esta oração não respondida da sua vida. Ele reconheceu um benefício paralelo muito importante desse desenvolvimento angustiante: a rejeição dos judeus por Jesus favoreceu a Sua aceitação pelos gentios. Paulo concluiu que Deus não havia rejeitado os judeus; pelo contrário, eles tinham tido a mesma oportunidade que os gentios. Deus tinha estendido e não limitado Sua aceitação à humanidade.

À medida que Paulo considerava o quadro geral, sua voz se elevava. E em seguida, ocorreu esta manifestação de doxologia: "Ó profundidade da riqueza, tanto da sabedoria como do conhecimento de Deus! Quão insondáveis são os seus juízos, e quão inescrutáveis, os seus caminhos!" (Romanos 11:33).

Os mistérios não solucionados e as orações não respondidas perdem sua cor se comparados ao do plano de Deus para os tempos. No final, a oração não respondida me coloca face a face com o mistério que silenciou Paulo: a profunda diferença entre a minha perspectiva e a de Deus. —PY

Verdades bíblicas:

Aplicação pessoal:

Pedidos de oração:

Respostas de oração:

A ORAÇÃO CONCEDE FORÇAS PARA CAMINHAR E NÃO DESFALECER. —CHAMBERS

13 de Fevereiro

Leitura: SALMO 55:4-22

Verdades bíblicas:

Aplicação pessoal:

Pedidos de oração:

Respostas de oração:

ASAS COMO DE POMBA

*…quem me dera asas como de pomba!
Voaria e acharia pouso.*
—Salmo 55:6

Davi suspirou: "…quem me dera asas como de pomba! Voaria e acharia pouso" (Salmo 55:6). Quanto a mim, edificaria uma cabana nas montanhas ou assumiria um posto permanente numa torre de vigia de incêndio. Quando a vida fica pesada para mim, também anseio voar para longe e repousar.

Davi escreveu sobre suas circunstâncias abertamente: violência, opressão e contenda cercavam-no por todos os lados, encorajadas pela deslealdade de um velho amigo (55:8-14). Medo e terror, dor e tremedeira, ansiedade e agitação o oprimiam (vv.4-5). É difícil imaginar que ele desejasse fugir de tal situação?

Mas, escapar era impossível. Ele não podia fugir do seu destino, e só podia entregar suas circunstâncias a Deus: "Eu, porém, invocarei a Deus, e o SENHOR me salvará. À tarde, pela manhã e ao meio-dia, farei as minhas queixas e lamentarei; e ele ouvirá a minha voz" (vv.16-17).

Sejam quais forem as nossas circunstâncias — um ministério penoso, um casamento difícil, desemprego ou uma profunda solidão — podemos entregá-las a Deus. Ele retirou o fardo dos nossos pecados; não retirará o peso das nossas tristezas? Confiamos nele com nossas almas eternas; não poderíamos confiar nossas circunstâncias atuais a Ele? "Confia os teus cuidados ao SENHOR, e ele te susterá…" (55:22). —DHR

**POR DEUS SE IMPORTAR CONOSCO,
PODEMOS ENTREGAR NOSSOS CUIDADOS A ELE.**

BENEFÍCIOS DA AMIZADE

14 de Fevereiro

*Melhor é serem dois do que um,
porque têm melhor paga do seu trabalho.*
—Eclesiastes 4:9

Leitura: ECLESIASTES 4:9-12

Cícero foi um dos maiores pensadores do Império Romano. Ele era um hábil orador, advogado, político, linguista e escritor. Ainda hoje é lembrado por sua prosa cristalina e sabedoria prática.

Por exemplo, a respeito de ter amigos, ele escreveu: "A amizade melhora a felicidade e abate o tormento, duplicando nossa alegria e dividindo nosso pesar." Ele compreendeu o duplo benefício da amizade ao longo da jornada da vida.

Quase mil anos antes, o rei Salomão também escrevera sobre o valor dos amigos. Em Eclesiastes, lemos: "Melhor é serem dois do que um, porque têm melhor paga do seu trabalho. Porque se caírem, um levanta o companheiro; ai, porém, do que estiver só; pois, caindo, não haverá quem o levante" (4:9-10). Certamente, uma vida sem amigos faz nossa estada aqui ser solitária e penosa.

Aquele famoso romano e esse rei judeu estavam certos: Os amigos são importantes, pois servem como confidentes e conselheiros, e ajudam a compartilhar as cargas.

Pense em seus amigos. Você negligencia aqueles que Deus lhe proporcionou para compartilhar suas alegrias e tristezas? Se assim for, procure um de seus amigos para ter comunhão com ele nesta semana. Lembre-se, "Melhor é serem dois do que um…", porque um amigo pode duplicar nossa alegria e dividir nosso pesar. —HDF

Verdades bíblicas:

Aplicação pessoal:

Pedidos de oração:

Respostas de oração:

AMIGOS SÃO FLORES NO JARDIM DA VIDA.

15 de Fevereiro

Leitura: FILIPENSES 4:10-20

Verdades bíblicas:

Aplicação pessoal:

Pedidos de oração:

Respostas de oração:

MAIS, MAIS, MAIS

…aprendi a viver contente em toda e qualquer situação.
—Filipenses 4:11

Agora que minha filha está aprendendo a falar, ela adotou uma palavra favorita: *mais*. Ela diz *mais* e aponta para uma torrada com geleia. Ela estendeu a palma da mão e disse *Mais*! quando meu marido lhe deu algumas moedas para seu cofre-porquinho. Ela até exclamou "Mais papai!" uma manhã, depois de ele sair para trabalhar.

Como a minha pequena, muitos de nós olhamos em redor e pedimos *mais*. Infelizmente, nunca é suficiente o bastante. Precisamos do poder de Cristo para romper o ciclo e dizermos com Paulo: "…aprendi a viver contente em toda e qualquer situação" (Filipenses 4:11).

A expressão *aprendi* me diz que Paulo não encarava todas as situações com um sorriso. Aprender contentamento exigiu prática. Seu testemunho incluiu altos e baixos, de picadas de cobra à salvação de almas; de falsas acusações à fundação de igrejas. Ainda assim, ele afirmou que Jesus era a resposta para a satisfação espiritual. Ele disse: "…tudo posso naquele [Cristo] que me fortalece" (v.13). Jesus lhe dera força espiritual para suportar tempos difíceis e evitar as armadilhas da abundância.

Se você se encontra desejoso de *mais, mais, mais* lembre-se de que o contentamento vem quando você tem mais de Cristo. —JBS

O VERDADEIRO CONTENTAMENTO DE NADA DEPENDE NESTE MUNDO.

PERDEU O CHÃO?

Deus é o nosso refúgio e fortaleza, socorro bem presente nas tribulações.
—Salmo 46:1

16 de Fevereiro

Leitura: Salmo 116:1-6

Por ter escrito muitos artigos e um livro sobre como lidar com as perdas da vida, tenho o privilégio de ser apresentado a várias outras pessoas que lutam na jornada diária. Uma de minhas novas amigas é uma mãe cuja filha de 21 anos morreu repentinamente em 2009; o que a deixou sem chão. Ela me disse: "Sinto-me como uma pária do mundo normal. Sinto-me esmagada e minha alma está sofrendo muito."

De fato, nossas perdas podem fazer-nos perder o chão — seja uma morte na família, um filho que se afasta de Deus e da família, ou um revés físico ou mental.

Ainda assim, o que descobri é algo que o músico Jeremy Camp deixou claro numa canção escrita após a morte de sua esposa em 2001: Quando você perder o chão resultante de dificuldades da vida, lembre-se de que "Deus é o nosso refúgio e fortaleza, socorro bem presente nas tribulações" (Salmo 46:1). Esse é um motivo suficiente para nos levantarmos novamente. O músico descreveu sua luta na canção: *Understand* (Compreender). Ele perguntou: "Por que não me restabeleço novamente?" e reconheceu que poderia porque afirma: "Eu sei que tu compreenderás tudo."

Quando a tribulação nos derruba, podemos olhar para cima. Deus está lá. Ele compreende e se preocupa. Não é fácil, mas podemos confiar nele para ajudar-nos a levantar novamente. —JDB

Verdades bíblicas:

Aplicação pessoal:

Pedidos de oração:

Respostas de oração:

EM NENHUM LUGAR AS TRISTEZAS DA TERRA SÃO MAIS SENTIDAS DO QUE NO CÉU.

17 de Fevereiro

Leitura: Deuteronômio 6:1-9

Verdades bíblicas:

Aplicação pessoal:

Pedidos de oração:

Respostas de oração:

LADO A LADO

...tu as inculcarás a teus filhos,
e delas falarás assentado em tua casa,
e andando pelo caminho,
e ao deitar-te, e ao levantar-te.
—Deuteronômio 6:7

No álbum de minha família temos uma foto de minha filha aos quatro anos trabalhando ao meu lado. Na foto ela está usando um martelo de brinquedo para consertar a lateral da casa. Trabalhamos lado a lado naquele dia; ela imitava cada uma das minhas ações, absolutamente convencida de também estar consertando a casa. Dificilmente gostei tanto de uma tarefa. Na foto, fica aparente que ela também está gostando.

Essa foto me lembra de que nossos filhos imitam quase tudo que veem em nós — palavras e atos. Eles também formam suas imagens de Deus a partir das imagens que têm de nós como pais. Se formos severos e impiedosos, eles provavelmente verão Deus dessa maneira. Se formos distantes e frios, Deus também lhes parecerá assim. Como pais, um de nossos deveres mais importantes é ajudar nossos filhos a enxergar Deus com clareza, especialmente enxergar a natureza incondicional de Seu amor.

Posso imaginar uma imagem similar no álbum de família do meu relacionamento com Deus. Estou aprendendo com Ele como viver a vida, como amar e como permitir que isso seja uma parte permanente do meu ser. Em seguida, Ele me ensina como ensinar outras pessoas (Deuteronômio 6:1-7).

Que o Senhor nos conceda compreendê-lo e sabedoria para transmitir essa compreensão. —RKK

PARA ENSINAR BEM SEUS FILHOS, DEIXE DEUS ENSINAR VOCÊ.

INCENTIVE PERGUNTAS

...estando sempre preparados para responder a todo aquele que vos pedir razão da esperança que há em vós.
—1 Pedro 3:15

18 de Fevereiro

Leitura: ÊXODO 12:1-13

Quando ensino, às vezes uso o lema *Questione a Autoridade* para atrair a atenção de meus alunos. Não os estou incentivando a desafiar minha autoridade, mas encorajando-os a questionar-me. Alguns especialistas em educação afirmam que há maior aprendizado quando os professores respondem perguntas, em vez de transmitirem informações. Por natureza, todos nós valorizamos mais o que desejamos saber, do que aquilo que alguém quer nos contar.

Existe, é claro, lugar para os dois tipos de ensino, mas incentivar as perguntas é um dos primeiros tipos encontrados nas Escrituras. Antes de os israelitas deixarem o Egito, o Senhor instruiu Moisés a instituir a prática de incentivar perguntas. A celebração da Páscoa serviria a dois propósitos: lembrar os adultos do livramento de Deus e permitir que seus filhos lhes perguntassem sobre este acontecimento (Êxodo 12:26).

A palavra *por quê* pode ser uma pergunta incômoda, mas também uma maravilhosa oportunidade de dar uma razão para nossa fé (1 Pedro 3:15). Em vez de ficar impaciente quando os outros questionarem, podemos ser gratos por eles terem os corações e as mentes abertas ao aprendizado. As perguntas nos dão a oportunidade de responder com amor e carinho, sabendo que nossas palavras podem ter consequências eternas.
—JAL

Verdades bíblicas:

Aplicação pessoal:

Pedidos de oração:

Respostas de oração:

AS PERGUNTAS HONESTAS PODEM CONDUZIR ÀS RESPOSTAS QUE EDIFICAM A FÉ.

19 de Fevereiro

Leitura: 1 SAMUEL 3:1-10

Verdades bíblicas:

Aplicação pessoal:

Pedidos de oração:

Respostas de oração:

A PALAVRA DO SENHOR

…Naqueles dias, a palavra do SENHOR era mui rara…
—1 Samuel 3:1

O destacado pregador e teólogo Helmut Thielicke (1908-86) sofreu grande oposição do regime nazista na Alemanha, durante os anos 30 e 40 do século 20. Mesmo assim, manteve-se comprometido com a proclamação da presença de Deus e do poder em Jesus Cristo durante uma época difícil e desconcertante. O acadêmico Robert Smith disse que, quando Thielicke abordava questões e problemas modernos em seus sermões, "ele procurava responder à pergunta: 'Há alguma palavra do Senhor?'"

Não é isso que buscamos nos dias de hoje? O que Deus disse sobre o que nos fortalecerá e guiará em meio às dificuldades e oportunidades com que nos deparamos?

O livro de 1 Samuel 3 descreve um tempo em que "…a palavra do SENHOR era mui rara…" (v.1). Quando Deus falou ao jovem Samuel, o garoto pensou, erroneamente, que o idoso sacerdote Eli o chamava. Eli disse ao garoto para responder à voz de Deus dizendo: "…Fala, SENHOR, porque o teu servo ouve…" (v.9). Samuel o ouviu e se tornou conhecido como um homem fiel e destemido, pois "Continuou o SENHOR a aparecer em Siló, enquanto por sua palavra o SENHOR se manifestava ali a Samuel" (v.21).

Sempre que abrirmos a Bíblia, ouvirmos um sermão ou fizermos uma pausa para orar, será maravilhoso dizer "Senhor Jesus, fala comigo. Estou pronto para ouvir e ansioso por obedecer". —DCM

**DEUS FALA POR MEIO DA SUA PALAVRA
ÀQUELES QUE ESCUTAM COM O SEU CORAÇÃO.**

A CURA PARA O MEDO

20 de Fevereiro

Busquei o Senhor, e ele me acolheu; livrou-me de todos os meus temores.
—Salmo 34:4

Leitura: Salmo 34:1-10

Em seu primeiro discurso inaugural em 1933, Franklin D. Roosevelt, recém-eleito presidente dos EUA, dirigiu-se a uma nação que ainda se recuperava da Grande Depressão. Esperando despertar uma perspectiva mais otimista sobre a crise econômica, ele declarou: "A única coisa que devemos temer é o próprio medo!"

Frequentemente, o medo aparece em nossas vidas quando corremos o risco de perder alguma coisa — nossa fortuna, saúde, reputação, posição, segurança, família, amigos. Tal sentimento revela nosso desejo inato de proteger as coisas da vida que são importantes para nós, em vez de deixá-las totalmente sob o cuidado e controle de Deus. Quando o medo prevalece, ele nos aleija emocionalmente e nos enfraquece espiritualmente. Temos medo de falar aos outros sobre Cristo, de entregar nossas vidas e recursos pelo benefício de outros, ou de nos aventurarmos em território novo. Um espírito medroso é mais vulnerável ao inimigo, que nos persuade a negociar as convicções bíblicas e a trazer as resoluções para nossas mãos.

A confiança em nosso Criador é, claramente, a cura para o medo. Somente quando confiamos na realidade da presença, poder, proteção e provisão de Deus para nossas vidas, conseguimos compartilhar a alegria do salmista, que disse: "Busquei o Senhor, e ele me acolheu; livrou-me de todos os meus temores" (Salmo 34:4).
—JMS

Verdades bíblicas:

Aplicação pessoal:

Pedidos de oração:

Respostas de oração:

A CONFIANÇA NO SENHOR CURA UM ESPÍRITO MEDROSO.

21 de Fevereiro

Leitura: PROVÉRBIOS 6:6-11

Verdades bíblicas:

Aplicação pessoal:

Pedidos de oração:

Respostas de oração:

DESLEIXADO?

Ó preguiçoso, até quando ficarás deitado?
—Provérbios 6:9

Ao estudar o livro de Provérbios com meu pequeno grupo de estudo bíblico, nosso líder sugeriu que mudássemos a descrição de uma pessoa preguiçosa de *lesma* para *desleixada* (6:6,9). Ah, agora ele estava falando o meu jargão. Imediatamente, comecei a pensar em todas as pessoas que eu considerava desleixadas.

Como os homens e mulheres que falham em ensinar e disciplinar seus filhos. Ou aquele sujeito que se recusa a ajudar nos serviços de casa. Ou aqueles adolescentes que negligenciam seus estudos e se dedicam a jogos na internet dia e noite.

Se formos honestos, somos todos suscetíveis a isso. Que tal ser um "desleixado de oração" (1 Tessalonicenses 5:17-18), um "desleixado da leitura bíblica" (Salmo 119:103; 2 Timóteo 3:16-17), um "desleixado de não exercitar os dons espirituais" (Romanos 12:4-8) ou um "desleixado em não dar testemunho" (Mateus 28:19-20; Atos 1:8)?

Se não estivermos fazendo o que sabemos que Deus quer que façamos, certamente somos desleixados espirituais. Na verdade, quando nos recusamos a obedecer a Deus, estamos pecando.

Dê ouvidos a essas palavras desafiadoras e convincentes do livro de Tiago: "Portanto, aquele que sabe que deve fazer o bem e não o faz nisso está pecando" (4:17). Não sejamos desleixados espirituais. —CHK

PODEMOS DAR DESCULPAS PARA NÃO OBEDECER A DEUS, MAS, PARA ELE, ISSO AINDA É DESOBEDIÊNCIA.

UM SUJEITO COMUM

22 de Fevereiro

...João não fez nenhum sinal, porém tudo quanto disse a respeito deste [Jesus] era verdade.
—João 10:41

Leitura: JOÃO 10:31-42

Estêvão era apenas um sujeito comum. Ele trabalhava silenciosamente numa igreja que eu frequentava anos atrás. Ele ajudava a preparar a ceia, tirava a neve das calçadas da igreja no inverno e cortava a grama no verão. Ele investia seu tempo com os meninos adolescentes cujos pais não conviviam em casa. Frequentemente, eu o escutava contar às pessoas da igreja, com seu jeito calmo, o quão bom o Senhor era para ele. Durante as reuniões de oração, não falava muito sobre si, mas nos pedia que orássemos por aqueles a quem ele estava falando sobre o perdão e amor de Jesus.

Um versículo sobre João Batista, em João 10, me faz pensar em Estêvão. As pessoas diziam a respeito dele: "...João não fez nenhum sinal, porém tudo quanto disse a respeito deste [Jesus] era verdade" (v.41). João não fez milagres como Jesus. Ele não falava sobre si mesmo, mas veio "...como testemunha para que testificasse a respeito da luz, a fim de todos virem a crer por intermédio dele" (1:7). Sobre Jesus, ele disse: "...Eis o Cordeiro de Deus, que tira o pecado do mundo!" (1:29). Meu amigo Estêvão também dava testemunho dessa luz.

Nosso objetivo, como seguidores de Jesus, é fazer o mesmo — "dar testemunho da Luz". Somos apenas pessoas comuns, servindo a Deus em nosso cantinho do mundo. Com mansidão em nossos atos e palavras, apontemos os outros à luz! —AMC

Verdades bíblicas:

Aplicação pessoal:

Pedidos de oração:

Respostas de oração:

OS CRISTÃOS SÃO PESSOAS COMUNS QUE TÊM COMPROMISSO COM A PESSOA EXTRAORDINÁRIA DE CRISTO.

23 de Fevereiro

Leitura: HEBREUS 4:9-16

Verdades bíblicas:

Aplicação pessoal:

Pedidos de oração:

Respostas de oração:

PRECISA-SE DE AJUDA

Acheguemo-nos [...] junto ao trono da graça, a fim de recebermos misericórdia e acharmos graça para socorro em ocasião oportuna.
—Hebreus 4:16

Durante a Segunda Guerra Mundial, as Ilhas Britânicas representavam a última linha de resistência contra a expansão da opressão nazista na Europa. No entanto, sob incessante ataque e em perigo de colapso, a Inglaterra não tinha os recursos para encerrar o conflito com vitória. Por essa razão, o Primeiro-Ministro britânico Winston Churchill foi à rádio BBC e fez um apelo ao mundo: "Deem-nos as ferramentas e terminaremos o trabalho." Ele sabia que, sem ajuda externa, não conseguiriam suportar o ataque que estavam enfrentando.

A vida é assim. Frequentemente, somos inadequados para as tribulações que a vida nos traz e necessitamos de ajuda externa. Como membros do corpo de Cristo, essa ajuda pode, às vezes, vir de nossos irmãos e irmãs em Cristo (Romanos 12:10-13) — e isso é maravilhoso. Desse modo, finalmente, buscamos a ajuda de nosso Pai celestial. A boa e grande novidade é que nosso Deus nos convidou para virmos confiantemente diante dele: "Acheguemo-nos, portanto, confiadamente, junto ao trono da graça, a fim de recebermos misericórdia e acharmos graça para socorro em ocasião oportuna" (Hebreus 4:16).

Nesses momentos, nosso maior recurso é a oração, pois ela nos traz à presença de Deus. Na presença divina encontramos, em Sua misericórdia e graça, a ajuda que necessitamos. —WEC

NÃO PERMITA QUE A ORAÇÃO SEJA O SEU ÚLTIMO RECURSO EM TEMPOS DE NECESSIDADE; FAÇA-A SER O PRIMEIRO.

SEIVA E VERDOR

…serão cheios de seiva e de verdor.
—Salmo 92:14

24 de Fevereiro

Leitura: SALMO 92

O Salmo 92 começa com um louvor do poeta: "Bom é render graças ao SENHOR…" Bom para quê? Bom para você e para mim. Nossa alma se beneficia tremendamente em deixar para trás pensamentos ansiosos e preencher nossos dias com louvor dedicado; é bom saudar cada manhã com canções de gratidão porque tal louvor nos deixa felizes. Ele nos tira da escuridão e substitui nossa tristeza por alegres canções pelas "…obras das [suas] mãos" (v.4). Qual é essa obra? A obra que Ele está fazendo em nós!

Uma de minhas metáforas prediletas é: "O justo florescerá como a palmeira, crescerá como o cedro no Líbano. Plantados na Casa do SENHOR, florescerão nos átrios do nosso Deus. Na velhice darão ainda frutos, serão cheios de seiva e de verdor" (vv.12-14).

Palmeiras são símbolos de imponente beleza e cedros de inflexível poder. Estas são as características daqueles que foram "plantados na Casa do SENHOR" (v.13). Suas raízes se aprofundam no solo do inextinguível amor de Deus.

Você pensa que não é mais útil para Ele? Firme-se na Palavra de Deus, enraizado e fundamentado em Cristo, bebendo em Seu amor e fidelidade. Em seguida, independente da sua idade, você frutificará e será "cheio de seiva e de verdor". —DHR

Verdades bíblicas:

Aplicação pessoal:

Pedidos de oração:

Respostas de oração:

O LOUVOR BROTA NATURALMENTE QUANDO VOCÊ CONTA AS SUAS BÊNÇÃOS.

25 de Fevereiro

Leitura: João 12:1-8

Verdades bíblicas:

Aplicação pessoal:

Pedidos de oração:

Respostas de oração:

SOLTE SEUS CABELOS

Então, Maria, tomando uma libra de bálsamo de nardo puro, mui precioso, ungiu os pés de Jesus e os enxugou com os seus cabelos...
—João 12:3

Pouco antes de Jesus ser crucificado, uma mulher chamada Maria despejou um frasco de perfume caro sobre os Seus pés. Em seguida, num ato de coragem ainda maior, ela os enxugou com os seus próprios cabelos (João 12:3). Maria sacrificou não apenas as possíveis economias de toda a sua vida, mas também sua reputação. Na cultura do Oriente Médio no primeiro século, as mulheres respeitáveis nunca soltavam seus cabelos em público. Mas, a verdadeira adoração nada tem a ver com o que os outros pensam de nós (2 Samuel 6:21-22). Para adorar a Jesus, Maria estava disposta a ser considerada uma mulher sem recato, talvez até imoral.

Alguns de nós podemos nos sentir pressionados a ser perfeitos quando vamos à igreja para que as pessoas tenham bom conceito de nós. Metaforicamente falando, nos empenhamos em manter os cabelos arrumados. Mas, uma igreja saudável é um lugar onde podemos soltar nossos cabelos e não esconder nossas falhas por trás de uma fachada de perfeição. Na igreja, deveríamos ser capazes de revelar nossas fraquezas para encontrarmos força, em vez de esconder nossas falhas para parecermos fortes.

Adoração não envolve comportar-se como se nada estivesse errado, mas sim, certificar-se de que tudo está certo — com Deus e uns com os outros. Quando o nosso maior medo é soltar os cabelos, talvez nosso maior pecado seja mantê-los arrumados. —JAL

QUANDO SOMOS CORRETOS COM DEUS E COM OS OUTROS, NOSSA ADORAÇÃO É VERDADEIRA.

O JULGAMENTO DO DIABO

*...Eis que tenho feito
que passe de ti a tua iniquidade.*
—Zacarias 3:4

26 de Fevereiro

Leitura: ZACARIAS 3:1-5

O Diabo e Daniel Webster é um conto de Stephen Vincent Benét. Nele, Jabez Stone, um fazendeiro da Nova Inglaterra EUA, tem tanto *azar* que vende sua alma ao diabo para tornar-se próspero. No devido tempo, o diabo vem cobrar a dívida de Jabez. Mas, o eminente advogado Daniel Webster é chamado para defendê-lo. Por meio de uma habilidosa série de argumentos, Webster vence a causa contra o diabo e Jabez é salvo da perdição.

Claramente, essa é uma obra de ficção. Mas, a Bíblia registra uma visão na qual Satanás acusa um cristão perante o divino Juiz. Josué, um sumo sacerdote, comparece perante Deus. Numa demonstração de seu pecado e culpa, o sacerdote está trajado com vestes sujas. Próximo a ele, Satanás o acusa. Mas, o Anjo do Senhor o repreende e diz a Josué: "...Eis que tenho feito que passe de ti a tua iniquidade e te vestirei de finos trajes" (Zacarias 3:4).

Somente Deus pode tornar um pecador aceitável a Ele. E o Novo Testamento nos diz como: "Se [...] alguém pecar, temos Advogado junto ao Pai, Jesus Cristo, o Justo" (1 João 2:1).

Você se sente indigno de entrar na presença de Deus? Lembre-se: como cristãos, o sangue do nosso Salvador nos limpou e o próprio Cristo nos defende. —HDF

Verdades bíblicas:

Aplicação pessoal:

Pedidos de oração:

Respostas de oração:

**JUSTIFICAÇÃO SIGNIFICA NOSSA CULPA ELIMINADA
E A JUSTIÇA DE CRISTO CONCEDIDA.**

27 de Fevereiro

Leitura: GÁLATAS 3:19-29

Verdades bíblicas:

Aplicação pessoal:

Pedidos de oração:

Respostas de oração:

NÃO É DO MEU TIPO

...não pode haver judeu nem grego; nem escravo nem liberto; nem homem nem mulher; porque todos vós sois um em Cristo Jesus.
—Gálatas 3:28

Na trilogia *Guerra nas Estrelas* há uma cena que me recorda de algumas pessoas que conheço na igreja. Num estabelecimento comercial em algum lugar de um canto remoto da galáxia, criaturas de aparência grotesca se socializam em meio a alimentos e música. Quando entra ali com seus dois androides, C3PO e R2D2 (que são mais *normais* que qualquer outra pessoa ali), Luke Skywalker é surpreendentemente enxotado com as palavras "Aqui não servimos o tipo deles!"

Essa estranha cena captura a enfermidade com que todos nós lutamos em nossos relacionamentos aqui no planeta Terra. Sempre nos sentimos mais confortáveis com pessoas exatamente iguais a nós. Mas, pense onde você estaria se Jesus sentisse assim também. Ele era divino e totalmente perfeito, ou seja, muito diferente de nós. Não obstante, Ele veio para viver entre nós e morrer por nós.

Como seguidores de Cristo, não devemos ter a expressão "eles não são do meu tipo" em nosso vocabulário. Como Paulo nos lembra, em Jesus "...não pode haver judeu nem grego; nem escravo nem liberto; nem homem nem mulher; porque todos vós sois um em Cristo Jesus" (Gálatas 3:28). Assim, mesmo que os outros sejam diferentes em atitude, perspectiva, raça, classe, inclinação política ou posição social, isso não deveria fazer diferença para os que são chamados cristãos.

Encontre alguém que não seja do seu tipo e compartilhe o amor de Jesus com ele hoje! —JMS

AME SEU PRÓXIMO — MESMO QUE ELE NÃO SEJA DO SEU TIPO!

CALOR E SABEDORIA

...a palavra, a seu tempo, quão boa é!
—Provérbios 15:23

28 de Fevereiro

Leitura: PROVÉRBIOS 15:21-33

Quando o ex-presidente do Seminário de Denver, em Colorado, EUA, dr. Vernon Grounds partiu para estar com o Senhor aos 96 anos, muitos tributos foram oferecidos por seus antigos alunos, colegas e amigos. Quase todos se lembraram de um momento em que o dr. Grounds os encorajou pessoalmente por meio de seu ensino, conselho ou, simplesmente, seu caloroso sorriso. Ele acreditava no valor de treinar pastores, professores e conselheiros que tinham um relacionamento vital com Cristo e a disposição para servir a outras pessoas.

Um retrato vívido de Vernon Grounds pode ser visto numa seleção de versículos de Provérbios 15: "...o homem sábio anda retamente" (v.21). "...a palavra, a seu tempo, quão boa é!" (v.23). "...as palavras bondosas [...] são aprazíveis [ao SENHOR]" (v.26). "O coração do justo medita o que há de responder..." (v.28). "O temor do SENHOR é a instrução da sabedoria..." (v.33).

O conselho do dr. Grounds brotou do seu caráter, e sua sabedoria veio de Deus. O calor de sua vida se originou na pureza de coração. Para nós, ele foi um modelo da Palavra de Deus e o exemplo de um homem que seguiu humildemente seu Salvador.

Vernon Grounds correu bem e terminou sua corrida. Que seu exemplo de vida sábia e compassiva nos desafie enquanto continuamos nossa corrida. —DCM

Verdades bíblicas:

Aplicação pessoal:

Pedidos de oração:

Respostas de oração:

UM BOM LÍDER CONHECE O CAMINHO, MOSTRA-O E PERCORRE-O.

Notas

1 de Março

Leitura: Josué 9:1-16

Verdades bíblicas:

Aplicação pessoal:

Pedidos de oração:

Respostas de oração:

POSSO CONFIAR EM VOCÊ?

…o Senhor esquadrinha todos os corações e penetra todos os desígnios do pensamento…
—1 Crônicas 28:9

De acordo com especialistas em detectores de mentira, a "nossa tendência natural é confiar nas pessoas." No entanto, nem todos são confiáveis o tempo todo. Sinais de que alguém possa estar mentindo incluem inquietação, falta de contato visual e pausas perceptíveis ao falar. Mesmo com estas pistas, os profissionais alertam que ainda é relativamente difícil distinguir enganadores de pessoas honestas.

Josué precisava saber se podia confiar nos gibeonitas. Quando descobriram que Deus queria que ele se livrasse de algumas nações vizinhas (Josué 9:24), eles fingiram vir de terra distante. Chegaram com vestimentas desgastadas e sandálias remendadas, alegando: "…estas nossas vestes e estas nossas sandálias já envelheceram, por causa do mui longo caminho" (v.13). Os israelitas ficaram desconfiados (v.7), mas "…não pediram conselho ao Senhor" (v.14); e Josué imprudentemente fez um acordo de paz com os enganadores.

Muitos querem ganhar a nossa confiança: vendedores, consultores financeiros ou familiares afastados. Ao duvidarmos se devemos confiar em alguém, não deveríamos decidir rapidamente, baseados apenas no que nos parece correto. É melhor buscar conselho na Palavra de Deus (Salmo 119:105), em pessoas que amam a Deus (Provérbios 11:14) e no próprio Deus (Tiago 1:5). A sabedoria do alto nos ajudará a decidir em quem confiar.
—JBS

**O DESEJO POR DISCERNIMENTO
É O CHAMADO DE DEUS À ORAÇÃO.**

ESTOU BEM

...Por que me perguntas acerca do que é bom? Bom só existe um. Se queres, porém, entrar na vida, guarda os mandamentos.
—Mateus 19:17

2 de Março

Leitura: JOSUÉ 9:1-16

Quando alguém pergunta, "Como você está?" é comum respondermos, "Estou bem." Quando falamos isto, estamos realmente dizendo: "está tudo certo" ou "as coisas vão bem," referindo-nos ao nosso bem-estar geral e não ao nosso caráter. Respondi dessa maneira mais vezes do que posso contar, mas ultimamente essa resposta começou a me incomodar, porque quer notemos ou não, estamos dizendo algo específico quando utilizamos as palavras bem ou bom.

Jesus, certa vez, encontrou um jovem rico que o chamou de *Bom Mestre* (Mateus 19:16 RC). O jovem estava certo, pois Jesus é ambos. Ele é bom (completamente perfeito), é Mestre — é o único que pode verdadeiramente declarar que é bom.

O Senhor, no entanto, desafiou o homem a pensar sobre o que estava dizendo ao usar o termo bom. "Respondeu-lhe Jesus: Por que me perguntas acerca do que é bom? Bom só existe um. Se queres, porém, entrar na vida, guarda os mandamentos" (v.17). Jesus queria que o homem entendesse que a afirmação que estava fazendo precisava ser levada a sério. Ele pode ser chamado *bom*, perfeito, porque é Deus.

Da próxima vez que alguém lhe perguntar: "Como você está?" será excelente poder dizer: "Estou perfeitamente bem." Mas lembre-se, apenas Jesus é perfeitamente bom. —WEC

Verdades bíblicas:

Aplicação pessoal:

Pedidos de oração:

Respostas de oração:

DEUS É MAGNÍFICO E BOM; MAS SEM ELE, NADA SOMOS.

3 de Março

Leitura: ÊXODO 34:1-9

Verdades bíblicas:

Aplicação pessoal:

Pedidos de oração:

Respostas de oração:

CARICATURA DE DEUS

*O S*ENHOR *é longânimo e grande em misericórdia, que perdoa a iniquidade e a transgressão, ainda que não inocente o culpado...*
—Números 14:18

Os caricaturistas armam seus cavaletes em lugares públicos e fazem desenhos de pessoas que estejam dispostas a pagar valores modestos por uma imagem cômica de si mesmos. Os seus desenhos nos divertem porque exageram em uma ou mais características físicas de forma que ainda sejam reconhecíveis, mas engraçadas.

As caricaturas de Deus, por outro lado, não são engraçadas. Representar um de Seus atributos de maneira exagerada apresenta uma visão distorcida que as pessoas facilmente descartam. Como numa caricatura, uma visão distorcida de Deus não é levada a sério. Aqueles que veem Deus retratado apenas como um juiz irado e exigente são facilmente aliciados por alguém que enfatiza a misericórdia. Aqueles que veem Deus como um avô amoroso, rejeitarão essa imagem quando precisarem de justiça. Aqueles que veem Deus como uma ideia intelectual em vez de um ser vivo e amável, eventualmente, encontrarão outras ideias mais atraentes. Aqueles que veem Deus como um melhor amigo geralmente deixam-no de lado quando encontram amigos que lhes agradam mais.

Deus declara que é misericordioso e gracioso, mas também justo em punir o culpado (Êxodo 34:6-7).

Ao colocarmos nossa fé em ação, precisamos evitar retratar Deus apenas com nossos atributos favoritos. Devemos adorar a Deus em Sua totalidade, não apenas naquilo que apreciamos. —JAL

O DEUS EM QUEM CONFIAMOS É TODO-PODEROSO, MISERICORDIOSO, SÁBIO E JUSTO.

NESTE BOM LUGAR

4 de Março

*...Estando as portas trancadas,
veio Jesus, pôs-se no meio e disse-lhes:
Paz seja convosco!*
—João 20:26

Leitura: João 20:19-29

Em nossa igreja, cantamos uma linda canção de Ron e Carol Harris: *Neste bom lugar*. Que começa assim: "Neste bom lugar, encontro infinito amor de Deus." Esta canção me lembra que havendo um grande encorajamento em reunirmo-nos com outros cristãos para adoração, o mais importante é que Cristo esteja presente. Porém vai além disso. Ele está conosco não apenas na igreja, mas em todos os lugares de nossas vidas.

Fico imaginando onde você está lendo isto — na cozinha, em um café, numa cela de cadeia, em um posto militar? Talvez você esteja em um hospital ou tribunal. Pode ser um lugar que reflita tudo o que está correto em sua vida ou que represente tudo o que está errado. E você pode estar com medo.

Após a terrível realidade da crucificação de Jesus, Seus seguidores se reuniram em uma casa. João registra que "...trancadas as portas da casa onde estavam os discípulos com medo dos judeus, veio Jesus, pôs-se no meio e disse-lhes: Paz seja convosco!" (João 20:19). Uma semana depois, o mesmo aconteceu. Jesus entrou por portas trancadas para trazer paz por meio de Sua presença (vv.26-29).

Não importa em que lugar você esteja hoje, há "esperança e poder que afastam qualquer tristeza e dor, pois Cristo, Senhor Jesus, está neste lugar." —DCM

Verdades bíblicas:

Aplicação pessoal:

Pedidos de oração:

Respostas de oração:

NOSSO DEUS AMOROSO ESTÁ SEMPRE PERTO — ETERNAMENTE AO NOSSO LADO.

5 de Março

Leitura: PROVÉRBIOS 4:10-19

Verdades bíblicas:

Aplicação pessoal:

Pedidos de oração:

Respostas de oração:

A GANGUE DOS IRMÃOS

…aquele que converte o pecador do seu caminho errado salvará da morte a alma dele…
— Tiago 5:20

Os irmãos Dalton eram foragidos no fim dos anos de 1800 nos Estados Unidos. Eles começaram ao lado da lei como policiais. Mas em seguida, declinaram gradualmente para o crime e tornaram-se conhecidos por assaltos a bancos e trens. Seu dia de ajuste de contas veio quando tentaram roubar dois bancos de uma só vez. Ao ouvir sobre o roubo, os habitantes da cidade armaram-se e atiraram na gangue Dalton. Quando a fumaça baixou, Emmett Dalton era o único sobrevivente.

Após 15 anos na penitenciária, Emmett foi perdoado e liberto. Enquanto estava na prisão, percebeu os erros de seus caminhos. E, ao ser solto queria dissuadir jovens de uma vida de crime. A partir de sua própria experiência, Emmett escreveu e estrelou um filme sobre a gangue Dalton em que mostrou a tolice de ser um fora-da-lei. De muitas maneiras, o filme de Emmett dizia: "Não entres na vereda dos perversos…" (Provérbios 4:14).

De forma semelhante, quando pecamos, mas genuinamente nos arrependemos e vivenciamos o perdão de Deus, podemos contar nossa história. Podemos encorajar outros a não agirem da mesma forma que nós agimos. Tiago escreveu, "…aquele que converte o pecador do seu caminho errado salvará da morte a alma dele…" (5:20).
—HDF

QUANDO APRENDEMOS COM NOSSOS ERROS, HÁ MENOS CHANCES DE OS COMETERMOS NOVAMENTE.

O CACHORRO DINGO

Não tenha cada um em vista o que é propriamente seu, senão também cada qual o que é dos outros.
—Filipenses 2:4

6 de Março

Leitura: FILIPENSES 2:1-4

Harry Tupper é uma lenda sobre a pescaria no estado onde moro, Idaho, EUA. Há um local no Lago Henry, lado leste do estado, que foi nomeado em homenagem a ele: "Toca do Tupper."

O que mais me lembro com relação a Harry, além de sua rara habilidade de apanhar aquelas trutas enormes no Lago Henry, é de seu cachorro, Dingo. Isso é que era cachorro! Dingo costumava sentar-se ao lado de Harry no barco e assistir com expectativa enquanto seu dono pescava. Quando o velho pescador apanhava uma truta, Dingo latia furiosamente até que o peixe fosse enredado e depois solto.

O entusiasmo de Dingo me ensinou algo: é melhor se entusiasmar mais com o que outros estão fazendo do que com aquilo que nós estamos fazendo.

Ao ler Filipenses 2:4 e pensar sobre Dingo, me perguntei: Invisto tempo pensando sobre "os interesses dos outros"? Fico empolgado com o que Deus está fazendo na vida de um amigo e por meio dele, assim como me empolgo com o que Ele está fazendo em mim e por meio de minha vida? Anseio por ver outros crescerem em graça e encontrarem sucesso, ainda que meus esforços os tenham feito prosperar?

Esta é a medida da magnificência, pois somos mais semelhantes a Deus quando nossos próprios pensamentos se perdem ao pensarmos sobre os outros. Paulo expressou-se da melhor maneira: "...considerando cada um os outros superiores a si mesmo" (2:3). Vivemos deste modo? —DHR

Verdades bíblicas:

Aplicação pessoal:

Pedidos de oração:

Respostas de oração:

A VIDA É GRATIFICANTE SE ESTIVER REPLETA DE AMOR POR DEUS E PELOS OUTROS.

7 de Março

Leitura: Salmo 90:1-12

Verdades bíblicas:

Aplicação pessoal:

Pedidos de oração:

Respostas de oração:

MANUSEIE COM CUIDADO

Ensina-nos a contar os nossos dias, para que alcancemos coração sábio.
—Salmo 90:12

Vivemos numa sociedade assolada com avisos de alerta. De bula de remédios, datas de vencimento em embalagens de sopa, a alertas de risco em motosserras — avisos de alerta chamam nossa atenção para riscos iminentes. Recentemente recebi uma caixa com um precioso presente em seu interior. O remetente havia colocado no pacote um grande adesivo vermelho que dizia: frágil. Manuseie com cuidado. Quando penso sobre a vida e sua fragilidade, me questiono se não deveríamos todos usar adesivos com tais advertências.

Não é boa a idéia de excursionar pela vida pensando que somos invencíveis e tudo ficará bem — apenas para descobrirmos que somos muito mais frágeis do que pensávamos. Basta uma ligação do médico nos dizendo que temos uma doença ameaçando nossas vidas, ou o desvio de um motorista descuidado à nossa frente para nos lembrarmos de que a vida é radicalmente incerta. Não há garantias! Nenhum de nós pode ter a garantia de que em seguida poderá respirar. Neste contexto, o salmista tem um conselho importante… um tipo de aviso de alerta: "Ensina-nos a contar nossos dias, para que alcancemos um coração sábio" (Salmo 90:12).

Escolhamos viver como se este fosse o nosso último momento na terra amando mais profundamente, perdoando mais prontamente, dando mais generosamente e falando mais gentilmente.

É assim que se manuseia a vida com cuidado. —JMS

O ONTEM JÁ SE FOI; O AMANHÃ É INCERTO; O HOJE ESTÁ AQUI. USE-O COM SABEDORIA.

O INIMIGO DA CONFIANÇA

8 de Março

> Disse o Senhor a Gideão:
> É demais o povo que está contigo...
> —*Juízes 7:2*

Leitura: Juízes 7:2-8

Os comandantes militares sempre querem ter tropas suficientes para cumprir suas missões. A maioria preferiria ter muitos a ter poucos, mas nem todos chegam a um acordo com relação ao número suficiente de tropas.

Quando Gideão recrutou um exército de 32 mil homens para lutar contra aqueles que oprimiam os israelitas, o Senhor lhe disse: "...É demais o povo que está contigo, para eu entregar os midianitas em suas mãos; Israel poderia se gloriar contra mim, dizendo: A minha própria mão me livrou" (Juízes 7:2).

Portanto, o Senhor começou a reduzir o exército de Gideão. Quando os medrosos tiveram permissão para partir, 22 mil homens voltaram para casa (v.3). Uma segunda redução fez um corte nos dez mil restantes, sobrando 300 homens, de quem o Senhor disse, "...Com estes trezentos homens [...] eu vos livrarei, e entregarei os midianitas nas tuas mãos..." (v.7). E assim aconteceu (vv.19-23).

Em nossa vida de fé, os nossos recursos podem se tornar inimigos da confiança. Deus quer que dependamos dele, não de nossa própria força, seja ela física, financeira ou intelectual.

Quando o Senhor reduz nossos recursos de "32.000 para 300", Ele não está nos punindo. Está nos preparando para glorificá-lo por meio de nossas vidas, conforme o reconhecemos e confiamos em Seu poder. —DCM

Verdades bíblicas:

Aplicação pessoal:

Pedidos de oração:

Respostas de oração:

QUANDO DEUS NOS DÁ UMA TAREFA IMPOSSÍVEL — ELA ENTÃO SE TORNA POSSÍVEL.

9 de Março

Leitura: MIQUEIAS 6:1-8

Verdades bíblicas:

Aplicação pessoal:

Pedidos de oração:

Respostas de oração:

ATOS DE GRATIDÃO

*…o que o S*ENHOR *pede de ti: que pratiques a justiça, e ames a misericórdia, e andes humildemente com o teu Deus.*
—Miqueias 6:8

Poucas pessoas me conheciam tão bem quando menino quanto Francis Allen, o pastor que me levou a Jesus Cristo. Um pregador de fogo e enxofre no púlpito e, longe dele, um exemplo quase perfeito da bondade do amor de Deus.

Muito cedo, Francis percebeu em mim uma tendência para tentar "comprar" a aprovação, trabalhando mais do que o esperado e fazendo mais do que as pessoas pediam. "São bons presentes para dar aos outros," ele dizia, "mas você nunca deveria usá-los para comprar a aceitação e o amor das pessoas — ou de Deus."

Para me ajudar a compreender isto, ele me disse para ler a promessa de Jesus em Mateus 11:30 de que seu "…jugo é suave…" — uma afirmação que algumas vezes parece simples demais para ser verdade. Depois, indicando Miqueias 6:6-8, falou: "Agora leia isto e se pergunte se há algum dom que você possa dar a Deus que Ele já não possua." A resposta, claro, é não.

E prosseguiu em sua explicação de que Deus não pode ser comprado — o dom da graça não tem preço. Sendo isto verdade, qual deveria ser nossa reação? , "…pratiques a justiça, e ames a misericórdia, e andes humildemente com o teu Deus" (v.8). Aprendi que estas são atitudes de gratidão — não de compra.

Permita que Miqueias 6 seja um lembrete de que a graça não tem preço e que o viver pela fé é a nossa gratidão. —RKK

AS BOAS OBRAS NÃO SÃO O MEIO PARA SE OBTER A SALVAÇÃO, MAS O SEU RESULTADO.

BRILHE SEMPRE

10 de Março

*...sois luz no Senhor;
andai como filhos da luz.*
—Efésios 5:8

Leitura: Efésios 5:1-10

Para ser sincero, estava infeliz por ter que retornar à loja. Nas últimas semanas, minha mulher e eu estávamos tentando receber um reembolso pela compra de uma geladeira que não funcionava. Ao conversar com o gerente, novamente, parecia que estávamos nos aproximando de uma rua sem saída. Ao conversarmos, me perguntava se conseguiríamos o dinheiro de volta, mas tentei ser cortês.

Em certo momento o gerente disse: "Neste ponto da conversa, os clientes estão geralmente gritando comigo, mas você está sendo tão paciente." E então falou: "Vamos tentar outra coisa." Ele me fez algumas perguntas e digitou alguns números na caixa registradora. Após uma pequena espera — e algumas histórias sobre os clientes irados — a máquina cuspiu um recibo mostrando um reembolso! Nosso pesadelo com aparelhos domésticos estava terminado. "Obrigado por ser alguém tão fácil de lidar," ele disse enquanto seguíamos em direções diferentes.

Apesar de achar que ter sido cortês mesmo quando não queria colaborou neste processo, receber reembolsos que nos são devidos não deveria ser o motivo para demonstrarmos amabilidade aos outros. Como cristãos devemos refletir a luz de Jesus (Efésios 5:8) diante de todos — seja um vizinho irado, um garçom que acabou de tropeçar ou gerente de uma loja. Nosso discurso e comportamento devem ser testemunhos positivos (Efésios 4:29-32; Colossenses 4:6). Você está enfrentando um conflito? Deixe que a luz de Jesus brilhe. —JDB

Verdades bíblicas:

Aplicação pessoal:

Pedidos de oração:

Respostas de oração:

AS PESSOAS SÃO ATRAÍDAS A CRISTO QUANDO SUA LUZ BRILHA A PARTIR DE VOCÊ.

11 de Março

Leitura: Êxodo 36:1-7

Verdades bíblicas:

Aplicação pessoal:

Pedidos de oração:

Respostas de oração:

BELEZA NA IGREJA

Venham todos os homens hábeis entre vós e façam tudo o que o SENHOR ordenou.
—Êxodo 35:10

Quando meu marido Jay e eu decidimos construir uma nova casa, não recrutamos amigos e família para desfrutar do trabalho com ferramentas elétricas; em vez disso contratamos um empreiteiro habilidoso para construir algo funcional e belo.

A beleza no prédio da igreja, no entanto, nem sempre é uma prioridade. Alguns a consideram pouco prática, logo qualquer ornamento ou decoração é tido como desperdício. Mas essa não foi a atitude de Deus ao estabelecer um local de adoração para os antigos israelitas. Ele não recrutou qualquer um para montar uma tenda comum. Ele designou artesãos habilidosos, Bezael e Aoliabe (Êxodo 36:1), para decorar o tabernáculo com tapeçarias primorosamente tecidas e ornamentos complexamente projetados (37:17-20).

Acredito que a beleza era importante naquela época porque lembrava o povo a excelência de Deus em sua adoração. Durante os dias secos e empoeirados de perambulação pelo deserto, eles precisavam de um lembrete da majestade de Deus.

A beleza criada pelo povo de Deus em ambientes de adoração nos dias de hoje pode atender ao mesmo propósito. Oferecemos a Deus os nossos melhores talentos porque Ele é digno. A beleza também nos dá um vislumbre do céu e aguça o nosso desejo por aquilo que Deus está preparando para o nosso futuro. —JAL

A BELEZA REFLETE DEUS.

O MAIS IMPORTANTE

12 de Março

...Amarás o Senhor, teu Deus, de todo o teu coração, [...] alma e [...] entendimento. Este é o grande e primeiro mandamento.
—Mateus 22:37-38

Leitura: MATEUS 22:34-40

O que é mais importante nos esportes? São os campeonatos? Recordes? Honras? No estádio de basquete da Universidade da Pensilvânia, nos EUA, uma placa apresenta uma perspectiva diferente sobre o que é mais importante em esportes. Diz o seguinte: "Vencer o jogo é importante. Jogá-lo é ainda mais importante. Mas amar o jogo é o mais importante de todos." Este lembrete traz à memória que esportes são, no fim das contas, apenas os jogos que jogamos com alegria quando éramos crianças.

Um líder religioso certa vez perguntou a Jesus sobre o que era mais importante: "...qual é o grande mandamento...?" (Mateus 22:36). Jesus respondeu desafiando aquele líder a amar — amar a Deus e aos outros. Jesus disse: "Amarás o Senhor, teu Deus, de todo o teu coração, de toda a tua alma e de todo o teu entendimento. Este é o grande e primeiro mandamento. O segundo, semelhante a este, é: Amarás o teu próximo como a ti mesmo" (Mateus 22:37-39).

Seja o que nossa fé em Cristo nos estimular a fazer, nada será mais importante do que demonstrar o nosso amor — pois o amor revela o coração de nosso santo Pai celestial. Afinal, "Deus é amor" (1 João 4:8). É fácil distrair-se por coisas menos importantes; nossa atenção deve permanecer no que é maior — amar o nosso Deus. Isso por sua vez, nos capacita a amarmos uns aos outros. Não há nada maior do que isso.
—WEC

Verdades bíblicas:

Aplicação pessoal:

Pedidos de oração:

Respostas de oração:

**A PROVA DE NOSSO AMOR POR DEUS
É A NOSSA OBEDIÊNCIA AOS SEUS MANDAMENTOS.**

13 de Março

Leitura: COLOSSENSES 1:3-14

Verdades bíblicas:

Aplicação pessoal:

Pedidos de oração:

Respostas de oração:

CELEBRE O FRUTO

*Damos sempre graças a Deus,
Pai de nosso Senhor Jesus Cristo,
quando oramos por vós.*
—Colossenses 1:3

É fácil desenvolver um espírito crítico com as pessoas que não crescem espiritualmente conforme as nossas expectativas. Podemos facilmente encontrar áreas que precisam de correção, mas precisamos também considerar o que está correto. Em suas cartas, Paulo frequentemente precisava corrigir as igrejas, mas ele também levava em consideração o que era bom.

Na carta de Paulo aos Colossenses, por exemplo, ele mencionou que o evangelho havia se enraizado e estava produzindo fruto nas vidas dos cristãos ali (1:6). Ele os celebrou dirigindo seu agradecimento a Deus pelo crescimento espiritual das pessoas. Eles tinham conhecido Jesus e agora lutavam contra os falsos mestres (2:6-8). Ele agradeceu ao Senhor pelo amor profundo e eterno que tinham por todos os santos e por expressarem preocupação verdadeira e sacrificial por eles (1:4). Paulo também agradeceu a Deus porque a fé e o amor dos colossenses derivaram de sua esperança — a realidade e certeza de que este mundo não é o fim (1:5).

O dia de hoje pode nos dar a oportunidade de observar outros cristãos. Podemos ser críticos ou celebrar o seu progresso espiritual. Separemos um momento para agradecer ao Senhor pela maneira como o evangelho de Jesus Cristo tem-se enraizado e está produzindo frutos em suas vidas.
—MLW

A REPREENSÃO É CAPAZ DE FAZER MUITO, PORÉM O ENCORAJAMENTO FAZ AINDA MAIS.

ELE NOS SEGURA

E, quando eu for e vos preparar lugar, voltarei e vos receberei para mim mesmo, para que, onde eu estou, estejais vós também.
—João 14:3

14 de Março

Leitura: JOÃO 14:1-6

A vida é uma empreitada arriscada. Algumas vezes voamos alto, desfrutando de grande sucesso. Mas repentinamente caímos em profundos desapontamentos e impressionantes fracassos, fazendo nossos corações questionarem se há algo que valha a pena esperar.

Recentemente num funeral, o pastor mencionou a história de um trapezista. O artista admitiu que apesar de ser visto como o astro do show, o verdadeiro astro é quem o segura — o colega de equipe, que pendura-se em outro trapézio para agarrá-lo e garantir-lhe o pouso seguro. Ele explicou que é importante ter a confiança no outro. Com braços estendidos, quem salta deve confiar que o colega está pronto e é capaz de agarrá-lo em movimento. Morrer é como confiar em Deus como aquele que nos acolhe no fim do salto. Após voarmos pela vida, podemos olhar para Deus estendendo os braços para receber Seus seguidores e atrair-nos em segurança para Si, onde permaneceremos eternamente. Gosto dessa ideia.

Lembro-me das palavras consoladoras de Jesus aos Seus discípulos: "Não se turbe o vosso coração [...] Pois vou preparar-vos lugar [...] voltarei e vos receberei para mim mesmo, para que, onde eu estou, estejais vós também" (João 14:1-3).

A vida é de fato um negócio arriscado, mas encoraje-se! Se você colocou sua fé em Jesus Cristo, Ele está esperando no fim de sua jornada para levá-lo em segurança para casa. —JMS

Verdades bíblicas:

Aplicação pessoal:

Pedidos de oração:

Respostas de oração:

OS BRAÇOS DE NOSSO PAI CELESTIAL UM DIA ACOLHERÃO OS SEUS FILHOS.

15 de Março

Leitura: SALMO 119:97-104

Verdades bíblicas:

_____
_____
_____
_____
_____
_____

Aplicação pessoal:

_____
_____
_____
_____
_____
_____

Pedidos de oração:

_____
_____
_____
_____
_____
_____

Respostas de oração:

_____
_____
_____
_____
_____

BUSCA PELOS DEZ MAIS

*Quanto amo a tua lei!
É a minha meditação, todo o dia!*
—Salmo 119:97

BibleGateway (Portal Bíblico), um recurso bíblico *online*, observou os hábitos de visualização de alguns dos oito milhões de visitantes mensais do *site*. Descobriram que João 3:16 foi o versículo mais procurado em 2010.

Não acho surpreendente ser o número um da lista, pois nos diz que Deus nos amou tanto que enviou Seu Filho para nos resgatar de nosso pecado e nos dar vida eterna. A ordem de Jesus aos Seus seguidores para espalhar as boas-novas: "Ide, portanto, fazei discípulos de todas as nações…" (Mateus 28:19) é o número dez dessa mesma lista. Entre os dez primeiros também estão Jeremias 29:11 e Romanos 8:28 sobre os bons planos e propósitos de Deus para o Seu povo.

As Escrituras estão repletas de verdades que podemos procurar e compartilhar. Em Salmo 119, o capítulo mais longo da Bíblia, o salmista compartilhou seus pensamentos sobre a Palavra e seu desejo de examiná-la e ser ensinado por Deus. Ele disse: "Quanto amo a tua lei!…" (v.97). Nossa leitura bíblica de hoje apresenta algumas razões do salmista para amar a Palavra: dá a ele sabedoria e entendimento, é doce e livra seus pés do mal. Por essa razão é sua meditação "todo o dia."

Continuemos investindo tempo na leitura da Bíblia. Quanto mais examinarmos a Palavra, mais cresceremos em nosso amor por ela e por seu Autor (v.97). —AMC

**QUANTO MAIS VOCÊ LER A BÍBLIA,
MAIS AMARÁ O AUTOR DELA.**

INSENSATO!

16 de Março

*Diz o insensato no seu coração:
Não há Deus...*
—Salmo 14:1

Leitura: LUCAS 12:16-21

Parece-me relativamente contraditório que Jesus, que era tão gentil em alguns momentos (Mateus 19:13-15), chamasse algumas pessoas de insensatas. No entanto, os evangelhos registram várias vezes que o nosso Senhor usou este termo depreciativo para descrever aqueles de quem falava — especialmente os fariseus (Mateus 23:17-19; Lucas 11:39-40).

Jesus também usou a palavra insensato numa parábola, após alertar um homem sobre a cobiça (Lucas 12:13-21). O que o tornou insensato não foi ter construído celeiros maiores para armazenar sua colheita abundante (vv.16-18). Teria sido mais insensato ainda deixar a colheita nos campos onde o clima severo a deterioraria. Nem foi considerado insensato por pensar que essa provisão inesperada fosse suficiente para mantê-lo por longo tempo (v.19). Afinal, somos estimulados a seguir o exemplo da formiga e "armazenar" a colheita (Provérbios 6:6-8).

Como esse homem se tornou um insensato? Ele deixou Deus de fora. Foi chamado de insensato porque falhou em perceber que sua vida estava nas mãos de Deus. Enquanto planejava cuidadosamente sua vida confortável na terra, falhou em planejar para a eternidade e em armazenar tesouros no céu (Mateus 6:20).

Você incluiu Deus em seus planos para o futuro? Você não vai querer ser chamado de insensato por Ele quando o fim chegar, vai? —CPH

Verdades bíblicas:

Aplicação pessoal:

Pedidos de oração:

Respostas de oração:

NÃO É INSENSATO AQUELE QUE ABRE MÃO DO QUE NÃO PODE RETER PARA GANHAR O QUE NÃO PODE PERDER.
—JIM ELLIOT

17 de Março

Leitura: Isaías 50:4-10

Verdades bíblicas:

Aplicação pessoal:

Pedidos de oração:

Respostas de oração:

UMA PALAVRA AO CANSADO

O Senhor Deus me deu língua de eruditos, para que eu saiba dizer boa palavra ao cansado…
—Isaías 50:4

O povo de Israel estava passando por momentos difíceis. Haviam sido levados cativos pelos babilônios e forçados a viver num país longe de casa. O que o profeta Isaías poderia dar a este povo fraco para ajudá-los?

Ele lhes deu uma profecia de esperança. Uma mensagem de Deus relacionada ao prometido Messias. Em Isaías 50:4, o próprio Salvador descreveu o conforto e consolo que um dia traria: "O Senhor Deus me deu língua de eruditos, para que eu saiba dizer boa palavra ao cansado."

Estas foram palavras de duplo conforto — para o povo em exílio e para futuras gerações cujas vidas seriam tocadas pela compaixão de Jesus. Nos evangelhos, vemos como Cristo cumpriu a profecia com "…boa palavra ao cansado". Às multidões que o seguiam, Cristo proclamou: "Vinde a mim, todos os que estais cansados e sobrecarregados, e eu vos aliviarei" (Mateus 11:28). De fato, palavras de compaixão!

Jesus nos deixou um exemplo de como ministrar às pessoas que estão cansadas. Você conhece alguém que precisa de uma palavra oportuna de encorajamento ou do ouvido de um amigo preocupado? Uma palavra de consolo ao cansado pode surtir grande efeito. —HDF

A COMPAIXÃO É NECESSÁRIA PARA CURAR AS MÁGOAS DE OUTROS.

A LADEIRA DO SUCESSO

18 de Março

*...Porventura, sendo tu pequeno
aos teus olhos [...]
não te ungiu o S<small>ENHOR</small> rei sobre ele?*
—1 Samuel 15:17

Leitura: 1 S<small>AMUEL</small> 15:10-23

Entre os mais de 19 mil epigramas escritos pelo químico e escritor dr. O. A. Battista encontra-se esta sábia observação: "Você atinge o auge do sucesso assim que se desinteressa por dinheiro, elogios ou publicidade." Infelizmente, acontece exatamente o oposto quando algo que tenhamos feito é louvado e recompensado. Um coração humilde pode rapidamente tornar-se um ego inflado.

Pouco antes de Saul ter sido ungido rei, ele se via como membro de uma família insignificante na menor tribo de Israel (1 Samuel 9:21). Em poucos anos, no entanto, ele tinha erigido um monumento em sua própria honra e se tornado autoridade suprema em sua administração (15:11-12). O profeta Samuel confrontou Saul por sua desobediência a Deus lembrando-o de que, "...Porventura, sendo tu pequeno aos teus olhos, não foste por cabeça das tribos de Israel, e não te ungiu o S<small>ENHOR</small> rei sobre ele?" (v.17).

A egolatria é o primeiro passo na ladeira escorregadia do que chamamos sucesso. Ela começa quando reivindicamos crédito por vitórias que nos são dadas por Deus e modificamos Suas ordenanças para adaptá-las aos nossos desejos.

O verdadeiro sucesso significa permanecer no caminho de Deus, seguindo Sua Palavra e dando-lhe o louvor, em vez de ansiarmos por recebê-lo. —DCM

Verdades bíblicas:

Aplicação pessoal:

Pedidos de oração:

Respostas de oração:

A VERDADEIRA HUMILDADE DÁ A DEUS OS CRÉDITOS POR QUALQUER SUCESSO.

19 de Março

Leitura: SALMO 98

Verdades bíblicas:

Aplicação pessoal:

Pedidos de oração:

Respostas de oração:

A MARAVILHA DA NATUREZA

Celebrai com júbilo ao SENHOR, todos os confins da terra; aclamai, regozijai-vos e cantai louvores.
—Salmo 98:4

Os salmistas tinham uma vantagem no louvor por seus laços estreitos com o mundo natural. Davi começou sua vida ao ar livre como pastor de ovelhas, depois passou anos escondido no terreno rochoso de Israel. Não é surpreendente que um grande amor, até mesmo reverência pelo mundo natural emane de muitos dos seus poemas. Os salmos apresentam um mundo que se encaixa como um todo, onde tudo é sustentado e preservado por um Deus que o vigia pessoalmente.

A natureza em sua infinidade anuncia aos nossos sentidos o esplendor de um Deus invisível e invencível. Como podemos não oferecer louvor àquele que engenhou porcos-espinhos e alces, que respingou álamos verdes luzentes por encostas de rochas cinzentas, que transforma a mesma paisagem em obra de arte a cada nevasca?

O mundo, na imaginação do salmista, não consegue conter o deleite que Deus inspira. "Celebrai com júbilo ao SENHOR, todos os confins da terra; aclamai, regozijai-vos e cantai louvores" (Salmo 98:4). A própria natureza se junta à celebração: "Os rios batam palmas, e juntos cantem de júbilo os montes" (v.8).

Os salmos resolvem de maneira maravilhosa o problema de uma cultura deficiente em louvor provendo as palavras necessárias. Precisamos simplesmente nos deixar envolver por estas palavras, permitindo que Deus use os salmos para realinhar nossas atitudes interiores. —PY

NO LOUVOR, A CRIATURA RECONHECE ALEGREMENTE QUE TUDO QUE É BOM VEM DO CRIADOR.

REENCONTRO ESPERADO

20 de Março

> ...os que ficarmos, seremos arrebatados [...], entre nuvens, para o encontro do Senhor nos ares...
> —1 Tessalonicenses 4:17

Leitura: 1 Tessalonicenses 4:13-18

Quando eu era menino, tinha um cachorro da raça *collie* chamado Príncipe, um cachorro excelente que eu amava muito. Certo dia ele desapareceu, e eu não sabia se ele tinha sido roubado ou se simplesmente tinha fugido — mas fiquei desolado. Procurei-o em todos os lugares. Na verdade, uma de minhas memórias mais antigas de infância é ter subido numa árvore alta, para olhar toda a vizinhança esperando encontrá-lo, pois queria meu amado cachorro de volta. Durante semanas procurei, esperando vê-lo novamente. Mas nunca nos reencontramos.

Há uma percepção de perda muito maior quando pensamos que após a morte nunca mais veremos alguém que amamos. Mas para aqueles que conhecem e amam o Senhor, o afastamento causado pela morte é apenas temporário. Um dia nos reencontraremos para sempre!

Paulo garantiu aos tessalonicenses: "...os mortos em Cristo ressuscitarão primeiro; depois, nós, os vivos, os que ficarmos, seremos arrebatados juntamente com eles, entre nuvens, para o encontro do Senhor nos ares, e, assim, estaremos para sempre com o Senhor" (1 Tessalonicenses 4:16-17). As palavras *juntamente* e *nós* trazem consolo para o coração entristecido. Estas palavras sobre o reencontro indicam que os seguidores de Cristo jamais precisarão vivenciar a separação permanente. Para nós, a morte não é um adeus; é um "até logo." —WEC

Verdades bíblicas:

Aplicação pessoal:

Pedidos de oração:

Respostas de oração:

O POVO DE DEUS JAMAIS DIZ ADEUS DEFINITIVAMENTE.

21 de Março

Leitura: João 1:1-14

Verdades bíblicas:

_____
_____
_____
_____
_____

Aplicação pessoal:

_____
_____
_____
_____
_____

Pedidos de oração:

_____
_____
_____
_____
_____

Respostas de oração:

_____
_____
_____
_____
_____

SUA BIOGRAFIA

E o Verbo se fez carne e habitou entre nós...
—João 1:14

Enquanto procurava uma forma interessante de instruir minha turma de redação da universidade sobre o conceito de escrever um esboço biográfico, encontrei esta ideia: escreva uma biografia em seis palavras. Quando pediram a Ernest Hemingway, ganhador do prêmio *Pulitzer*, que o fizesse, ele escreveu esta biografia comovente: "À venda: sapatinhos novos nunca usados." Imagine a triste história por trás dessas seis palavras.

Ao pensar neste conceito, imaginei se poderíamos encontrar alguma biografia de poucas palavras de personagens na Bíblia. O que descobri foi espantoso. Muitos de nossos heróis das Escrituras já foram descritos dessa forma. Por exemplo, Davi, de quem Deus disse: "...homem segundo o meu coração..." (1 Samuel 13:14; Atos 13:22). Ou a autodescrição de Paulo: "Paulo, apóstolo de Cristo Jesus..." (Efésios 1:1). Ou a descrição que Paulo fez de Timóteo: "...verdadeiro filho na fé..." (1Timóteo 1:2). E observe estas palavras sobre Maria: "...a virgem conceberá e dará à luz um filho..." (Mateus 1:23). E sobre Jesus: "...se fez carne e habitou entre nós..." (João 1:14).

Estas descrições precisas de pessoas de fé deveriam nos maravilhar. Qual descrição em poucas palavras me retrataria melhor? Seria positiva ou negativa? Seria talvez: "Alguém muito difícil de amar" ou "Uma luz brilhando para o Senhor"? O que seria dito em sua biografia? —JDB

ANTES PERDIDO, HOJE ENCONTRADO. ETERNAMENTE GRATO!

"PRIMEIRO EU"

...quanto ao trato passado, vos despojeis do velho homem, que se corrompe segundo as concupiscências do engano.
—Efésios 4:22

22 de Março

Leitura: Tiago 4:1-10

Um homem certa vez me perguntou: "Qual é seu maior problema?", eu respondi: "Vejo meu maior problema todos os dias no espelho." Refiro-me àqueles desejos de *primeiro eu* ocultos em meu coração.

Em Tiago 4:1 lemos: "De onde procedem guerras e contendas que há entre vós? De onde, senão dos prazeres que militam na vossa carne?" A palavra *prazeres* refere-se aos nossos desejos de interesse pessoal. Por essa razão nos é dito em Tiago 1:14: "...cada um é tentado pela sua própria cobiça, quando esta o atrai e seduz." Tiago alerta que tais desejos "primeiro eu" destruirão nossa amizade com Deus (4:4) e causarão divisões, guerras e lutas (vv.1-2).

Portanto, nos é dito para abandonar o pensamento de "primeiro eu". Como fazemos isto? Primeiro, "Sujeitai-vos [...] a Deus..." (4:7). Precisamos classificar de maneira correta — Deus é Deus e Sua vontade deve sempre vir em primeiro lugar. Segundo, "Chegai-vos a Deus..." (v.8). Com os desejos que levam ao pecado vá até Deus para ser purificado. Não seja vacilante desejando ora o bem ora o mal. Ao contrário, deseje apenas agradar a Deus. Terceiro, "Humilhai-vos na presença do Senhor..." E então "...ele vos exaltará" (v.10).

Lembre-se que viver no estilo *primeiro eu* não é a chave para o sucesso. Coloque Deus em primeiro lugar. —AL

Verdades bíblicas:

Aplicação pessoal:

Pedidos de oração:

Respostas de oração:

QUANDO VOCÊ ESQUECE-SE DE SI MESMO, GERALMENTE PASSA A FAZER ALGO DE QUE OUTROS SE LEMBRARÃO.

23 de Março

Leitura: MATEUS 5:13-16

Verdades bíblicas:

Aplicação pessoal:

Pedidos de oração:

Respostas de oração:

ALGO A DECLARAR

…brilhe também a vossa luz diante dos homens…
—Mateus 5:16

Era apenas uma inspeção rotineira de bagagem, mas nada no conteúdo da mala era comum. O agente da alfândega suíça que a inspecionou descobriu 14 desenhos originais de Pablo Picasso. A obra de arte, que fazia parte de um caderno de esboços, foi estimada em 1,5 milhão de dólares, porém o passageiro afirmou não ter "nada a declarar" às autoridades da alfândega.

É difícil imaginar alguém embalando o caderno de esboços de Picasso entre as blusas, correndo para o aeroporto e esperando manter isso em segredo. O homem obviamente estava contrabandeando.

Como cristãos, temos algo muito mais valioso do que uma obra de Picasso para declarar! No entanto, algumas vezes mantemos o tesouro da nossa fé em Cristo trancado em nossos corações, em vez de compartilhá-lo com aqueles ao nosso redor. Jesus nos lembrou: "Vós sois a luz do mundo…" (Mateus 5:14). Parte de nosso propósito é refletir a glória de Deus para que outros entendam que precisam dele. Ele também nos diz para que deixemos brilhar a nossa luz, para que outros vejam nossas boas obras e glorifiquem o nosso Pai no céu (v.16).

Corremos o risco de nos tornarmos contrabandistas espirituais quando escondemos nossa fé em Cristo. Em lugar disso, abramos a "mala", compartilhemos o tesouro e demos glória ao Mestre. —JBS

UM CORAÇÃO PODE SE ABRIR PARA DEUS, POR MEIO DE UMA PALAVRA BEM ESCOLHIDA.

FICO COM ELE

Porque, se meu pai e minha mãe me desampararem, o Senhor me acolherá.
— Salmo 27:10

24 de Março

Leitura: Salmo 27:1-10

Anos atrás, quando ainda estudava na Universidade da Califórnia, desenvolvi uma amizade com um colega que havia sofrido uma perda terrível. Seu filho tinha morrido e sua esposa o abandonara por não conseguir lidar com a dor.

Certo dia, enquanto meu amigo e eu caminhávamos pela rua, nos encontramos parados atrás de uma mãe descabelada segurando a mão de um menininho que estava sujo. Ela estava brava com a criança e caminhava rápido demais, arrastando-a num ritmo que suas perninhas não conseguiam acompanhar.

Chegamos a um cruzamento movimentado onde a criança parou subitamente e sua mão se soltou da mão de sua mãe. E a mãe virou-se, praguejou e continuou caminhando lentamente. O menininho sentou-se no meio-fio e irrompeu em lágrimas. Sem hesitar por um momento sequer, meu amigo sentou-se ao lado da criança e envolveu o pequeno em seus braços.

A mulher virou-se e, olhando para a criança, começou a praguejar novamente. Meu amigo suspirou e olhou para cima. "Senhora," disse suavemente, "se você não o quer, fico com ele."

Acontece o mesmo com nosso Pai no céu. Ele também vivenciou uma grande perda e nos ama da mesma maneira afetuosa. Mesmo que nossos amigos e família nos abandonem, nosso Deus jamais o fará (Salmo 27:10). Estamos sempre sob o Seu cuidado. —DHR

Verdades bíblicas:

Aplicação pessoal:

Pedidos de oração:

Respostas de oração:

SE DEUS SE IMPORTA COM PARDAIS, COM CERTEZA SE IMPORTA CONOSCO.

25 de Março

Leitura: 1 CORÍNTIOS 12:12-27

Verdades bíblicas:

_____
_____
_____
_____
_____
_____

Aplicação pessoal:

_____
_____
_____
_____
_____
_____
_____

Pedidos de oração:

_____
_____
_____
_____
_____
_____

Respostas de oração:

_____
_____
_____
_____
_____

COMPARTILHAR ESPAÇO

Pelo contrário, os membros do corpo que parecem ser mais fracos são necessários.
—1 Coríntios 12:22

Milhares de pessoas coordenam uma empresa em suas casas. Mas algumas concluíram que trabalhar sozinhas pode ser solitário demais. Para prover a estes solitários uma comunidade, novos espaços de "trabalho conjunto" foram projetados. Grandes instalações são alugadas e as pessoas que trabalham como autônomas podem compartilhar o espaço com outras. Cada um tem sua própria área de trabalho, mas pode trocar ideias com outros trabalhadores independentes. Destina-se àqueles que sentem que trabalham melhor ao lado de outros ao invés de sozinhos.

Algumas vezes, os cristãos pensam que trabalham melhor sozinhos, no entanto, devemos trabalhar juntos na igreja. Cada cristão foi colocado no "corpo de Cristo" (1 Coríntios 12:27). E o Senhor deseja que façamos parte de uma comunidade local de cristãos — usando nossos dons espirituais e trabalhando juntos em Seu serviço.

Entretanto, por várias razões, alguns não têm condições de participar. Por questões de saúde, podem estar confinados em suas casas ou podem não saber como se adaptar em uma igreja. Estes, porém, são uma parte necessária do corpo (vv.22-25). E neste ponto outros podem suprir estas necessidades de união. Façamos a nossa parte para que outros possam sentir-se integrados na comunidade da fé. Juntos, nós trabalhamos melhor do que separados.
—AMC

A COMUNHÃO NOS EDIFICA E NOS UNE.

ESPAÇO PARA O PODER

...me gloriarei nas fraquezas, para que sobre mim repouse o poder de Cristo.
—2 Coríntios 12:9

26 de Março

Leitura: 2 Coríntios 12:1-10

Quando Thaís estava no ensino médio, tinha um medo crescente de algum dia enfrentar uma doença grave. E ela começou a orar — pedindo a Deus que a livrasse desta doença imaginária. Em seguida, num momento decisivo em seu modo de pensar, entregou seu futuro a Deus independentemente de qualquer coisa.

Anos depois, o médico de Thaís encontrou um tumor cancerígeno, cujo tratamento de quimioterapia foi bem-sucedido. Thaís afirma que por ter confiado seu futuro a Deus, estava pronta quando a doença veio. O seu problema se tornou uma via de acesso para Deus manifestar o Seu poder.

Podemos observar na vida de Paulo que ele também se entregou a Deus. Sua entrega aconteceu após o "espinho na carne" — ter se desenvolvido (2 Coríntios 12:7). Paulo orou repetidamente sobre esta dificuldade, suplicando a Deus que a retirasse. Mas Deus respondeu: "...A minha graça te basta, porque o poder se aperfeiçoa na fraqueza..." (v.9). Entendendo isto, Paulo adotou um ponto de vista positivo: "...De boa vontade, pois, mais me gloriarei nas fraquezas, para que sobre mim repouse o poder de Cristo. [...] Porque, quando sou fraco, então, é que sou forte" (vv.9-10).

Ao enfrentarmos nossos medos e lutas, é vital nos rendermos por completo a Deus. Ao fazermos, Deus pode usar nossos problemas como uma via de acesso para o Seu poder. —HDF

Verdades bíblicas:

Aplicação pessoal:

Pedidos de oração:

Respostas de oração:

SABER LIDAR COM NOSSO PODER NÃO SUBSTITUI A NECESSIDADE DE NOS RENDERMOS AO PODER DE DEUS.

27 de Março

Leitura: 1 João 2:3-11

Verdades bíblicas:

Aplicação pessoal:

Pedidos de oração:

Respostas de oração:

NADA DE ARTIFICIAL

Aquele, entretanto, que guarda a sua palavra, nele, verdadeiramente, tem sido aperfeiçoado o amor de Deus. Nisto sabemos que estamos nele.
—1 João 2:5

Certa igreja em Illinois, EUA, está deleitando-se com os novos sinos na torre acima do santuário. Quando a igreja foi primeiramente construída, não havia dinheiro para comprar os sinos, mas no aniversário de 25 anos os membros da igreja conseguiram arrecadar fundos para pendurar três sinos no espaço vago. E apesar de serem espetaculares, há um problema: a congregação nunca ouvirá os sinos tocarem. Apesar de aparentarem ser verdadeiros, não o são.

O apóstolo João escreveu sua primeira carta para encorajar os cristãos a não apenas aparentarem ser cristãos verdadeiros, mas a provar que o são pela maneira de viver. O indício de que a fé de uma pessoa é verdadeira não se encontra em algum tipo de experiência mística com Deus. A prova de que as pessoas realmente conhecem e amam a Deus está em submeter-se à Sua autoridade e à Sua Palavra. João afirma: "Aquele, entretanto, que guarda a sua palavra, nele, verdadeiramente, tem sido aperfeiçoado o amor de Deus. Nisto sabemos que estamos nele: aquele que diz que permanece nele, esse deve também andar assim como ele andou" (1 João 2:5-6).

Se declararmos que fomos transformados pelo evangelho e que conhecemos a Deus intimamente e o amamos, devemos validar essa afirmação com a nossa obediência à Sua Palavra. —MLW

A OBEDIÊNCIA A DEUS É UMA EXPRESSÃO DE NOSSO AMOR POR ELE.

UM BELO MOMENTO

*...Toda a carne é erva,
e toda a sua glória, como a flor da erva*
—Isaías 40:6

28 de Março

Leitura: ISAÍAS 40:6-11

Um *click* e lá estava... um belo momento capturado no tempo para sempre. O sol tardio de verão refletia na quebra da onda e fazia a água parecer ouro líquido respingando sobre a costa. Se meu amigo não estivesse lá com sua câmera, a onda teria passado despercebida, como muitas outras que vieram e recuaram, e que foram vistas apenas por Deus.

Quem pode imaginar quantas ondas os lagos já impulsionaram para as margens? No entanto, cada uma delas é sempre única. Como em cada onda, Deus cria a beleza extravagante a partir de coisas aparentemente mundanas. Usando água e ar, Ele cria maravilhosas obras de arte; e nós desfrutamos de Sua galeria nos altos céus, na terra e nos mares. Mas a maioria da beleza da terra permanece invisível para nós; é vista apenas por Deus.

Deus usa outra galeria para expor Sua glória: os seres humanos. Nós também somos feitos de algo comum — o pó da terra (Gênesis 2:7), mas em nós Ele adicionou um ingrediente extraordinário — Seu próprio fôlego (v.7). Como as ondas do mar e as flores do campo (Isaías 40:6), nossas vidas são breves e poucos as veem. Porém, cada vida é um belo "momento" criado por Deus para dizer ao mundo, "...Eis aí está o vosso Deus!" cuja Palavra permanecerá para sempre (v.8). —JAL

Verdades bíblicas:

Aplicação pessoal:

Pedidos de oração:

Respostas de oração:

**CUMPRIMOS O NOSSO PROPÓSITO
QUANDO SERVIMOS O NOSSO CRIADOR.**

29 de Março

Leitura: SALMO 121

Verdades bíblicas:

Aplicação pessoal:

Pedidos de oração:

Respostas de oração:

CONFIE EM MIM

Quando passares pelas águas,
eu serei contigo; quando, pelos rios,
eles não te submergirão...
—Isaías 43:2

Quando eu era pequena, meus tios me levaram para passear num lago. Enquanto alguns de meus primos se aventuravam nas ondas, eu brincava à sua margem. Meu tio então me perguntou, "Você sabe nadar?" "Não", admiti. E ele me disse. "Não se preocupe, levo você até o fundo." "Mas é muito fundo," protestei. "Só segure em mim. Você confia em mim?" Segurei a mão dele e começamos a andar para dentro do lago.

Quando meus pés já não podiam mais tocar o fundo, meu tio segurou-me e novamente assegurou: "Estou segurando você. Estou segurando você." Finalmente ele disse, "Pronto, aqui você pode ficar em pé." Eu estava com medo porque pensava que ainda estávamos na parte funda, mas confiei nele e felizmente descobri que estava em pé em um banco de areia.

Você já esteve tão desesperado que sentiu como se estivesse se afogando em águas profundas? As dificuldades da vida podem ser opressoras. Deus não promete que escaparemos dos mares turbulentos da vida, mas Ele promete: "...De maneira alguma te deixarei, nunca jamais te abandonarei" (Hebreus 13:5).

Podemos confiar que o nosso Deus fiel estará ao nosso lado em todas as nossas lutas. "Quando passares pelas águas, eu serei contigo; quando, pelos rios, eles não te submergirão..." (Isaías 43:2). —CHK

ANTES QUE O SEU FARDO O VENÇA,
CONFIE QUE DEUS O ACOLHERÁ EM SEUS BRAÇOS.

QUE TIPO DE PESSOA?

30 de Março

Porque o Filho do Homem veio buscar e salvar o perdido.
—Lucas 19:10

Leitura: Lucas 19:1-10

Por muitos anos, certo apresentador de um programa de televisão chamado Câmera Escondida deleitou os telespectadores usando uma câmera para registrar as reações geralmente hilárias de pessoas comuns às situações inesperadas. A abordagem, de acordo com o filho deste produtor, era a seguinte: "Acreditamos que as pessoas são maravilhosas e queremos confirmar isso." Ele acredita que a perspectiva de alguns outros programas semelhantes era: "as pessoas são burras e encontraremos maneiras de provar isso."

Seus comentários indicam que a visão que temos das pessoas determina como as trataremos.

Os cidadãos de Jericó ficaram ofendidos quando Jesus foi à casa de Zaqueu, o coletor de impostos. "Todos os que viram isto murmuravam, dizendo que ele se hospedara com homem pecador" (Lucas 19:7). No entanto, quando Zaqueu passou por uma profunda mudança em seu coração (v.8), Jesus lhe disse: "...Hoje, houve salvação nesta casa, [...] Porque o Filho do Homem veio buscar e salvar o perdido" (vv.9-10).

Um de meus amigos diz: Quando enxergamos as pessoas como perdedoras, nós as tratamos com desdém. Quando as vemos como perdidas, as tratamos com compaixão.

Jesus não vê perdedores, apenas pessoas perdidas a quem ama. Quando olhamos para os outros, que tipo de pessoas vemos?
—DCM

Verdades bíblicas:

Aplicação pessoal:

Pedidos de oração:

Respostas de oração:

OS QUE JÁ FORAM ENCONTRADOS DEVERIAM BUSCAR OS PERDIDOS.

31 de Março

Leitura: ROMANOS 5:1-11

Verdades bíblicas:

Aplicação pessoal:

Pedidos de oração:

Respostas de oração:

ESTEJA PREPARADO

Logo, muito mais agora, sendo justificados pelo seu sangue, seremos por ele salvos da ira.
—Romanos 5:9

Assim como suas amigas estavam fazendo, minha filha Melissa se ocupava preparando-se para a vida adulta. Na escola, ela se preparava para a universidade fazendo os cursos certos e inscrevera-se para o teste que lhe permitiria ingressar na universidade.

Fora da sala de aula, Melissa aprendia a relacionar-se bem com as pessoas investindo o seu tempo com amigos e colegas de classe. Em seu emprego, aprendia as habilidades de relacionamento necessárias para sua futura carreira. Em casa, Melissa se preparava para sua futura vida em família, vivenciando o modo como uma família cristã deve interagir.

Preparar-se para a vida adulta exige muito trabalho e Melissa estava progredindo.

Mas toda essa preparação tornou-se desnecessária. Em 2002, aos 17 anos, ela morreu num acidente automobilístico, e estar preparada para o céu era só o que importava.

Naquela linda noite de junho quando o mais verdadeiro teste de prontidão veio tão repentinamente — a porta da eternidade se abriu para Melissa — ela estava preparada. Ela tinha colocado sua fé em Jesus e confiado em Seu sacrifício na cruz para perdoá-la de seus pecados (João 3:16; Romanos 5:8-9).

Ao enfrentar o teste final, Melissa estava preparada. E você? —JDB

SE A MORTE VIER HOJE, VOCÊ ESTARÁ PREPARADO PARA ENCONTRAR-SE COM DEUS?

1 de Abril

Leitura: 2 Coríntios 1:6-11

Verdades bíblicas:

Aplicação pessoal:

Pedidos de oração:

Respostas de oração:

CAMINHADA DIFÍCIL

*...não confiemos em nós,
e sim no Deus que ressuscita os mortos.
—2 Coríntios 1:9*

Em agosto de 2009, Blair e Ronna Martin perderam seu filho Matti, de nove anos, arrastado até a morte por uma vaca pertencente à família. Tive a oportunidade de encontrar essa família da cidade de Kenai, no Alaska, e unir-me ao seu luto. E sei quão dura foi essa tragédia para eles.

Também sei que eles estão buscando o cuidado e conforto de Deus para sua dor. Uma observação feita pela mãe de Matti é valiosa para qualquer pessoa que esteja atravessando um dos vales da vida. Durante um de seus momentos de tristeza, Ronna estava lendo 2 Coríntios 1:9 que diz: "...não confiemos em nós, e sim no Deus que ressuscita os mortos". Ela sentiu como se Jesus estivesse lhe dizendo: "Ronna, eu sei que a jornada tem sido pesada para você, que está cansada até os ossos. Não se envergonhe de sua exaustão. Em vez disso, veja-a como uma oportunidade para Eu assumir o comando da sua vida."

Quando a jornada fica excessivamente difícil de percorrer, o livro de 2 Coríntios 1:9 nos lembra que não viajamos sozinhos. Temos o auxílio daquele que nos demonstrou Seu poder na ressurreição e o demonstrará novamente quando elevar Seus amados cristãos de todas as gerações para a vida eterna. "Minha força e minha esperança só podem estar em Cristo", disse Ronna. Todos nós precisamos dessa verdade ao percorrer a jornada que Deus tem para nós. —JDB

AS TEMPESTADES DA VIDA NOS LEMBRAM DE BUSCAR ABRIGO NOS BRAÇOS AMOROSOS DO NOSSO SALVADOR.

COMUM VERSUS EXTRAORDINÁRIO

2 de Abril

...recebestes o espírito de adoção, baseados no qual clamamos: Aba, Pai.
—Romanos 8:15

Leitura: ROMANOS 8:12-26

Durante mais de um século, o pináculo do golfe foi a pontuação 59 — registrada somente três vezes na história da Associação Profissional de Golfe até 2009. Por fim, em 2010, Paul Goydos marcou 59 — marca igualada um mês depois por Stuart Appleby. Como resultado disso, alguns jornalistas esportivos especularam que a realização mais cobiçada do golfe estava se tornando rotina! É surpreendente ver duas pontuações dessa na mesma temporada, mas, seria um engano começar a vê-la como algo comum.

Para os que seguem Jesus Cristo, é enganoso também ver o extraordinário como algo comum. Por exemplo, pense sobre a oração. Em qualquer momento, podemos falar com o Deus Criador que, falando, fez existir o universo! Não somente somos bem-vindos à Sua presença, mas somos convidados a entrar com confiança: "Acheguemo-nos, portanto, confiadamente, junto ao trono da graça, a fim de recebermos misericórdia e acharmos graça para socorro em ocasião oportuna" (Hebreus 4:16).

O nosso acesso a Deus é algo extraordinário — embora, às vezes, consideremos esse privilégio algo merecido. Ele é o Deus Todo-poderoso, mas também é nosso Pai que nos ama e nos permite chamá-lo a qualquer momento de qualquer dia. Isso, sim, é extraordinário! —WEC

Verdades bíblicas:

Aplicação pessoal:

Pedidos de oração:

Respostas de oração:

DEUS SEMPRE ESTÁ DISPONÍVEL PARA ESCUTAR AS ORAÇÕES DE SEUS FILHOS.

3 de Abril

Leitura: **MATEUS 1:18-25**

Verdades bíblicas:

Aplicação pessoal:

Pedidos de oração:

Respostas de oração:

O NOME

*Ela dará à luz um filho
e lhe porás o nome de Jesus, porque ele
salvará o seu povo dos pecados deles.*
—Mateus 1:21

O que torna um nome tão especial para nós? Comecei a pensar sobre isso após conversar com uma adolescente no lado de fora de sua igreja na Jamaica, numa manhã de domingo. Ela perguntou: "Você mencionaria meu nome no *Pão Diário?*" Perguntei-lhe se tinha uma história a contar e ela disse: "Não, apenas mencione meu nome."

Enquanto pensava em seu pedido — e em seu nome —, questionei-me por que seus pais escolheram o nome Joyeth (intensa alegria). Ver a natureza feliz da personalidade dela fez-me concluir que, se a lógica deles tinha sido instigá-la a ter "alegria" em sua vida, eles tinham sido bem-sucedidos.

A maioria dos pais tem essa escolha quando um novo bebê está a caminho. Mas, um bebê recebeu Seu nome de uma maneira muito diferente. O Seu nome não foi escolhido por Seus pais, e nem para influenciá-lo por um traço de personalidade. Refiro-me àquele cujo nome foi dado por um anjo que disse aos Seus pais para lhe darem "…o nome de Jesus…" Por quê? "…porque ele salvará o seu povo dos pecados deles" (Mateus 1:21).

Não admira que Seu nome esteja acima de todos os nomes (Filipenses 2:9). Esse é um nome que revela Seu propósito e traz salvação da penalidade por nossos pecados. Jesus é, de fato, o nome que merece menção. —JDB

**JESUS: SEU NOME E SUA MISSÃO
SÃO UMA COISA SÓ.**

FALCÕES E LEÕES

4 de Abril

...O diabo, vosso adversário, anda em derredor, como leão que ruge procurando alguém para devorar.
—1 Pedro 5:8

Leitura: 1 Pedro 5:5-11

Certa manhã observei um coelho comer grama em meu quintal. Ele estava no lado menor, com pelo salpicado marrom e rabo de pompom. De repente, um falcão deslizou pelo ar, rápido e preciso como um raio. Com as garras estendidas, ele vinha arrebatar sua presa. Mas, o coelho reconheceu o perigo que se aproximava e correu para um lugar seguro, poucos centímetros à frente do falcão.

Como o coelho que identificou seu predador e debandou, nós como cristãos, precisamos estar atentos para podermos fugir do nosso inimigo. "...O diabo, vosso adversário, anda em derredor, como leão que ruge procurando alguém para devorar" (1 Pedro 5:8). Satanás deseja devorar-nos, nos fazendo desviar para seus caminhos; e assim o faz jogando com a verdade (João 8:44) e tentando enganar-nos (Gênesis 3:1).

Os esquemas do diabo refletem sua natureza desonesta, e seus truques objetivam pegar-nos desprevenidos. Entretanto, a Bíblia diz que os cristãos devem ser: "...sóbrios e vigilantes..." (1 Pedro 5:8). Viver nesse estado de prontidão nos ajuda a discernir os falsos ensinamentos (1 João 4:1-3; 2 João 1:7-11) e triunfar sobre a tentação (Mateus 26:41).

Hoje, tome cuidado com o seu predador espiritual. Que tipo de mentiras ele está sussurrando? Como ele o tem persuadido? "...resisti ao diabo, e ele fugirá de vós" (Tiago 4:7). —JBS

Verdades bíblicas:

Aplicação pessoal:

Pedidos de oração:

Respostas de oração:

RECONHECER O INIMIGO É O PRIMEIRO PASSO PARA A VITÓRIA.

5 de Abril

Leitura: MATEUS 26:26-30

Verdades bíblicas:

_____
_____
_____
_____
_____

Aplicação pessoal:

_____
_____
_____
_____
_____
_____

Pedidos de oração:

_____
_____
_____
_____
_____

Respostas de oração:

_____
_____
_____
_____

A MAIOR MESA DO MUNDO

...não beberei deste fruto da videira, até aquele dia em que o hei de beber, novo, convosco no reino de meu Pai.
—Mateus 26:29

No domingo 18 de julho de 2010, numa das rodovias de maior tráfego da Europa se transformou no que alguns denominaram "a mesa mais longa do mundo". Os policiais fecharam um trecho de 60 quilômetros de uma estrada na Alemanha para que as pessoas pudessem caminhar; andar de bicicleta ou sentar-se em uma das 20 mil mesas colocadas na rodovia. Aproximadamente dois milhões de pessoas vieram desfrutar de um evento, cujo objetivo era agregar pessoas de muitas culturas, gerações e nações.

Esta comemoração me fez pensar em uma mesa ainda maior, em torno da qual os cristãos se reúnem para compartilhar a Ceia do Senhor. Durante a comunhão, lembramos a morte de Jesus por nós ao anteciparmos o auge da história em Seu retorno.

Pouco antes de Jesus ser crucificado, Ele compartilhou a ceia de Páscoa com Seus discípulos, dizendo-lhes: "...não beberei deste fruto da videira, até aquele dia em que o hei de beber, novo, convosco no reino de meu Pai" (Mateus 26:29).

A Mesa do Senhor une todos aqueles que Cristo redimiu por Seu sangue "...de toda tribo, língua, povo e nação" (Apocalipse 5:9). Um dia, numa cena de reunião e alegria, todos os que pertencem a Jesus se sentarão com Ele a uma mesa que fará parecer minúscula a reunião da rodovia alemã. Antecipamos, com esperança, compartilhar dessa mesa! —DCM

O AMOR DE CRISTO CRIA UNIDADE A PARTIR DA DIVERSIDADE.

LINDAS CICATRIZES

...perdoados lhe são os seus muitos pecados, porque ela muito amou...
—Lucas 7:47

Leitura: Lucas 7:36-49

Vários anos atrás, enquanto caminhava por trilhas ao longo do Rio Salmon, cheguei ao bosque de pinheiros cujas cascas haviam sido parcialmente removidas. Um amigo guarda florestal, havia me contado que os povos nativos dos EUA, que caçavam nessa região muito tempo atrás, haviam tirado a casca para usar a camada abaixo dela como goma de mascar. Algumas das cicatrizes eram desfigurantes; outras, preenchidas com seiva cristalizada e polidas por vento e exposição ao tempo, haviam se transformado em padrões de rara beleza.

Assim ocorre com nossas transgressões. Podemos ficar com cicatrizes pelos pecados do passado. Mas, esses pecados, dos quais nos arrependemos e pedimos perdão a Jesus, podem deixar marcas de beleza.

Algumas pessoas, tendo saboreado a amargura do pecado, agora o odeiam; tais pessoas odeiam o mal e amam a justiça. A elas pertence a beleza da santidade.

Outras, sabendo quanto ficam aquém disso (Romanos 3:23), têm corações ternos pelos outros. Elas se elevam com compreensão, compaixão e bondade quando as outras fracassam. A elas pertence a beleza da humildade.

Finalmente, quando os pecados são totalmente perdoados, possibilitam a verdadeira intimidade com Aquele que demonstrou misericórdia. Tais pecadores amam bastante, porque muito lhes foi perdoado (Lucas 7:47). A eles pertence a beleza do amor. —DHR

Verdades bíblicas:

Aplicação pessoal:

Pedidos de oração:

Respostas de oração:

UM CORAÇÃO PERDOADOR É A FONTE DA BELEZA.

7 de Abril

Leitura: 1 Coríntios 13:4-8

Verdades bíblicas:
_____
_____
_____
_____
_____
_____

Aplicação pessoal:
_____
_____
_____
_____
_____
_____

Pedidos de oração:
_____
_____
_____
_____
_____
_____

Respostas de oração:
_____
_____
_____
_____
_____
_____

ÚTIL DEMAIS?

Sonda-me, ó Deus, e conhece o meu coração, prova-me [...] vê se há em mim algum caminho mau e guia-me pelo caminho eterno.
—Salmo 139:23-24

É possível ser útil demais? Nossa utilidade pode dificultar a vida de outras pessoas? Sim, se estivermos sendo incômodos, invasivos, sufocantes, manipuladores ou controladores. Se a ajuda que estamos dando for impelida somente por nossa própria ansiedade, podemos estar apenas tentando ajudar a nós mesmos.

De que maneira podemos reconhecer se nosso coração e nossas atitudes simbolizam, verdadeiramente, o amor incondicional de Deus? Como podemos amar por motivos puros? (Provérbios 16:2; 21:2; 1 Coríntios 4:5).

Podemos pedir a Deus, em oração, para mostrar-nos como ferimos ou prejudicamos os outros (Salmo 139:23-24). Podemos pedir a Deus para ajudar-nos a demonstrar amor que "...é paciente, é benigno; [...] não se ensoberbece, não se conduz inconvenientemente, não procura os seus interesses, não se exaspera, não se ressente do mal" (1 Coríntios 13:4-5).

Nossos esforços para ajudar os outros, especialmente aqueles que mais amamos, nunca estarão totalmente isentos de ansiedade. Contudo, pela graça de Deus, podemos começar a amar livremente, sem exigências, como o próprio Deus nos ama. O teste é claro, e a medida do nosso progresso, é a maneira como reagimos quando nossa "utilidade" não é reconhecida ou recompensada (Lucas 14:12-14).

Senhor, ajuda-nos a amar com motivos puros e visando o bem dos outros. Ajuda-nos a amar incondicionalmente, nada esperando em troca. —DHR

EM NOSSO DESEJO DE AJUDAR, AMEMOS COM MOTIVOS PUROS.

UM NOVO NOME

*Olhando Jesus para ele, disse: [...]
tu serás chamado Cefas (que quer dizer Pedro).*
—João 1:42

8 de Abril

Leitura: João 1:35-42

No artigo "Liderança pela Escolha de Nomes", Marcos Labberton escreveu sobre a força de um nome. Disse ele: "Ainda posso sentir o impacto de um amigo músico que, um dia, chamou-me 'musical'. Nunca alguém me chamara assim. Eu nem tocava um instrumento. Não era solista. Mesmo assim... instantaneamente senti-me conhecido e amado... [Ele] percebera, validara e valorizara algo profundamente verdadeiro ao meu respeito."

Talvez seja isso que Simão sentiu quando Jesus trocou o seu nome. Depois que André convenceu-se de que Jesus era o Messias, imediatamente encontrou seu irmão Simão e o levou a Jesus (João 1:41-42). Jesus olhou sua alma, validou e valorizou algo profundamente verdadeiro a respeito de Simão. Sim, Jesus viu o fracasso e a natureza impetuosa que lhe causariam problemas. Contudo, mais que isso, Ele viu o potencial de Simão para tornar-se um líder na igreja. Jesus chamou-o Cefas — Pedro, em aramaico —, uma rocha (João 1:42; Mateus 16:18).

Assim ocorre conosco. Deus vê nosso orgulho, raiva e falta de amor pelos outros, mas também sabe quem somos em Cristo. Eles nos chama de justificados e reconciliados (Romanos 5:9-10); perdoados, santos e amados (Colossenses 2:13; 3:12); escolhidos e fiéis (Apocalipse 17:14). Lembre-se de como Deus o vê e permita que isso o defina. —MLW

Verdades bíblicas:

Aplicação pessoal:

Pedidos de oração:

Respostas de oração:

NINGUÉM PODE ROUBAR SUA IDENTIDADE EM CRISTO.

9 de Abril

Leitura: TIAGO 1:2-4

Verdades bíblicas:

Aplicação pessoal:

Pedidos de oração:

Respostas de oração:

PERSISTÊNCIA E ESPERANÇA

...tribulação produz perseverança; e a perseverança, experiência; e a experiência, esperança.
—Romanos 5:3-4

Quando meu marido construiu uma varanda coberta na frente de nossa casa, previu que, algum dia, um pássaro poderia tentar construir ali um ninho e fez o topo da coluna do canto sobre uma inclinação. Mais tarde, rimos presunçosamente ao vermos pintarroxos esforçando-se ao máximo para reivindicar direitos de ocupação de um novo lar. Pilhas de grama na varanda revelavam seus esforços em vão. Mas, após dois dias de incessante chuva, vimos que um ninho aparecera, de fato, exatamente no ponto em que imaginávamos ser impossível. Devido à chuva, a sra. Pintarroxo conseguiu fabricar um pouco de lama. Tecendo-a com ramos e grama, nossa determinada amiga emplumada construíra para si um novo ninho. Ela fora perseverante.

A perseverança é inspiradora! Tentar viver uma vida que honra a Cristo em tempos de dificuldades pode deixar-nos frustrados e desencorajados. Mas, quando dependemos de Deus para nos ajudar em meio às nossas dificuldades, somos fortalecidos para prosseguir mesmo quando nem sempre conseguimos enxergar a solução para os nossos problemas. O livro de Gálatas 6:9 nos lembra de não nos cansarmos de fazer o bem e nos encoraja a não desistirmos.

Nosso amoroso Deus está usando um desafio aparentemente intransponível em sua vida para produzir perseverança? Deixe-o produzir em você perseverança e, através da perseverança, a esperança (Romanos 5:3-4).
—CHK

QUANDO O MUNDO DIZ "DESISTA", A ESPERANÇA SUSSURRA "TENTE MAIS UMA VEZ"!

RESPOSTAS BRANDAS

A resposta branda desvia o furor, mas a palavra dura suscita a ira.
—Provérbios 15:1

10 de Abril

Leitura: PROVÉRBIOS 15:1-4

Meu carro enguiçou em um túnel na hora do *rush* no centro da cidade. Motoristas irados expressavam sua frustração ao passarem, com dificuldade, por mim. No final, o carro foi rebocado até uma oficina para consertos. Em seguida, ele enguiçou de novo, deixando-me na rodovia interestadual às duas horas da manhã. E voltou para a oficina.

Infelizmente, a oficina era um estacionamento durante os jogos de beisebol. No dia seguinte, após o trabalho, quando fui buscar o carro, havia 30 outros veículos à sua volta!

Digamos, apenas, que não fui semelhante a Cristo em minha reação inicial. Falei bobagens e afrontei os funcionários com palavras duras; depois, percebendo que isso só diminuía a disposição deles em me ajudar ao final de sua jornada de trabalho, decidi desistir. Corri para as portas de vidro e esforcei-me para abri-las. Minha raiva aumentou quando os mecânicos riram de mim.

Mal tinha acabado de abri-la, quando percebi como minha atitude não era nada cristã. Arrependido, falei "Perdoem-me" para o pessoal lá de dentro. Eles ficaram atordoados! Pude entrar de novo e, mansamente, lhes disse que os cristãos não deveriam comportar-se como eu tinha feito. Minutos mais tarde, eles estavam manobrando os carros para liberar o meu. Aprendi que palavras brandas, e não duras, podem alterar as circunstâncias (Provérbios 15:1). —RKK

Verdades bíblicas:

Aplicação pessoal:

Pedidos de oração:

Respostas de oração:

A RESPOSTA BRANDA É FREQUENTEMENTE O MEIO PARA QUEBRANTAR UM CORAÇÃO DURO.

11 de Abril

Leitura: 1 Coríntios 16:1-12

Verdades bíblicas:
_____
_____
_____
_____
_____

Aplicação pessoal:
_____
_____
_____
_____
_____

Pedidos de oração:
_____
_____
_____
_____
_____

Respostas de oração:
_____
_____
_____

PORTAS ABERTAS

Porque uma porta grande e oportuna para o trabalho se me abriu…
—1 Coríntios 16:9

Sören Kierkegaard (1813–55), filósofo dinamarquês, escreveu: "Se eu tivesse de desejar alguma coisa, não desejaria riqueza e poder, mas […] o olho que, sempre jovem e ardente, vê o possível."

O apóstolo Paulo enxergou algumas grandes possibilidades de ministério em situações de sua vida. Ele usou as portas abertas que Deus proporcionou para testemunhar de Cristo. Quando foi preso em Jerusalém e compareceu perante o governador Félix, usou a oportunidade para proclamar o evangelho (Atos 24:24). Enquanto ele e Silas estavam na prisão, compartilharam o evangelho com o carcereiro de Filipos (Atos 16:25-34). Mais adiante, Paulo usou seu encarceramento em Roma como uma oportunidade para encorajar os cristãos de Filipos em sua fé (Filipenses 1:12-18).

Ao escrever à igreja de Corinto, Paulo disse àqueles cristãos que ele desejava visitá-los e passar algum tempo com eles, mas necessitava permanecer em Éfeso devido a uma oportunidade de ministério: "Ficarei, porém, em Éfeso até ao Pentecostes; porque uma porta grande e oportuna para o trabalho se me abriu…" (1 Coríntios 16:8-9). E Paulo também envolveu outros, pedindo-lhes para orarem por portas abertas para que ele pudesse falar claramente sobre Cristo (Colossenses 4:3).

Peça a Deus para mostrar-lhe possíveis portas abertas para servir. Você poderá se surpreender com o que verá. —HDF

DEUS ESCREVE 'OPORTUNIDADE' NUM LADO DA PORTA E 'RESPONSABILIDADE' NO OUTRO.

DESPERTE COM SUA PALAVRA

*Antecipo-me ao alvorecer do dia e clamo;
na tua palavra, espero confiante.*
—Salmo 119:147

12 de Abril

Leitura: SALMO 119:145-152

Meus olhos se abriram pestanejando, mas o quarto ainda estava escuro. Era cedo demais para levantar-me. Suspirei, ajustei meu travesseiro e esperei pelo sono. Infelizmente, uma extensa lista de coisas a fazer bombardeou meu cérebro. Eu precisava ir ao mercado, entregar uma refeição a uma amiga, responder a *e-mails*, marcar uma consulta médica...

Se você já esteve sobrecarregado e preocupado, conhece a sensação de olhar para o teto quando deveria estar dormindo. O escritor do Salmo 119 não desconhecia essa sensação. Ele escreveu: "Antecipo-me ao alvorecer do dia e clamo; na tua palavra, espero confiante" (v.147).

A Palavra de Deus conferiu especial conforto durante as noites insones do salmista. Embora ele não pudesse fazer seus problemas desaparecerem, disse: "Os meus olhos antecipam-se às vigílias noturnas, para que eu medite nas tuas palavras" (v.148). À noite, ele recordava repetidamente a Palavra de Deus em sua mente. Ele se concentrava nas Escrituras, não em suas preocupações. Esta prática lhe permitiu proclamar: "Quanto amo a tua lei!..." (v.97).

Quando a preocupação lhe despertar, lembre-se: "...a Palavra de Deus é viva, e eficaz..." (Hebreus 4:12). Escolha uma passagem e pondere sobre ela. Nossas preocupações não conseguem competir com a Palavra de Deus! —JBS

Verdades bíblicas:

Aplicação pessoal:

Pedidos de oração:

Respostas de oração:

SOMENTE DEUS PODE ACALMAR NOSSOS CORAÇÕES E SILENCIAR NOSSAS MENTES.

13 de Abril

Leitura: João 10:7-18

Verdades bíblicas:

Aplicação pessoal:

Pedidos de oração:

Respostas de oração:

UMA NOVA VISÃO

*Eu sou o bom pastor;
conheço as minhas ovelhas...*
—João 10:14

As pessoas detestam mudanças, ou é assim que ouço dizerem. Mas, geralmente resistimos ao tipo de mudança que pensamos que tornará nossa situação pior ao invés de melhor. Mudamos avidamente de emprego quando isso significa maior salário e mais influência. Mudamo-nos felizmente para uma casa maior num bairro melhor. Então, não é a mudança em geral que detestamos; é a mudança que envolve perdas — às vezes, física; outras vezes, emocional ou psicológica.

A mudança é inevitável e necessária. Se tudo permanece igual, ninguém está crescendo. Mas, nós temos um Pastor que nos orienta em meio às mudanças e nos leva para um lugar melhor. Chegar lá pode ser difícil, como foi, para os israelitas, alcançar a Terra Prometida. Eles murmuraram quando sua situação piorou ao invés de melhorar (Êxodo 15:24; Números 14:2). Porém, temos o exemplo de Jesus. Em menos de uma semana, Ele passou de líder de muitos a abandonado por todos. Entre o Domingo de Ramos e a Sexta-feira Santa, o Bom Pastor se tornou o Cordeiro Pascal. Por Cristo ter, voluntariamente, passado por sofrimento, Deus o elevou às maiores alturas (João 10:11; Filipenses 2:8-9).

Nem toda mudança é agradável, mas, quando somos levados para um lugar melhor por aquele que nos ama, não precisamos temê-la. —JAL

**A FÉ EM CRISTO NOS MANTERÁ FIRMES
NO REVOLTO MAR DA MUDANÇA.**

FIQUE JUNTO

...todo o corpo, bem ajustado e consolidado [...] efetua o seu próprio aumento para a edificação de si mesmo em amor.
—Efésios 4:16

14 de Abril

Leitura: EFÉSIOS 4:1-16

Durante anos, cientistas ficaram imaginando como as formigas-de-fogo, cujos corpos são mais densos que a água, conseguem sobreviver a enchentes que deveriam destruí-las. De que maneira colônias inteiras se transformam em balsas que conseguem flutuar durante semanas? Certo jornal relatou que em um instituto de tecnologia, engenheiros descobriram que minúsculos pelos existentes nos corpos das formigas aprisionam bolhas de ar. Isso capacita milhares desses insetos, "que se debatem e lutam na água individualmente", a sobreviverem à enchente quando se juntam.

Frequentemente, o Novo Testamento fala da nossa necessidade de estarmos conectados a outros seguidores de Cristo para sobreviver e crescer espiritualmente. No livro de Efésios 4, Paulo escreveu: "...não mais sejamos como meninos, agitados de um lado para outro e levados ao redor por todo vento de doutrina" (v.14). E acrescentou: "Mas, seguindo a verdade em amor, cresçamos em tudo naquele que é a cabeça, Cristo, de quem todo o corpo, bem ajustado e consolidado pelo auxílio de toda junta, segundo a justa cooperação de cada parte, efetua o seu próprio aumento para a edificação de si mesmo em amor" (vv.15-16).

Sozinhos, afundamos; mas, achegando-nos e crescendo juntos no Senhor, podemos sair de qualquer tempestade. Fiquemos juntos! —DCM

Verdades bíblicas:

Aplicação pessoal:

Pedidos de oração:

Respostas de oração:

OS CRISTÃOS PERMANECEM FORTES QUANDO PERMANECEM JUNTOS.

15 de Abril

Leitura: 1 Reis 19:1-12

Verdades bíblicas:

_____
_____
_____
_____
_____

Aplicação pessoal:

_____
_____
_____
_____
_____

Pedidos de oração:

_____
_____
_____
_____
_____

Respostas de oração:

_____
_____
_____
_____

PARE E VEJA

Aquietai-vos e sabei que eu sou Deus... — Salmo 46:10

Quando meu oftalmologista diz "fique parada", eu fico. Não discuto. Não fico rebelde. Não faço nada enquanto ele não está me olhando. Por quê? Porque ele é um renomado cirurgião ocular que está tentando preservar minha visão e necessita da minha cooperação. Seria tolice minha ignorar suas instruções.

Logo, por que não colaboro tanto em questões de descanso espiritual? Deus considera o repouso tão importante, que o incorporou ao ritmo da vida. Sem repouso, não conseguimos enxergar com clareza; começamos a nos ver mais importantes do que somos.

Após seu tenso confronto com Acabe e Jezabel, Elias se encontrou em estado de exaustão. Deus enviou um anjo para cuidar dele. Durante um tempo de descanso, "...lhe veio a palavra do SENHOR..." (1 Reis 19:9). Elias pensou estar fazendo sozinho o trabalho de Deus. Ele se dedicara tanto, que não sabia que outros sete mil não haviam se dobrado a Baal (v.18).

Alguns de nós podemos ter medo do que acontecerá se nos sentarmos e pararmos de trabalhar. Mas, algo pior acontece quando nos recusamos a repousar. Sem repouso, não podemos ser espiritual ou fisicamente saudáveis. Deus nos cura enquanto repousamos.

Exatamente como eu necessitava ficar parada para meu olho cicatrizar, todos nós necessitamos ficar parados para que Deus possa manter clara nossa visão espiritual.
—JAL

NOSSA MAIOR FORÇA PODE SER NOSSA CAPACIDADE DE PERMANECERMOS QUIETOS E CONFIARMOS EM DEUS.

UM CORAÇÃO GRATO

Os céus proclamam a glória de Deus, e o firmamento anuncia as obras das suas mãos.
—Salmo 19:1

16 de Abril

Leitura: SALMO 19:1-6

Quando eu era menino, meu herói era Davy Crockett, que vivera numa fronteira dos EUA. No livro *David Crockett: His Life and Adventures* (David Crockett: Sua Vida e Aventuras) Davy encontra uma linda visão que o faz entoar louvores ao Criador. O escritor descreve assim: "Logo além do bosque havia outra extensão de pradaria sem árvores, tão rica, tão linda, tão brilhante de flores, que até mesmo o Coronel Crockett, não acostumado ao ânimo devocional, arreou seu cavalo e, olhando em transe para a paisagem, exclamou: 'Ó Deus, que mundo de beleza fizeste para o homem! Contudo, quão pouco ele te recompensa por isso! Ele nem mesmo te recompensa com gratidão.'" Crockett reconheceu que a obra das mãos do Criador exige uma reação de gratidão — uma reação frequentemente negligenciada ou ignorada.

O salmista escreveu: "Os céus proclamam a glória de Deus, e o firmamento anuncia as obras das suas mãos" (Salmo 19:1). A obra das mãos de Deus é um espetáculo que, corretamente entendido, deve não somente tirar nosso fôlego, mas também inspirar-nos a adorar e louvar nosso Deus, como fez o salmista.

Davy Crockett tinha razão — encontrar as maravilhas da criação de Deus deve inspirar, no mínimo, um coração agradecido. Nós somos gratos? —WEC

Verdades bíblicas:

Aplicação pessoal:

Pedidos de oração:

Respostas de oração:

A GLÓRIA DE DEUS RESPLANDECE
POR MEIO DA SUA CRIAÇÃO.

17 de Abril

Leitura: FILIPENSES 3:1-11

Verdades bíblicas:

_____
_____
_____
_____
_____

Aplicação pessoal:

_____
_____
_____
_____
_____
_____

Pedidos de oração:

_____
_____
_____
_____
_____
_____

Respostas de oração:

_____
_____
_____
_____

QUEM LEVA O CRÉDITO?

*Mas o que, para mim, era lucro,
isto considerei perda por causa de Cristo.*
—Filipenses 3:7

Sempre fiquei intrigado com o poema infantil *Little Jack Horner* (Joãozinho Corneteiro): *Little Jack Horner* sentou-se no canto, comendo uma torta; furou a torta com o seu dedão, e tirou de lá uma ameixa, dizendo: "Que bom menino sou!".

Parece muito estranho Joãozinho estar sentado no canto com seu dedão coberto de ameixa apontando para cima e dizendo "Que bom menino sou!". Habitualmente, os meninos maus é que são mandados para o canto, de castigo. Ele parece estar tentando chamar atenção indevida para si mesmo e para a torta.

Temos um desejo natural de chamar atenção para nós mesmos, exibir nossos feitos e capacidades. Às vezes, pensamos que a vida gira em torno de nós. Mas, viver assim é a pior forma de enganar-se. Na realidade, nossa pecaminosidade nos colocou "no canto", do ponto de vista de Deus. Felizmente, o testemunho de Paulo nos dá a perspectiva correta. A despeito de suas impressionantes credenciais, ele se rendeu alegremente à supremacia de Jesus: "Mas o que, para mim, era lucro, isto considerei perda por causa de Cristo" (Filipenses 3:7). Paulo admitiu que, para "ganhar a Cristo" (v.8), ele teve de abrir mão de todos os seus troféus.

Portanto, dê a Jesus Cristo os direitos de gabar-se da sua vida. Ou, como disse Paulo, "...Aquele que se gloria, glorie-se no Senhor" (1 Coríntios 1:31) — não em você mesmo! —JMS

**NADA SOMOS SEM JESUS;
POR ISSO, DÊ A ELE O CRÉDITO.**

NÃO HÁ MAIOR AMOR

Ninguém tem maior amor do que este: de dar alguém a própria vida em favor dos seus amigos.
—João 15:13

18 de Abril

Leitura: JOÃO 15:1-13

Verdades bíblicas:

Guilherme e sua esposa estavam viajando pelas Montanhas Rochosas quando quase se chocaram contra um caminhão, seu carro saiu da estrada e mergulhou no Rio Colorado. Após saírem do veículo que afundava, eles nadaram freneticamente na veloz correnteza. Um motorista de caminhão, que vira o acidente, correu ao longo da margem do rio e lhes atirou uma corda. Guilherme nadou atrás de sua esposa e empurrou-a até onde ela pudesse agarrar a corda — e o homem a puxou para fora. Guilherme, no entanto, foi levado pela correnteza e não sobreviveu. Ele dera sua vida pela mulher que amava.

Aplicação pessoal:

Dar sua vida para que outra pessoa possa viver é a suprema prova de amor. Durante a noite em que Jesus foi traído, Ele contou aos Seus discípulos sobre Sua intenção de dar Sua vida pela humanidade. Ele lhes disse: "Ninguém tem maior amor do que este: de dar alguém a própria vida em favor dos seus amigos" (João 15:13). Em seguida, Ele estabeleceu o supremo exemplo de autossacrifício indo para a cruz.

Pedidos de oração:

Você já parou para pensar que Jesus fez isso por você — que Ele morreu em seu lugar? Ao fazer isso, Jesus não apenas provou Seu amor por você, mas também tornou possível que você fosse perdoado dos seus pecados e garantiu-lhe uma eterna morada no céu. —HDF

Respostas de oração:

DEUS PERMITIU E O NOSSO PECADO EXIGIU QUE JESUS FOSSE CRUCIFICADO.

19 de Abril

Leitura: Oseias 10:9-15

Verdades bíblicas:

_____
_____
_____
_____
_____

Aplicação pessoal:

_____
_____
_____
_____
_____

Pedidos de oração:

_____
_____
_____
_____
_____

Respostas de oração:

_____
_____
_____
_____
_____

INFALÍVEL AMOR DIVINO

...semeai para vós outros em justiça, ceifai segundo a misericórdia [...] porque é tempo de buscar ao Senhor...
—Oseias 10:12

O livro de Oseias, no Antigo Testamento, relata a história do fiel amor de Deus por Seu povo infiel. Embora nos pareça estranho, o Senhor ordenou que Oseias casasse com uma mulher que não honraria seus votos matrimoniais, causando-lhe dor (1:2-3). Após ela abandonar Oseias por outros homens, o Senhor disse a ele para aceitá-la de volta — uma imagem do amor do Senhor pelos filhos de Israel, "...embora eles [olhassem] para outros deuses..." (3:1).

Mais adiante, Oseias foi chamado para dizer aos israelitas que, devido à rebelião deles contra o Senhor, seriam levados ao cativeiro por um poder estrangeiro. "...entre o teu povo se levantará tumulto de guerra, e todas as tuas fortalezas serão destruídas" (10:14).

Contudo, em meio ao seu pecado e punição, a graça de Deus pelo Seu povo nunca se esgotou. Numa exortação repleta de misericórdia, Ele disse: "...semeai para vós outros em justiça, ceifai segundo a misericórdia; arai o campo de pouso; porque é tempo de buscar ao Senhor, até que ele venha, e chova a justiça sobre vós" (10:12).

Mesmo quando temos *arado malícia* e *colhido perversidade* (10:13), Deus não para de nos amar. Seja qual for nossa situação atual, podemos nos voltar ao Senhor e encontrar perdão para recomeçar. Seu amor jamais falha! —DCM

NENHUMA FORÇA É MAIOR DO QUE O PODER DO AMOR DE DEUS.

CORRA PARA A CRUZ

Horrível coisa é cair nas mãos do Deus vivo.
—*Hebreus 10:31*

20 de Abril

Leitura: HEBREUS 10:28-39

Sempre que um alerta de *tsunami* é emitido na costa norte de Maui, no Havaí, as pessoas que vivem em Hana sobem rapidamente a encosta de uma montanha até um lugar alto e seguro. Perto dali existe uma cruz de madeira muito alta, colocada muitos anos atrás por missionários. Para sua segurança física, as pessoas correm para o lugar onde está a cruz.

De maneira similar, todos nós necessitamos de um local de segurança espiritual. Por quê? Porque o Senhor nos dá esses alertas em Sua Palavra: "...todos pecaram e carecem da glória de Deus" e "...o salário do pecado é a morte..." (Romanos 3:23; 6:23). Hebreus 9:27 afirma: "...aos homens está ordenado morrerem uma só vez, vindo, depois disto, o juízo". Poderíamos não gostar de pensar sobre quais serão as consequências do nosso pecado ao estarmos face a face com um Deus santo, mas é coisa séria "...cair nas mãos do Deus vivo" (10:31).

A boa notícia é que, por amor a nós, o Pai proporcionou um lugar seguro! Ele enviou Seu Filho Jesus para morrer, para que não tivéssemos de nos separar dele eternamente (Romanos 5:8-10; Colossenses 1:19-22).

Devido à morte de Jesus Cristo na cruz e à Sua ressurreição dentre os mortos, esse lugar seguro está disponível. Você já correu para a cruz? —AMC

Verdades bíblicas:

Aplicação pessoal:

Pedidos de oração:

Respostas de oração:

PARA FUGIR DA MALDIÇÃO DO PECADO, CORRA PARA A CRUZ.

21 de Abril

Leitura: 2 Pedro 1:1-11

Verdades bíblicas:

Aplicação pessoal:

Pedidos de oração:

Respostas de oração:

INVESTIMENTOS

Porque estas coisas [...] em vós aumentando, fazem com que não sejais nem inativos, nem infrutuosos no pleno conhecimento de [...] Cristo.
—2 Pedro 1:8

"Quero ajudar vocês a investirem com sabedoria em seu futuro", disse o consultor financeiro ao começar sua palestra sobre investimento em fundos de pensão. Ele desejava que seus ouvintes continuassem a investir no mercado de ações durante todos os altos e baixos da economia, porque, historicamente, um bom retorno acabaria ocorrendo.

Deus também quer que invistamos com sabedoria em nosso futuro espiritual. Em meio aos altos e baixos das circunstâncias da vida, devemos investir continuamente numa "conta espiritual": nosso caráter. O apóstolo Pedro nos diz para sermos diligentes no desenvolvimento do caráter (2 Pedro 1:5-11). Após confiarmos em Cristo para salvação, devemos investir estas qualidades em nosso caráter: fé, virtude, conhecimento, domínio próprio, perseverança, piedade, fraternidade e amor.

Os lucros futuros sobre o nosso investimento no caráter serão piedade (vv.5-7), fecundos no conhecimento de Jesus Cristo (v.8), certeza do nosso chamado (v.9) e vitória sobre o pecado (v.10).

Investir dinheiro em fundos de pensão pode ser lucrativo, mas, investir em nossas vidas espirituais oferece o melhor tipo de retorno para o nosso futuro! —AMC

ESTE É O MOMENTO DE INVESTIR NA ETERNIDADE.

PAÍS POR DESBRAVAR

22 de Abril

A palavra de Deus é viva e eficaz…
—Hebreus 4:12

Leitura: 2 TIMÓTEO 3:14-17

Eu estudava o mapa enquanto viajava com meu marido de carro em direção à costa leste do estado de Virgínia, nos EUA. Procurávamos por qualquer estrada que nos levasse à costa. Finalmente, encontrei uma e fomos em direção ao sol.

Em poucos minutos, estávamos rindo deliciosamente quando — pouco antes da praia — nos encontramos numa reserva nacional da vida selvagem. Em toda a nossa volta havia dunas, brejos, vegetação de praia e uma abundância de gaivotas, garças brancas e garças azuis. Aquele lugar era cheio de vida, sons, enfim, maravilhoso! Havíamos chegado às ilhas Chincoteague e Assateague — famosas pela travessia anual de cavalos de uma ilha a outra. Antes de nós, outros já haviam reconhecido seu valor e beleza, mas, para nós, ainda era um país a descobrir.

As Escrituras para muitas pessoas são como um "país por desbravar". Elas nunca descobriram os valiosos tesouros encontrados nas eternas palavras da Bíblia. A Palavra de Deus é viva e eficaz, e mais cortante do que qualquer espada de dois gumes, expondo nossos mais íntimos pensamentos e desejos (Hebreus 4:12). Ela é como uma lâmpada para iluminar nosso caminho (Salmo 119:105) e nos foi dada para nos habilitar aos propósitos de Deus (2 Timóteo 3:16-17).

Para encontrar tais tesouros, abra e leia a Bíblia. É tempo… de descobrir! —CHK

Verdades bíblicas:

Aplicação pessoal:

Pedidos de oração:

Respostas de oração:

DESCUBRA OS RICOS TESOUROS DA VERDADE DE DEUS.

23 de Abril

O DIA TODO COM DEUS

Leitura: 1 Tessalonicenses 5:12-18

Verdades bíblicas:

Aplicação pessoal:

Pedidos de oração:

Respostas de oração:

> *Orai sem cessar.*
> —1 Tessalonicenses 5:17

O Irmão Lawrence (1614–91) sentia-se intimamente próximo de Deus enquanto, humildemente, limpava panelas e frigideiras na cozinha do mosteiro. Certamente, ele tinha momentos específicos de oração devocional. Mas, o que ele considerava mais transformador em sua vida era a oração durante o dia de trabalho. Em seu clássico livro devocional *Praticando a Presença de Deus*, ele afirma: "É um grande engano pensar que os nossos momentos de oração devem ser diferentes dos outros momentos. Devemos nos sentir tão próximos a Deus quando trabalhamos e quando oramos." Em resumo, ele defende que oremos "…sem cessar" (1 Tessalonicenses 5:17).

Esse é um lembrete útil porque, às vezes, tendemos a setorizar nossas vidas. Talvez oremos apenas durante o culto na igreja, no pequeno grupo de estudo da Bíblia, nos devocionais familiares e em nossos momentos de meditação. Mas, e durante nosso dia de trabalho? Orar no trabalho não significa que temos de cair de joelhos com as mãos entrelaçadas e orar em voz alta. No entanto, significa que as decisões de trabalho e os relacionamentos podem ser levados a Deus ao longo de todo o dia.

Onde quer que estejamos e seja o que estivermos fazendo, Deus deseja fazer parte. Quando a oração torna-se parte de todos os aspectos de nossas vidas, quem sabe o que Deus poderá fazer para Sua glória? —HDF

A VERDADEIRA ORAÇÃO É UM ESTILO DE VIDA, NÃO UM DESVIO DE EMERGÊNCIA!

ABRINDO UMA TRILHA

Ouvi, filhos, a instrução do pai e estai atentos para conhecerdes o entendimento.
—Provérbios 4:1

24 de Abril

Leitura: Provérbios 4:1-7

Os índios americanos do estado de Michigan, nos EUA, foram os primeiros engenheiros de rodovias desse estado. Com poucas exceções, as principais rodovias de Michigan seguem as trilhas que eles abriram em meio às selvas, centenas de anos antes da chegada dos homens brancos. Uma trilha tinha 30 a 45 centímetros de largura e, por segurança, as pessoas caminhavam em fila única. Depois, cavalos de carga passaram por estas trilhas, alargando-as. Mais tarde, vieram as carroças e as trilhas se tornaram estradas de terra e, em seguida, rodovias.

De maneira similar, Salomão seguiu a trilha de seu pai e, por sua vez, pavimentou o caminho para seus filhos e netos. Ele agiu assim ao encorajar seus filhos a seguirem suas instruções, como ele havia seguido a sã doutrina de seu pai (Provérbios 4:4-5). Assim, este pai, dando aos seus filhos bons conselhos práticos e espirituais, estava transmitindo o que havia aprendido com o avô dos meninos, Davi, que foi chamado um homem segundo o coração de Deus (1 Samuel 13:14; Atos 13:22). Frequentemente, a geração mais jovem de cristãos aprende melhor sobre Deus com a própria família.

Nossos filhos naturais e espirituais observam o caminho que seguimos. Como homens e mulheres de Deus, certifiquemo-nos de estar abrindo uma trilha reta, sábia e limpa. Então, se as futuras gerações decidirem segui-la, ela poderá tornar-se uma rodovia — um legado permanente para a glória de Deus. —DCE

Verdades bíblicas:

Aplicação pessoal:

Pedidos de oração:

Respostas de oração:

QUANDO SEGUIMOS A DEUS, ABRIMOS UMA TRILHA PARA AQUELES QUE VIRÃO.

25 de Abril

Leitura: JOEL 2:18-27

Verdades bíblicas:

Aplicação pessoal:

Pedidos de oração:

Respostas de oração:

TUDO É LINDO

Restituir-vos-ei os anos que foram consumidos pelo gafanhoto migrador...
—Joel 2:25

A beleza do desenho de laços negros sobre o fundo de cores lilás e alaranjado chamou-me a atenção. A complexidade do frágil padrão levou-me a presumir que tinha sido criado por um habilidoso artista. Porém, ao olhar a foto mais de perto, vi num dos cantos dela o artista admirando seu trabalho. O "artista" era um verme e sua obra de arte era uma folha parcialmente roída.

O que conferiu beleza à imagem não foi a destruição da folha, mas a luz resplandecendo através dos buracos. Enquanto admirava a foto, comecei a pensar sobre vidas que têm sido roídas pelos "vermes" do pecado. Os efeitos são devastadores. O pecado nos corrói ao sofrermos as consequências de nossas próprias más escolhas, ou das de outras pessoas. Somos todos suas vítimas.

Mas, a foto também me fez lembrar a esperança que temos em Deus. Através do profeta Joel, Deus disse a Israel: "Restituir-vos-ei os anos que foram consumidos pelo gafanhoto migrador..." (Joel 2:25). E, no livro de Isaías, aprendemos que o Senhor o designou para "...pôr sobre os que em Sião estão de luto uma coroa em vez de cinzas..." (Isaías 61:3).

Satanás faz o que está ao seu alcance para nos tornar feios, mas a Luz do Mundo pode tornar-nos lindos — a despeito dos maiores esforços de Satanás. —JAL

DEUS NÃO REMOVE TODAS AS NOSSAS IMPERFEIÇÕES, MAS NOS TORNA LINDOS RESPLANDECENDO ATRAVÉS DELAS.

RELIGIÃO VERDADEIRA

26 de Abril

A religião pura [...] é esta: visitar os órfãos e as viúvas nas suas tribulações e a si mesmo guardar-se incontaminado do mundo.
—Tiago 1:27

Leitura: TIAGO 1:19-27

Recentemente, vi a propaganda de uma marca de roupas indicadas para jovens, a qual apresentava jeans e todos os acessórios adequados. Não há nenhuma novidade nisso. Entretanto, o que chamou minha atenção foi o nome da grife: "Religião Verdadeira". Isso me fez parar e pensar: Por que foi escolhido esse nome? Não estou percebendo algum significado mais profundo? Qual é a conexão entre uma marca de jeans e a religião verdadeira? O que eles querem dizer com isso? Minhas reflexões me deixaram com perguntas para as quais não tinha respostas.

Sou grato porque o livro de Tiago é claro ao descrever a religião verdadeira ou fé verdadeira: "A religião pura e sem mácula, para com o nosso Deus e Pai, é esta: visitar os órfãos e as viúvas nas suas tribulações e a si mesmo guardar-se incontaminado do mundo" (1:27). Isso é revigorante. "Religião verdadeira" — fé genuína — é uma expressão de como nos relacionamos com o nosso Deus. Uma das evidências de nossa nova identidade em Cristo é a maneira como cuidamos uns dos outros — alcançar os mais frágeis e vulneráveis dentre nós, aqueles que mais precisam de ajuda.

Religião verdadeira não é uma peça de roupa para vestir e desvestir. É um desafio grandioso sobre como vivemos diante de um Deus santo e das outras pessoas. —WEC

Verdades bíblicas:

Aplicação pessoal:

Pedidos de oração:

Respostas de oração:

VOCÊ NÃO PROMOVE A SUA RELIGIÃO POR MEIO DE RÓTULOS, — MAS PELO VIVER CRISTÃO.

27 de Abril

Leitura: LUCAS 9:57-62

Verdades bíblicas:

_____
_____
_____
_____
_____

Aplicação pessoal:

_____
_____
_____
_____
_____

Pedidos de oração:

_____
_____
_____
_____
_____

Respostas de oração:

_____
_____
_____
_____
_____

COMPROMISSO

Mas Jesus lhe replicou: Ninguém que, tendo posto a mão no arado, olha para trás é apto para o reino de Deus.
—Lucas 9:62

Muitas academias de ginástica esperam que, a cada janeiro, se matricule um grande número de pessoas que virão apenas algumas vezes. Elas não se importam se as pessoas pagam a taxa e nunca voltam. Mas, o instrutor Jesse Jones usa a abordagem oposta. Se você se inscreve e não comparece, ele encerra sua participação. Jones diz: "Poupe seu dinheiro. Volte daqui a alguns meses, quando tiver certeza. Minha paixão não é por outro pagamento de trimestre [...] estamos tornando as pessoas responsáveis por atingirem seus objetivos."

Em Lucas 9:57-62, encontramos três pessoas que disseram a Jesus que desejavam segui-lo e todas receberam o que parecem ser respostas duras do Senhor: "...o Filho do Homem não tem onde reclinar a cabeça" (v.58). "...Deixa aos mortos o sepultar os seus próprios mortos..." (v.60). "...Ninguém que, tendo posto a mão no arado, olha para trás é apto para o reino de Deus..." (v.62). A cada uma delas, Jesus declarou o sacrifício e o comprometimento necessários para tornar-se Seu discípulo.

Um homem que admiro como dedicado e sensível seguidor de Cristo diz que os cristãos necessitam estar "prontos para comprometimento e mudança radicais". O Senhor nos chama não apenas para deixar o *statu quo*, mas também para levar a sério esse chamado, seguindo-o. —DCM

SEGUIR JESUS EXIGE TUDO DE NÓS.

O ÓDIO DESTRÓI

28 de Abril

Não torneis a ninguém mal por mal…
—Romanos 12:17

Leitura: ESTER 7:1-10

O botânico George Washington Carver (1864–1943) superou um terrível preconceito racial para estabelecer-se como um renomado educador americano. Rejeitando a tentação de ceder à amargura pela maneira como foi tratado, Carver escreveu sabiamente: "O ódio interior acabará por destruir aquele que odeia."

No livro de Ester, vemos como o ódio pode ser autodestruidor. Mordecai, um judeu, se recusou a curvar-se diante de Hamã — que se atribuíra importância de dignitário na corte persa. Isso irritou Hamã, que manipulou informações para fazer Mordecai e seu povo parecerem ameaças ao império (3:8-9). Quando terminou de tecer suas intrigas, Hamã apelou ao rei persa para matar todos os judeus. O rei promulgou um decreto nesse sentido, mas, antes que ele pudesse ser cumprido, Ester interveio e o plano diabólico de Hamã foi revelado (7:1-6). Enfurecido, o rei executou Hamã na forca que o intriguista havia construído para Mordecai (7:7-10).

As palavras de Carver e as ações de Hamã nos lembram de que o ódio é autodestruidor. A resposta bíblica é virar o ódio ao contrário e pagar o mal com o bem. "Não torneis a ninguém mal por mal…", disse Paulo (Romanos 12:17). Quando ofendidos, "não vos vingueis a vós mesmos…" (v.19). Ao contrário, façam o bem perante todos os homens (v.17), para viver em "…paz com todos os homens" (v.18). —HDF

Verdades bíblicas:

Aplicação pessoal:

Pedidos de oração:

Respostas de oração:

**O ÓDIO PROMOVE AUTODESTRUIÇÃO;
O AMOR CUMPRE A INSTRUÇÃO DE CRISTO.**

29 de Abril

Leitura: SALMO 142

Verdades bíblicas:

Aplicação pessoal:

Pedidos de oração:

Respostas de oração:

VEREDA LONGA E SINUOSA

Quando dentro de mim me esmorece o espírito, conheces a minha vereda.
—Salmo 142:3

Às vezes, o caminho da vida parece impossivelmente íngreme e longo. Não tenho forças, nem vontade para a jornada. Então, me lembro de que Deus conhecia esse caminho muito antes de eu ser chamado para percorrê-lo. Ele sempre soube das dificuldades pelas quais eu passaria, a dor que não conseguiria explicar aos outros. Ele sabe e oferece Sua presença.

Talvez, hoje você esteja oprimido por tristeza. Ela pode ser o peso de um ministério difícil; a preocupação de um casamento problemático; a tristeza de uma criança sofrendo; o cuidado de um parente envelhecendo; ou outros problemas que a vida apresenta. "Certamente", diz você, "Deus não me faria andar dessa maneira. Deve haver outro caminho mais fácil de percorrer."

Mas, qualquer um de nós é sábio o suficiente para saber que alguma outra maneira nos transformaria em filhos melhores e mais sábios? Não, nosso Pai celestial conhece o melhor de todos os caminhos possíveis para nos levar à realização (Salmo 142:3).

Seus caminhos são mais altos do que os nossos caminhos; Seus pensamentos são mais altos do que os nossos pensamentos (Isaías 55:9). Podemos tomar humildemente o caminho que Ele traçou para nós hoje, com absoluta confiança em Sua infinita sabedoria e amor. Ele é mais sábio e mais amoroso do que podemos imaginar. Aquele que vê, anteviu e não nos desviará do caminho. —DHR

DEUS NUNCA LEVARÁ VOCÊ POR UM CAMINHO ERRADO.

MEU CAMINHO?

Há caminho que parece direito ao homem, mas afinal são caminhos de morte.
—Provérbios 16:25

30 de Abril

Leitura: Provérbios 16:20-25

Pense sobre as piores combinações intelectuais possíveis. Por exemplo, o que aconteceria se colocássemos Albert Einstein em uma sala com um aluno de primeira série para debater a teoria da relatividade? Ou, que tal George Washington Carver versus um colegial discutindo engenharia bioquímica?

É bobagem pensar em juntar esses pares para discussões. Um deles é o maior especialista; o outro saberia pouco ou nada sobre o assunto.

Aqui está outra: Deus versus qualquer pessoa que questione Seu plano para a humanidade. Agora estamos falando de incompatibilidade! Contudo, ainda é frequente ouvirmos falar de pessoas que tentam contestar a incomparável sabedoria de Deus e defender a superioridade do caminho delas sobre o dele.

Recebi uma carta de um presidiário que dizia: "Cheguei a um ponto de minha vida em que, finalmente, aceitei o fato de que Deus é real e o Criador de todas as coisas. Cansei-me de tentar fazer as coisas do meu jeito. Quando comecei a me humilhar e a aceitar a Palavra de Deus, encontrei a resposta."

Quão ridículo é rejeitar o plano de salvação de Deus por acharmos saber mais! Somente colocando nossa confiança em Cristo para o perdão de nossos pecados podemos ser reconciliados com Deus (João 14:6; Romanos 3:23; 6:23). Você ainda está tentando agir da sua própria maneira, achando que sabe mais? (Provérbios 16:25). Concorde com Deus e siga o caminho dele.
—JDB

Verdades bíblicas:

Aplicação pessoal:

Pedidos de oração:

Respostas de oração:

JESUS NÃO É APENAS UM OU O MELHOR DOS CAMINHOS PARA SE CHEGAR A DEUS, ELE É O ÚNICO. —TOZER

Notas

1 de Maio

Leitura: ROMANOS 12:1-2,9-18

Verdades bíblicas:

Aplicação pessoal:

Pedidos de oração:

Respostas de oração:

QUEM VOCÊ QUER SER

*Rogo-vos, pois, irmãos,
pelas misericórdias de Deus, que apresenteis
o vosso corpo por sacrifício vivo...*
—Romanos 12:1

"Seja quem Deus quer que você seja e você incendiará o mundo." O bispo de Londres iniciou sua mensagem ao príncipe William e Kate Middleton no casamento deles, na Abadia de Westminster, citando as palavras de Santa Catarina de Siena. Muitos telespectadores emocionaram-se profundamente quando o bispo validou a escolha de "serem casados sob o olhar de um Deus generoso que amou o mundo de tal maneira que deu-se a si mesmo por nós na pessoa de Jesus Cristo". Em seguida, ele pediu ao casal para lutar por um amor cuja essência está além do alcance deles.

Do livro de Romanos 12, o irmão da noiva leu: "Rogo-vos, pois, irmãos, pelas misericórdias de Deus, que apresenteis o vosso corpo por sacrifício vivo, santo e agradável a Deus, que é o vosso culto racional. E não vos conformeis com este século, mas transformai-vos pela renovação da vossa mente, para que experimenteis qual seja a boa, agradável e perfeita vontade de Deus" (vv.1-2).

Esse casamento real lembra a todos nós, solteiros ou casados, duas grandes verdades: (1) o grande amor de Deus por nós expressado no sacrifício de Jesus e (2) o desejo de Deus de que encontremos a maior alegria e transformação de vida em nosso relacionamento pessoal com Ele. Não são essas as chaves para nos tornarmos as pessoas que Deus quer que sejamos?
—DCM

**TORNAMO-NOS A PESSOA QUE DEUS QUER
QUE SEJAMOS ENTREGANDO-NOS TOTALMENTE A ELE.**

VOCÊ ESTÁ SINTONIZADO?

...o Espírito Santo, [...] esse vos ensinará todas as coisas e vos fará lembrar de tudo o que vos tenho dito.
—João 14:26

2 de Maio

Leitura: JOÃO 16:7-15

Quando eu era criança, em todos os verões passava uma ou duas semanas com meus avós. Eles moravam numa rua que terminava nos trilhos duma ferrovia qualquer. Na primeira noite, com frequência, eu despertava várias vezes quando os vagões passavam ruidosamente ou um maquinista acionava o apito do trem. Entretanto, ao final da minha visita, estava tão acostumada ao barulho, que conseguia dormir a noite toda sem interrupção. Eu havia dessintonizado os sons.

Existem outras interrupções, das quais não quero dessintonizar! Amo quando meu marido me traz inesperadamente uma xícara de café quando estou trabalhando no computador. E alegro-me ao receber um telefonema inesperado de uma amiga.

Às vezes, somos tentados a dessintonizar "interrupções divinas" do Espírito Santo em vez de escutar Seus alertas. Ele pode cutucar-nos com a percepção de que precisamos pedir perdão por algo que dissemos ou fizemos. Ou lembrar-nos persistentemente de que devemos orar por alguém que está sofrendo uma crise. Ou convencer-nos de que na verdade nunca compartilhamos, totalmente, sobre Jesus com alguém que amamos.

Quando o Espírito Santo habita em nós, Ele nos ensina, convence, conforta e guia na verdade (João 14:16-17,26; 16:7-8,13). Você está sincronizado às interrupções da Sua voz? —CHK

Verdades bíblicas:

Aplicação pessoal:

Pedidos de oração:

Respostas de oração:

FAÇA A ESCOLHA CERTA: OBEDEÇA A VOZ DO ESPÍRITO.

3 de Maio

Leitura: FILIPENSES 4:1-9

Verdades bíblicas:

Aplicação pessoal:

Pedidos de oração:

Respostas de oração:

AFASTE-SE DAS PREOCUPAÇÕES

Não andeis ansiosos de coisa alguma...
—Filipenses 4:6

Alguns anos atrás, nosso líder de estudo bíblico nos desafiou a memorizar um capítulo da Bíblia e recitá-lo para o grupo. Em meu interior, comecei a protestar e murmurar. Um capítulo inteiro, na frente de todos? Memorização nunca fora meu forte; encolhi-me ao imaginar longos silêncios enquanto todos me olhavam, esperando pelas próximas palavras.

Alguns dias mais tarde, folheei relutantemente minha Bíblia, buscando um conjunto de versículos para decorar. Nada parecia certo até eu parar em Filipenses 4.

Li este versículo em silêncio: "Não andeis ansiosos de coisa alguma; em tudo, porém, sejam conhecidas, diante de Deus, as vossas petições, pela oração e pela súplica, com ações de graças" (v.6). Então, soube qual capítulo memorizar e como afastar-me da minha ansiedade sobre a tarefa.

Deus não quer que agonizemos diante de acontecimentos futuros porque a preocupação paralisa a nossa vida de oração. O apóstolo Paulo nos lembra que, em vez de nos afligirmos, deveríamos pedir ajuda a Deus. Quando adotarmos continuamente essa abordagem à ansiedade, a paz de Deus guardará nossos corações e nossas mentes (v.7).

Certa vez, alguém disse, em tom de brincadeira: "Por que orar quando você pode se preocupar?" O motivo é claro: Preocupar-se não leva a nada, mas a oração nos coloca em contato com aquele que pode lidar com todas as nossas preocupações. —JBS

É IMPOSSÍVEL RETORCER NOSSAS MÃOS QUANDO ESTÃO DOBRADAS DIANTE DE DEUS EM ORAÇÃO.

A COISA CERTA

...voem as aves sobre a terra, sob o firmamento dos céus.
—Gênesis 1:20

4 de Maio

Leitura: Gênesis 1:1-23

No dia 29 de setembro de 1909, um jovem voou em uma estranha engenhoca que parecia uma enorme pipa em formato de caixa. À medida que ganhava altitude, o piloto manipulava as alavancas para poder sobrevoar o porto de Nova Iorque. As pessoas olhavam para cima com espanto. No porto, barcos celebravam tocando seus apitos a vapor. Multidões perto da Estátua da Liberdade explodiam com aplausos à visão de Wilbur Wright alçando voo aos céus.

Orville, o irmão de Wilbur que pilotara o primeiro voo de avião seis anos antes, refletiu sobre sua inspiração para voar: "O desejo de voar é uma ideia transmitida a nós por nossos ancestrais que [...] olhavam com inveja os pássaros voando livremente pelo espaço, a toda velocidade, acima de todos os obstáculos, na infinita estrada do ar." Os irmãos Wright passaram muito tempo estudando pássaros em voo antes de projetar seus aviões.

No livro de Gênesis, lemos que "No princípio, criou Deus os céus e a terra" (1:1) e disse: "...voem as aves sobre a terra, sob o firmamento dos céus" (v.20). Aplaudimos a inventividade dos irmãos Wright. Contudo, o Criador, que primeiramente fez criaturas capazes de voar, merece a glória suprema — pelos pássaros e por todas as Suas outras criações! —HDF

Verdades bíblicas:

Aplicação pessoal:

Pedidos de oração:

Respostas de oração:

O PROJETO DA CRIAÇÃO REVELA O PROJETISTA MESTRE.

5 de Maio

Leitura: MATEUS 6:5-15

Verdades bíblicas:

Aplicação pessoal:

Pedidos de oração:

Respostas de oração:

ANTES QUE VOCÊ PEÇA

*…porque Deus, o vosso Pai,
sabe o de que tendes necessidade,
antes que lho peças.*
—Mateus 6:8

Uma colega de Ministérios Pão Diário compartilhou comigo seu prazer em servir como tradutora dos recursos bíblicos. Ela disse sentir-se grandemente abençoada por ter a primeira oportunidade de ser ministrada pelo ensino da Palavra de Deus contido nos materiais. Ao trabalhar neles, ela destaca: "Sempre existe algo que aborda uma necessidade pela qual estou passando", especialmente quando ela precisa de encorajamento do seu Senhor, recebe ajuda bíblica relevante.

Enquanto ela falava, eu pensava em como nosso Deus cuida fielmente de nós de diversas maneiras. Nas diferentes estações da vida, deparamo-nos com todo tipo de desafio — mas não os enfrentamos sozinhos. Como Cristo disse: "…Deus, o vosso Pai, sabe o de que tendes necessidade, antes que lho peças" (Mateus 6:8).

Em nossos momentos de necessidade — seja espiritual, emocional, ou física —, podemos contar com o fiel cuidado e interesse do Pai. Ele nos conhece tão bem, que escolhe o momento perfeito para nos dar o que é melhor e para enviar a confirmação de Seu cuidado. "…nenhum deles está em esquecimento diante de Deus. Até os cabelos da vossa cabeça estão todos contados. Não temais! Bem mais valeis do que muitos pardais" (Lucas 12:6-7).

Podemos confiar na sabedoria do Seu amor. —WEC

O TEMPO DE DEUS ESTÁ SEMPRE CORRETO.

UM CONVITE DO PAI

Lançai de vós todas as vossas transgressões com que transgredistes e criai em vós coração novo e espírito novo…
—Ezequiel 18:31

6 de Maio

Leitura: Ezequiel 18:25-32

O livro de Ezequiel, no Antigo Testamento, aborda o julgamento de Deus sobre Seu povo desobediente. O Senhor os chamou de "…nações rebeldes que se insurgiram contra mim…" (2:3) e "…filhos de duro semblante e obstinados de coração…" (v.4). As descrições gráficas dos seus pecados e as imagens violentas de sua futura punição são terríveis. Contudo, nos momentos mais sombrios do lamento de Deus sobre Seu povo mantido em cativeiro na Babilônia, Seu amor resplandece em Seu chamado para trilharem novamente o caminho da vida.

"Lançai de vós todas as vossas transgressões com que transgredistes e criai em vós coração novo e espírito novo. pois, por que morreríeis, ó casa de Israel? Porque não tenho prazer na morte de ninguém, diz o Senhor Deus. Portanto, convertei-vos e vivei!" (Ezequiel 18:31-32).

Deus não nos pede para sentirmo-nos pior do que já nos sentimos a respeito de nossos fracassos, ou para nos esforçarmos mais a fim de seguir Seus mandamentos. Em vez disso, Ele nos convida a receber uma fonte fresca de motivação e força — um novo coração e um novo espírito provindos dele (36:26-27).

Se você está sentindo que se afastou demais de Deus e que Ele está farto de você, é hora de abarcar a verdade. Você aceitará o convite do Pai para "voltar e viver" hoje? —DCM

Verdades bíblicas:

Aplicação pessoal:

Pedidos de oração:

Respostas de oração:

PARA DESFRUTAR O FUTURO, ACEITE O PERDÃO DE DEUS PELO PASSADO.

7 de Maio

Leitura: ÊXODO 13:17-22

Verdades bíblicas:

Aplicação pessoal:

Pedidos de oração:

Respostas de oração:

O TEMPO DE DEUS

*Porque para todo propósito
há tempo e modo…*
—Eclesiastes 8:6

A igreja do pastor Audley Black, perto da costa sul da Jamaica, está num programa de construção desde, pelo menos, 2005. Naquele ano eu visitei aquela igreja pela primeira vez e vi que estavam expandindo. A última vez que estive lá — no primeiro trimestre de 2011 —, algumas paredes já tinham sido erguidas. Nos meses seguintes, eles começaram a construir o teto. Ao sugerir ao pastor Black que talvez a igreja esteja concluída por volta de 2013, quando eu imagino retornar, ele respondeu que esta seria uma possibilidade.

Não havia nenhum indício de decepção por esse projeto poder se alongar por oito anos ou mais! Não, o pastor Black e seu povo estão entusiasmados com o que Deus está fazendo e são pacientes com o Seu tempo.

Frequentemente, não somos pacientes assim. Queremos que nossa igreja cresça rápido, que nossos jovens amadureçam imediatamente e que nossos problemas sejam resolvidos na hora.

Talvez precisemos ser lembrados de que algumas coisas levam tempo — o tempo de Deus. Por exemplo, quando os israelitas deixaram o Egito, Deus os enviou ao longo caminho para a Terra Prometida (Êxodo 13:17-18). Durante esse tempo, Ele os preparou, ensinou e desafiou.

Em nosso mundo de micro-ondas, queremos tudo feito instantaneamente. Mas, às vezes, esse não é o plano de Deus. Busquemos a ajuda de Deus e aprendamos a aceitar o Seu tempo. —JDB

O TEMPO DE DEUS PODE PARECER MOVER-SE LENTAMENTE, MAS MOVE-SE COM SEGURANÇA.

EIS-ME AQUI

Abre a boca, julga retamente e faze justiça aos pobres e aos necessitados.
—Provérbios 31:9

8 de Maio

Leitura: 1 João 3:16-23

Na sala de audiência, enquanto esperava sua causa ser apresentada ao juiz, Geraldo escutou histórias, uma após outra, de pessoas que perderam suas casas. Muitas passaram pela experiência como se estivessem familiarizadas com o fato. Mas, uma mulher chamada Leila parecia desnorteada. Geraldo achou que ela não sabia o que fazer ou para onde recorrer.

Ele tentou silenciar a voz calma em seu interior que o incitava a ajudar, mas não conseguiu. Pensou em muitas razões para não se envolver. Primeiro, puxar conversa com estranhos não era seu ponto forte; segundo, ele receava ser mal interpretado. Mas, achou que a instigação vinha de Deus e não quis arriscar ser desobediente.

Quando Geraldo viu Leila deixando a sala do tribunal, falou com ela. "Senhora", disse ele, "escutei seu testemunho na sala de audiência e creio que Deus deseja que eu lhe ajude".

No início, Leila suspeitou, mas Geraldo assegurou-lhe sobre sua sinceridade. Ele deu alguns telefonemas e colocou-a em contato com pessoas de uma igreja local que prestaram a ajuda que ela precisava para manter sua casa.

Deus nos chamou para servirmos de fato e de verdade (1 João 3:18). Quando sentimos Seu incitamento para que ajudemos alguém, devemos estar dispostos a dizer: "Creio que Deus deseja que eu lhe ajude".
—JAL

Verdades bíblicas:

Aplicação pessoal:

Pedidos de oração:

Respostas de oração:

FAZEMOS O NOSSO MELHOR QUANDO SERVIMOS AOS OUTROS.

9 de Maio

Leitura: 1 Coríntios 3:9-17

Verdades bíblicas:

Aplicação pessoal:

Pedidos de oração:

Respostas de oração:

A VIDA QUE IMPORTA

*…lancei o fundamento […]
Porém cada um veja como edifica.*
—1 Coríntios 3:10

Meus netos amam brincar com pequenos blocos de construção coloridos que capturam sua imaginação para construir fortalezas, aviões, casas ou sejam quais forem as instruções.

Esvaziando o conteúdo da caixa no chão, meus netos começam a montar as peças. Mas, logo acham que não precisam consultar as instruções. Isso acaba levando a um ponto em que percebem que construir de acordo com seus próprios instintos traz resultados ruins. Assim, eles desmontam tudo e recomeçam — mas, desta vez, conscientes da importância que devem dar às instruções.

Há partes de sua vida que você precisa reconstruir de acordo com as instruções de Deus? Se você tem Jesus Cristo como seu alicerce, comece a seguir Seu projeto de vida. Paulo escreveu: "…Porém cada um veja como edifica" sobre o alicerce (1 Coríntios 3:10-11). Qual é o projeto? Considerar os outros superiores a si mesmo, servindo-os humildemente (Filipenses 2:3-4), dar generosamente dos seus recursos aos necessitados (Tiago 2:14-17), responder com amor aos que lhe perseguem (Romanos 12:14-21). Estas são apenas algumas das peças que Deus deseja que você monte para edificar uma vida digna de ser Seu templo (1 Coríntios 3:16). —JMS

A BÍBLIA É O PROJETO DE VIDA DO CRISTÃO.

PEDIDOS DE PERDÃO

Se [...] te lembrares de que teu irmão tem alguma coisa contra ti, [...] vai primeiro reconciliar-te com teu irmão...
—Mateus 5:23-24

10 de Maio

Leitura: MATEUS 5:21-26

Marcos confundiu-se. Chegou uma hora mais tarde ao restaurante em que deveria encontrar um amigo da igreja. O amigo já tinha ido embora, e ele sentiu-se mal por esse engano, Marcos comprou um vale-presente do restaurante e parou numa loja de cartões para procurar um cartão de desculpas. Dentre centenas de cartões, ficou surpreso ao encontrar poucos cartões de "pedidos de desculpas" numa parte ignorada da loja. Ele comprou um dos cartões e o deu ao seu amigo, que aceitou o seu pedido de desculpas.

Embora estes cartões não sejam tão populares, os pedidos de perdão são frequentemente necessários em nossos relacionamentos. Perdoar é uma atitude bíblica. Jesus instruiu Seus seguidores a se reconciliarem com aqueles a quem tivessem ofendido (Mateus 5:23-24; 18:15-20). E o apóstolo Paulo disse: "Se possível, quanto depender de vós, tende paz com todos" (Romanos 12:18). Viver em paz pode exigir pedidos de perdão.

Pode ser difícil pedir perdão, pois é necessário um espírito de humildade para admitir o nosso erro, atitude nem sempre natural em nós. Mas, assumir a responsabilidade por estarmos errados em uma situação pode trazer cura e restauração a um relacionamento.

Você se confundiu? Engula seu orgulho e dê o primeiro passo — mesmo se não puder encontrar um cartão para ajudá-lo a dizer isso. —AMC

Verdades bíblicas:

Aplicação pessoal:

Pedidos de oração:

Respostas de oração:

A MELHOR MANEIRA DE DAR A ÚLTIMA PALAVRA É PEDIR PERDÃO.

11 de Maio

Leitura: PROVÉRBIOS 31:10-31

Verdades bíblicas:

Aplicação pessoal:

Pedidos de oração:

Respostas de oração:

UMA MULHER INFLUENTE

Atende ao bom andamento da sua casa e não come o pão da preguiça.
—Provérbios 31:27

Nos primeiros anos da Reforma Protestante na Europa, a ex-freira Katharina von Bora se casou com Martinho Lutero em 1525. De acordo com a opinião geral, os dois tinham uma alegre vida de casados. Lutero disse: "Não há na terra laço tão doce, nem separação tão amarga, quanto num bom casamento."

Como Katharina levantava-se às quatro horas da manhã para cuidar de suas responsabilidades, Lutero se referia a ela como a "estrela da manhã de Wittenberg". Ela era diligente em cuidar da horta e do pomar. Também administrava os negócios, a casa e as terras da família. Com o tempo, o casal teve seis filhos, e Katharina sentia que o lar era uma escola para o desenvolvimento do caráter deles. Sua energética laboriosidade e cuidado pela família a tornaram uma mulher de influência.

Katharina parece ter sido uma mulher como aquela descrita em Provérbios 31. Ela era realmente uma esposa virtuosa que se levantava "...quando ainda [era] noite" e dava "...mantimento à sua casa..." (v.15). Ela também atendia "...ao bom andamento da sua casa e não [comia] o pão da preguiça" (v.27).

A partir de modelos como Katharina, podemos aprender sobre o amor, a diligência e o temor do Senhor necessários para ser uma mulher influente. —HDF

BOAS MÃES NÃO APENAS NOS ENSINAM COMO VIVER, MAS O DEMONSTRAM.

FORA DO BARCO

12 de Maio

*Subiram até aos céus,
desceram até aos abismos…*
—Salmo 107:26

Leitura: SALMO 107:23-32

Katsushika Hokusai foi um dos artistas mais produtivos e celebrados da história do Japão. Nos anos 1826–33, entre seus 65 e 75 anos, ele criou seu maior trabalho — uma série de xilogravuras coloridas, intitulada *Trinta e Seis Visões do Monte Fuji*. Entre essas pinturas estava sua obra-prima: *A Grande Onda em Kanagawa*. Essa pintura, criada durante um período de lutas financeiras e emocionais para Hokusai, mostra uma enorme parede de água com bordas de espuma semelhantes a garras, prestes a cair sobre três barcos estreitos cheios de remadores.

O Salmo 107 também conta uma história de pessoas em perigo no mar. Flutuando sobre as ondas, "Subiram até aos céus, desceram até aos abismos". E, como resultado, "…no meio destas angústias, desfalecia-lhes a alma" (v.26). Finalmente, os marinheiros enviam uma mensagem de socorro, um SOS para Deus e Ele responde acalmando o mar e guiando-os ao seu destino (vv.28-30).

Quando nos deparamos com circunstâncias desesperadoras, tendemos a procurar outras pessoas para obtermos direção e conforto. Entretanto, elas estão no mesmo barco — perdidas num oceano de altos e baixos da vida. Somente Deus está fora do barco, soberano, estável e forte o suficiente para acalmar as tormentas (vv.24-25,29). Você está enfrentando problemas? Invoque-o!
—JBS

Verdades bíblicas:

Aplicação pessoal:

Pedidos de oração:

Respostas de oração:

ADORAMOS A UM DEUS QUE É MAIOR DO QUE O NOSSO MAIOR PROBLEMA.

13 de Maio

Leitura: GÁLATAS 2:1-10

Verdades bíblicas:

Aplicação pessoal:

Pedidos de oração:

Respostas de oração:

O CUIDADO DE DEUS

O que oprime ao pobre insulta aquele que o criou, mas a este honra o que se compadece do necessitado.
—Provérbios 14:31

Estatísticas são traiçoeiras. Apesar de os números nos darem informações, às vezes eles também podem nos dessensibilizar em relação às pessoas que representam. Percebi isto recentemente ao ler uma estatística: A cada ano, 15 milhões de pessoas morrem de fome. É assustador e, para aqueles dentre nós que vivem em culturas de abundância, é difícil compreender. Em 2008, quase nove milhões de crianças morreram antes de completar cinco anos de vida, com um terço dessas mortes relacionadas à fome. Tais números são impressionantes, mas significam muito mais do que apenas números. Representam indivíduos amados por Deus.

Podemos mostrar o coração amoroso do Pai reagindo às necessidades físicas das pessoas. Salomão escreveu: "O que oprime ao pobre insulta aquele que o criou, mas a este honra o que se compadece do necessitado" (Provérbios 14:31). Podemos mostrar misericórdia ao necessitado, trabalhando como voluntários numa cozinha de albergue público, auxiliando na busca de emprego, apoiando financeiramente a perfuração de poços em locais carentes de água potável, distribuindo alimento em regiões atingidas pela pobreza, ensinando um ofício ou fornecendo almoços para crianças em idade escolar.

Aceitar essa responsabilidade honra o Pai e Seu cuidado por todos. E os famintos poderão ouvir melhor a mensagem da cruz se os seus estômagos não estiverem roncando. —WEC

QUANTO MAIS COMPREENDERMOS O AMOR DE DEUS POR NÓS, MAIS O DEMONSTRAREMOS AOS OUTROS.

O VELHO MOINHO DE VENTO

14 de Maio

Quem crer em mim, como diz a Escritura, do seu interior fluirão rios de água viva.
—João 7:38

Leitura: GÁLATAS 6:6-10

Verdades bíblicas:

Aplicação pessoal:

Pedidos de oração:

Respostas de oração:

Certo homem que cresceu numa fazenda na parte oeste do Texas conta sobre um velho e frágil moinho de vento que ficava ao lado do celeiro de sua família e bombeava água para o lugar. Ele era a única fonte de água em quilômetros de distância.

Com vento forte, o moinho trabalhava bem, mas, com brisa leve, não girava. Era necessário virar manualmente o cata-vento até a hélice voltar-se diretamente para o vento. O moinho de vento só supria a fazenda de água quando estava adequadamente posicionado.

Penso nessa história quando me encontro com pastores de pequenas igrejas em áreas remotas. Muitos se sentem isolados e sem apoio; são cuidadores com os quais ninguém parece importar-se. Como consequência, eles se fatigam e fazem grande esforço para levar a água que traz vida ao seu rebanho. Gosto de contar-lhes sobre o velho moinho e nossa necessidade de nos reposicionarmos diariamente — voltarmo-nos intencionalmente para o Senhor e Sua Palavra e beber profundamente dele, que é a fonte de água viva.

O que é verdade para os pastores também é verdade para todos. O servir a Deus flui do interior para o exterior. Jesus disse: "Quem crer em mim, como diz a Escritura, do seu interior fluirão rios de água viva" (João 7:38). Quando Deus fala ao nosso íntimo, somos capazes de tocar as vidas de outras pessoas. Para refrigerar outros, voltemos regularmente à Fonte da vida.
—DHR

QUANDO VOCÊ ESTIVER CANSADO DAS LUTAS DA VIDA, ENCONTRE FORÇAS NO SENHOR.

15 de Maio

Leitura: SALMO 145

Verdades bíblicas:

Aplicação pessoal:

Pedidos de oração:

Respostas de oração:

ENXERGANDO PERTO E LONGE

Perto está o Senhor de todos os que o invocam, de todos os que o invocam em verdade.
—Salmo 145:18

Ter dois olhos saudáveis não é o suficiente para enxergar claramente. Sei disso por experiência. Após uma série de cirurgias nos olhos para reconstituir um descolamento de retina, ambos os olhos enxergavam bem, mas recusavam-se a cooperar entre si. Um olho via coisas distantes e o outro via coisas próximas. Mas, em vez de trabalharem juntos, eles lutavam pela supremacia. Até conseguir ter uma nova prescrição para óculos, três meses mais tarde, meus olhos permaneceram sem foco.

Algo semelhante acontece na nossa visão de Deus. Algumas pessoas focalizam melhor em Deus quando o veem como "perto" — quando pensam nele como intimamente presente em sua vida diária. Outros cristãos veem Deus mais claramente como "distante" ou muito além de tudo que podemos imaginar, governando o Universo em poder e majestade.

Embora as pessoas discordem sobre qual visão é melhor, a Bíblia funciona como uma lente de grau, ajudando-nos a ver que as duas são corretas. O rei Davi apresenta as duas visões no Salmo 145: "Perto está o Senhor de todos os que o invocam…" (v.18) e "Grande é o Senhor e mui digno de ser louvado; e a sua grandeza é insondável" (v.3).

Felizmente, nosso Pai celestial está perto para ouvir as nossas orações, e tão acima em poder, que consegue satisfazer a todas as necessidades. —JAL

DEUS É GRANDE O SUFICIENTE PARA CUIDAR DAS MENORES NECESSIDADES.

CONVERSA CORAJOSA

Quando, porém, Cefas veio a Antioquia, resisti-lhe face a face, porque se tornara repreensível.
—Gálatas 2:11

16 de Maio

Leitura: GÁLATAS 2:11-21

Será que os avanços tecnológicos na comunicação nos deixaram incapazes de confrontar as pessoas adequadamente? Afinal de contas, agora os empregadores podem enviar cartas de demissão por e-mail. E as pessoas podem criticar outras no *Facebook* e no *Twitter*, em vez de falar face a face. Talvez seja melhor colocar tudo isso de lado e imitar a maneira como Paulo se comunicou com Pedro quando eles discordaram.

Paulo teve de confrontar Pedro por ter comprometido a graça (Gálatas 2:11-16). Pedro vinha tendo comunhão com os gentios, mas, quando chegaram os judaizantes (que criam que os pecadores são salvos através de Jesus e da obediência à lei de Moisés), Pedro separou-se dos gentios. Ele os deixou no ostracismo, embora professasse ter união com eles. Vendo essa hipocrisia, Paulo, em amor e com entusiasmo, confrontou Pedro face a face por este se acovardar diante de um sistema legalista incapaz de transformar vidas. Com vigor, ele lembrou Pedro de que a graça leva à libertação da escravidão do pecado e à obediência a Deus.

Ter conversas corajosas com outros cristãos pode ser difícil, mas elas promoverão a pureza e a unidade. Podemos exercitar nossa responsabilidade mútua de falar a verdade em amor (Efésios 4:15) andando no poder do Espírito Santo. —MLW

Verdades bíblicas:

Aplicação pessoal:

Pedidos de oração:

Respostas de oração:

UMA PALAVRA BEM ESCOLHIDA PODE SER MUITO ELOQUENTE.

17 de Maio

Leitura: João 13:36; 14:4

Verdades bíblicas:

Aplicação pessoal:

Pedidos de oração:

Respostas de oração:

UM LUGAR PARA VOCÊ

E, quando eu for [...] voltarei e vos receberei para mim mesmo, para que, onde eu estou, estejais vós também.
—João 14:3

Um casal que trouxera sua tia idosa para viver na casa deles receava que ela não se sentisse à vontade na nova morada. Dessa maneira, transformaram um aposento de sua casa numa réplica exata do quarto da casa que ela deixara. Quando sua tia chegou, seus móveis, adornos de parede e outras coisas favoritas lhe pareceram um "Bem-vinda!" àquele lar, muito especial.

Em João 13:36;14:4, lemos que na Última Ceia Jesus falou aos Seus discípulos e tentou prepará-los para Sua morte. Quando Simão Pedro perguntou: "Senhor, para onde vais?", Jesus respondeu: "Para onde vou, não me podes seguir agora; mais tarde, porém, me seguirás" (13:36). Jesus ainda falava diretamente a Pedro (e também a todos os Seus seguidores) ao dizer: "Na casa de meu Pai há muitas moradas. Se assim não fora, eu vo-lo teria dito. Pois vou preparar-vos lugar. E, quando eu for e vos preparar lugar, voltarei e vos receberei para mim mesmo, para que, onde eu estou, estejais vós também" (14:2-3).

O céu é uma reunião familiar de cristãos de todas as tribos e nações, mas também é a casa de nosso Pai — e, nessa casa, Ele está preparando um lugar só para você.

Ao chegar ao céu e Jesus abrir a porta, você saberá que está em seu lar. —DCM

PARA O CRISTÃO, O CÉU SE SOLETRA L-A-R.

NÃO FOI O QUE PLANEJEI

*Descansa no S*ENHOR*…*
—Salmo 37:7

Não era desta maneira que eu esperava que minha vida fosse. Queria casar-me aos 19 anos, ter meia dúzia de filhos e acomodar-me na vida como esposa e mãe. Mas, em vez disso, fui trabalhar, casei-me com mais de 40 anos e nunca tive filhos. Durante vários anos, tive a esperança de que o Salmo 37:4 pudesse ser, para mim, uma garantia da promessa divina: "…ele satisfará os desejos do teu coração".

Mas, nem sempre acontece assim "…o mais ele fará" (v.5), e os desejos não satisfeitos dão origem a uma ocasional tristeza. Como ocorreu em minha vida, as coisas também podem ter acontecido de maneira diferente daquilo que você planejou. Alguns pensamentos do Salmo 37 podem lhe ser úteis (embora esse salmo faz, primariamente, uma comparação entre nós e os malfeitores).

Aprendemos com o versículo 4, que desejos não satisfeitos não precisam tirar a alegria da vida. Ao conhecermos o coração de Deus mais e mais, Ele se torna nossa alegria.

"Entrega o teu caminho ao S*ENHOR*…" (v.5). A palavra *entregar* significa *passar às mãos de*. O professor de ensino bíblico Herbert Lockyear Sr. afirma: "'Passa teu caminho às mãos do Senhor', como alguém que deposita nos ombros de outro mais forte que si mesmo uma carga que não consegue suportar", "…confia nele…" (v.5). Quando entregamos todos os cuidados a Deus, podemos descansar "…no Senhor (v.7), pois Ele está dando o melhor de si por nossas vidas. —AMC

18 de Maio

Leitura: S*ALMO* 37:1-8

Verdades bíblicas:

Aplicação pessoal:

Pedidos de oração:

Respostas de oração:

O CORAÇÃO DO HOMEM TRAÇA O SEU CAMINHO, MAS O SENHOR **LHE DIRIGE OS PASSOS.** —PROVÉRBIOS 16:9

19 de Maio

Leitura: 1 Coríntios 10:1-13

Verdades bíblicas:

Aplicação pessoal:

Pedidos de oração:

Respostas de oração:

UMA PERCEPÇÃO DA HISTÓRIA

Estas coisas lhes sobrevieram como exemplos e foram escritas para advertência nossa…
—1 Coríntios 10:11

Ao percorrermos o Museu Britânico, minha mulher e eu ficamos impressionados com a história e o legado que estavam contidos naquele enorme prédio de Londres. Observamos artefatos que eram séculos mais antigos do que qualquer coisa encontrada nos EUA, lembrando-nos como é valioso ter uma percepção da história. A história nos dá um registro de perspectiva, contexto e consequências, o qual pode nos ajudar a fazer escolhas sábias ao aprendermos com os sucessos e fracassos de nossos antepassados.

Paulo também enxergou o valor de apoderar-se das lições da história. Ele alertou contra a natureza destrutiva das más escolhas ao recontar a história dos filhos de Israel e sua perambulação pelo deserto — resultado de sua recusa a confiar em Deus e entrar na Terra Prometida (Números 14). Em seguida, Paulo disse aos cristãos de Corinto: "Estas coisas lhes sobrevieram como exemplos e foram escritas para advertência nossa, de nós outros sobre quem os fins dos séculos têm chegado" (1 Coríntios 10:11).

Deus nos deu a Bíblia, em parte para ajudar-nos a aprender com a história de Seu povo. As lições da Bíblia contêm exemplos e advertências para nos guardar de nossas piores inclinações e orientar-nos a viver mais sabiamente. Será que aprenderemos com as lições do passado ou repetiremos os enganos de nossos antecessores? —WEC

PODEMOS APRENDER LIÇÕES VALIOSAS AO ANALISARMOS A VIDA DO POVO DE DEUS EM TEMPOS PASSADOS.

O MOMENTO EXATO

20 de Maio

Ficai também vós apercebidos, porque, à hora em que não cuidais, o Filho do Homem virá.
—Lucas 12:40

Leitura: Lucas 12:35-40

Através dos anos, muitas pessoas predisseram a volta de Jesus numa data específica. Mas no ano passado, um americano, pregador de rádio, despertou o interesse da grande mídia com a sua previsão de que Jesus voltaria em 21 de maio de 2011.

Todos os que conhecem as Escrituras sabem bem que esse aviso prévio não era exato porque o próprio Jesus disse que Sua volta seria "...à hora em que não cuidais..." (Lucas 12:40). Mas, tenho de admitir que esse vaticínio chamou minha atenção. Com muita frequência, envolvo-me com os afazeres da vida, que vivo como se a volta de Jesus fosse uma realidade distante. Esqueço-me que Jesus poderia voltar a qualquer momento. A previsão, embora fosse errada, me lembrou da importância de estar preparado para a volta do meu Salvador e renovou o meu entusiasmo por Sua vinda poder ocorrer em qualquer dia — até mesmo no dia de hoje.

Às vezes, ao pensarmos em estar prontos para a volta de Jesus, consideramos o que não deveríamos estar fazendo. Mas, estar preparado significa, realmente, purificar-nos e nos tornarmos cada vez mais semelhantes a Ele para que o agrademos quando Ele voltar para nos buscar (1 João 3:2-3). Jesus ensinou que estar pronto para a Sua volta exige que vivamos de acordo com a vontade do nosso Mestre neste momento (Lucas 12:47). Estaremos preparados quando chegar o momento exato?
—JMS

Verdades bíblicas:

Aplicação pessoal:

Pedidos de oração:

Respostas de oração:

AGUARDE COM EXPECTATIVA A VOLTA DE CRISTO E VOCÊ VIVERÁ PARA A SUA GLÓRIA.

21 de Maio

Leitura: COLOSSENSES 3:22-25

Verdades bíblicas:

_____
_____
_____
_____
_____

Aplicação pessoal:

_____
_____
_____
_____
_____

Pedidos de oração:

_____
_____
_____
_____
_____

Respostas de oração:

_____
_____
_____
_____

EQUIPE DA NOITE

Servos, obedecei em tudo ao vosso senhor segundo a carne [...] em singeleza de coração, temendo ao Senhor.
—Colossenses 3:22

O primeiro emprego de Pedro era numa mercearia no turno da noite. Após o fechamento da loja, ele e outros funcionários abasteciam as prateleiras. O chefe de Pedro os instruiu a sempre virar as latas de sopa para frente, para o rótulo ser lido facilmente. Mas ele fora um pouco mais longe, dizendo: "Certifique-se de estarem voltadas para frente — numa sequência de três latas". Certa noite, quando Pedro arrumava as prateleiras, seus colegas de trabalho começaram a zombar: "Apenas certifique-se de que a lata da frente esteja virada da maneira correta. Quem vai saber?"

Foi um momento de decisão para o adolescente. Ele deveria obedecer ao que o seu chefe havia solicitado, ou apenas fazer o mais fácil?

Todos nós já passamos por situações similares em que tivemos de decidir. O apóstolo Paulo encorajou seus companheiros cristãos a serem obedientes, mesmo quando ninguém os estivesse olhando: "Servos, obedecei em tudo ao vosso senhor segundo a carne, não servindo apenas sob vigilância, visando tão-somente agradar homens, mas em singeleza de coração, temendo ao Senhor" (Colossenses 3:22).

Agir corretamente não deve depender de nosso chefe estar por perto ou de alguém estar observando. Nem sempre é fácil ou conveniente ser obediente. Mas é correto.

Lembre-se, "...aquele que sabe que deve fazer o bem e não o faz, nisso está pecando" (Tiago 4:17). —CHK

NOSSO CARÁTER É MEDIDO PELO QUE FAZEMOS QUANDO NINGUÉM ESTÁ NOS OLHANDO.

NÃO TEMAS

...Não temas, porque eu te remi; chamei-te pelo teu nome, tu és meu.
—Isaías 43:1

22 de Maio

Leitura: Isaías 43:1-4

Minha esposa ficou gravemente doente durante a gestação de nosso segundo filho. Enquanto os médicos lutavam para encontrar o problema, ela continuava a enfraquecer — perigosamente.

Ao ver o sofrimento dela senti-me profundamente desamparado, e havia dias em que parecia que Deus não ouvia as nossas orações. Certo domingo, enquanto buscava conforto nas Escrituras, meus olhos recaíram sobre o primeiro versículo de Isaías 43.

Ele começa com "Não temas..." e finaliza com "...tu és meu". Instantaneamente, o Espírito Santo tocou-me por meio daquelas palavras. A maneira misericordiosa como Deus se dirige a Israel me lembrou de Sua contínua atenção também a nós: "Quando passares pelas águas [...] pelos rios [...] pelo fogo..." (v.2). Cada frase se elevando, num crescendo, das páginas para o meu coração.

Nesse momento, nosso conforto não veio das promessas de cura ou de milagres, mas de reconhecer que nunca estávamos sozinhos. Tivemos muitos outros momentos assustadores, inclusive logo após o nascimento de Ethan, quando parecia que ele e Cheryl iriam partir. Mas, Deus utilizara Suas palavras para nos confortar e preparar para esses momentos mais duros!

Permita que essas palavras sejam um lembrete de que você nunca está sozinho.
—RKK

Verdades bíblicas:

Aplicação pessoal:

Pedidos de oração:

Respostas de oração:

NA ESCURIDÃO JAMAIS ESQUEÇA, O QUE VOCÊ RECONHECE SER VERDADE SOB A LUZ.

23 de Maio

Leitura: ATOS 15:7-26

Verdades bíblicas:

Aplicação pessoal:

Pedidos de oração:

Respostas de oração:

CORRER RISCOS

Barnabé e Paulo [...] têm exposto a vida pelo nome de nosso Senhor Jesus Cristo.
—Atos 15:25-26

Em seu livro *Stuntman! My Car-Crashing, Plane-Jumping, Bone-Breaking, Death-Defying Hollywood Life* (Dublê! Minha Vida Batendo Carros, Saltando de Aviões, Quebrando Ossos e Desafiando a Morte em Hollywood), Hal Needham reflete sobre correr riscos. Ele esmurrou em brigas, pilotou carros em alta velocidade, andou sobre asas de aviões em voo, caiu de cavalos e foi até incendiado! Arriscou sua vida para entreter plateias de cinema e para distinguir-se como um dos melhores dublês de Hollywood.

Paulo e Barnabé também foram homens que expuseram suas vidas (Atos 15:26). Mas, a motivação deles era totalmente diferente, e seu objetivo era exaltar Cristo por meio da pregação do evangelho. Como missionário no Império Romano, Paulo enfrentou perigos que resultaram em naufrágios, espancamentos, perseguições e aprisionamento — para citar alguns (2 Coríntios 11:22-30). Mas, ele estava disposto a correr tais riscos para tornar Cristo conhecido.

Muitos cristãos correm riscos para divulgar a boa-nova de Jesus. Porém, o medo da rejeição mantém outros em silêncio. Você senta-se passivamente nas arquibancadas, ignorando as oportunidades de compartilhar o evangelho? Deus enviou Seu Espírito para lhe dar poder (Atos 1:8) e Sua Palavra para tornar clara a mensagem (Romanos 1:16). Peça a Deus coragem para falar e testemunhar sobre o Salvador. Correr esse risco valerá a pena.
—HDF

AS RECOMPENSAS POR TESTEMUNHAR COMPENSAM OS RISCOS.

O ODOR DO DISFARCE

Bem-aventurado aquele cuja iniquidade é perdoada, cujo pecado é coberto.
—Salmo 32:1

24 de Maio

Leitura: SALMO 32:1-5

O cheiro de um aterro transbordante de lixo se tornou uma preocupação pública crescente. Foram instalados pulverizadores desodorizantes de alta pressão para neutralizar o cheiro. Os canhões podiam pulverizar vários litros de fragrância por minuto, a distância de até 45 metros sobre os montes do lixo em putrefação. Contudo, independente de quantos litros de desodorizante sejam pulverizados para disfarçar o lixo fétido, a fragrância servirá apenas como disfarce até que a fonte do mau cheiro seja removida.

O rei Davi também tentou um disfarce. Após seu adultério com Bate-Seba, ele tentou usar o silêncio, o engano e a piedade para mascarar suas falhas morais (2 Samuel 11–12). No Salmo 32, ele fala sobre sua experiência sob a mão pesada de Deus quando permaneceu calado (vv.3-4). Incapaz de resistir por mais tempo à condenação, Davi confessou seu pecado reconhecendo, confessando-o, e em seguida arrependendo-se dele (v.5). Ele não precisou mais encobri-lo porque Deus o perdoou.

É inútil tentar esconder o nosso pecado. O cheiro fétido da nossa desobediência se infiltrará através de tudo que usarmos para tentar encobri-lo. Reconheçamos diante de Deus o lixo em nossos corações e experimentemos a refrescante purificação de Sua graça e perdão. —MLW

Verdades bíblicas:

Aplicação pessoal:

Pedidos de oração:

Respostas de oração:

ADMITA O SEU PECADO
E EXPERIMENTE A ALEGRIA DA CONFISSÃO.

25 de Maio

Leitura: 2 Coríntios 12:14-21

Verdades bíblicas:

Aplicação pessoal:

Pedidos de oração:

Respostas de oração:

CONVERSÃO

Eu de boa vontade me gastarei e ainda me deixarei gastar em prol da vossa alma.
—2 Coríntios 12:15

Antes de viajarmos, meu marido e eu vamos ao banco e trocamos nossos dólares americanos pela moeda do país que iremos visitar. Fazemos isso para poder pagar as despesas enquanto estamos longe de casa.

Quando nos tornamos cristãos, ocorre outro tipo de troca. Nossas vidas são como a moeda que convertemos de um meio para outro. Trocamos nossa vida antiga por uma nova para podermos começar a "investi-la" em um reino diferente. Em vez de nos esgotarmos pelas causas deste mundo, podemos começar a desgastar-nos pela causa de Cristo.

O apóstolo Paulo é um bom exemplo dessa diferença. Após sua dramática conversão no caminho de Damasco (Atos 9), ele começou a investir sua vida de maneira radicalmente diferente. Em vez de perseguir cristãos para aprisionar e matá-los, ele começou a buscar os não-cristãos para convertê-los. A seguir, ele investiu o resto de sua vida para o bem estar deles, e escreveu para a igreja de Corinto: "Eu de boa vontade me gastarei e ainda me deixarei gastar em prol da vossa alma" (2 Coríntios 12:15). Tudo que ele fez foi para a edificação de seus filhos espirituais (vv.14,19).

Conversão é muito mais do que apenas mudar o nosso destino final. É mudar a maneira como investimos cada dia de nossas vidas. —JAL

A CONVERSÃO ENVOLVE APENAS UM INSTANTE — A TRANSFORMAÇÃO ENVOLVE TODA A VIDA.

IR OU FICAR?

Moisés, porém, respondeu ao povo: Não temais; aquietai-vos e vede o livramento do Senhor que, hoje, vos fará…
—Êxodo 14:13

26 de Maio

Leitura: ÊXODO 14:5-22

Os israelitas estavam cercados. Logo após deixarem para trás a escravidão e o Egito, eles olharam para cima e tiveram uma visão angustiante. Uma nuvem de poeira se movia em sua direção e nessa poeira havia um enorme exército. A "doença" do Faraó — endurecimento do coração — voltara (Êxodo 14:8). Como resultado, ele enviou seus carros atrás de Moisés e seu povo.

Quando o exército do Egito alcançou os israelitas, tudo parecia perdido. Eles estavam sem escapatória entre uma parede de soldados e um mar. Em pânico, clamavam em alta voz a Moisés e a Deus.

Os dois responderam com instruções. Moisés disse: "…aquietai-vos e vede o livramento do Senhor…" (14:13). E Deus lhes disse: "…marchem" (v.15). Embora possam parecer conselhos contraditórios, os dois comandos provinham de Deus e eram corretos. Primeiro, o povo tinha de "aquietar" ou "firmar-se" tempo suficiente para receber instruções de Deus. E se eles tivessem se precipitado no Mar Vermelho sem consultar o Senhor? Mas, permanecendo parados, ouviram as instruções de Deus, que incluíam o que o povo teria de fazer — caminhar, e o que Moisés teria de fazer — estender sua mão sobre o mar em obediência, e Deus abriria as águas.

As circunstâncias o cercam? Permaneça parado. Dedique o seu tempo para consultar Deus e Sua Palavra. Em seguida, de acordo com as Suas instruções, siga adiante e permita que Deus o oriente. —JDB

Verdades bíblicas:

Aplicação pessoal:

Pedidos de oração:

Respostas de oração:

SE VOCÊ ESTÁ PROCURANDO POR ORIENTAÇÃO, SIGA CRISTO COMO SEU GUIA.

27 de Maio

Leitura: 2 Timóteo 2:19-26

Verdades bíblicas:

Aplicação pessoal:

Pedidos de oração:

Respostas de oração:

UM SENTIMENTO DE PAVOR

E repele as questões insensatas e absurdas, pois sabes que só engendram contendas.
—2 Timóteo 2:23

No clássico poema de Tennyson *The Charge of the Light Brigade* (A Carga da Brigada Ligeira), os valentes soldados cavalgando para a batalha são descritos pela imponente frase "Para dentro do vale da morte cavalgaram os seiscentos." Essas palavras retratam um sentimento de mau presságio que antevia a tragédia diante deles.

Quando eu era pastor, às vezes sentia uma sensação de pavor quando ia às reuniões da igreja. Estar ciente das áreas atuais ou potenciais de conflito pode facilmente causar sérias preocupações. Mas, isso não precisa ocorrer na igreja.

Ao jovem pastor que lutava com as pressões do ministério, Paulo escreveu: "...repele as questões insensatas e absurdas, pois sabes que só engendram contendas" (2 Timóteo 2:23). Este conselho é útil aos pastores e aos frequentadores da igreja. Nossa conduta pessoal pode ajudar a reduzir a quantidade de atrito, em vez de aumentá-la por meio de ações ou palavras insensatas. Para os outros, podemos ser o modelo da maneira bíblica de evitar, gerenciar e até resolver conflitos. Os versículos 24-25 nos encorajam a sermos gentis, pacientes e humildes uns com os outros.

Como diz Tiago, "...é em paz que se semeia o fruto da justiça, para os que promovem a paz" (3:18). Ao termos como objetivo o desejo de ser um pacificador, podemos reduzir o sentimento de pavor que resulta dos conflitos. —WEC

CRISTÃOS QUE GUERREIAM ENTRE SI NÃO PODEM ESTAR EM PAZ COM O SEU PAI CELESTIAL.

A REUNIÃO

28 de Maio

...pois o Cordeiro [...] os apascentará e os guiará para as fontes da água da vida. E Deus lhes enxugará dos olhos toda lágrima.
—Apocalipse 7:17

Leitura: APOCALIPSE 7:9-17

Durante seu serviço como capelão da Associação Cristã de Moços (ACM) no Egito (1915–17), Oswald Chambers comoveu as vidas de muitos soldados que morreram na Primeira Guerra Mundial. No dia 6 de novembro de 1916 Chambers escreveu em seu diário: "Temos uma carta de um amigo da Nova Zelândia contando-nos que Ted Strack foi abatido. E assim, Ted Strack 'partiu para estar com Jesus'. É exatamente assim que ele teria dito [...] [Ele] era uma beleza rústica da natureza e da graça, um pequeno santo destemido e adorável. Graças a Deus por cada lembrança dele [...] Assim eles estão se reunindo um a um."

Quando lamentamos a morte daqueles que amamos, apegamo-nos à promessa de Jesus de vida além da sepultura. O livro de Apocalipse registra a visão de João de uma grande multidão de toda nação, tribo e idioma reunida em torno do trono celestial de Deus (7:9). A verdade que se contempla nesta passagem reflete a alegre e eterna reunião que acontecerá quando "...o Cordeiro que se encontra no meio do trono os apascentará e os guiará para as fontes da água da vida..." (v.17).

A morte de todo aquele que crê em Cristo prefigura e anuncia o dia em que nos uniremos a eles e ao Senhor. Em nossa atual tristeza, somos esperançosos por ver que "...eles estão se reunindo um a um."
—DCM

Verdades bíblicas:

Aplicação pessoal:

Pedidos de oração:

Respostas de oração:

AS DESPEDIDAS SÃO A LEI DA TERRA; AS REUNIÕES SÃO A LEI DO CÉU.

29 de Maio

Leitura: Atos 17:22–31

Verdades bíblicas:

Aplicação pessoal:

Pedidos de oração:

Respostas de oração:

ORGULHO E PRECONCEITO

...de um só fez toda a raça humana para habitar sobre toda a face da terra...
—Atos 17:26

Nos anos 30 do século 20, o lar da minha infância era cheio de amor e felicidade, mas, frequentemente, meus pais estavam fora. Nessas ocasiões, o centro de calor de nossa casa era a cozinha e nossa tão pequena e alegre ajudante Annie.

Passei muitas horas com Annie, sentado à mesa de nossa cozinha lendo livros ou divertindo-me com brinquedos e ouvindo-a cantar e cantarolar hinos e canções espirituais. De seu coração jorrava um contínuo fluxo de sabedoria, alegria e canções.

Certa manhã, com exuberância infantil, utilizei uma expressão racista que tinha ouvido. "Oh, não", disse ela, e pôs-se a derramar seu coração em uma delicada preleção sobre o dano e a dor embutidos naquele preconceito, acompanhados por uma terrível tristeza em seus olhos. Nunca mais falei aquela palavra.

Aprendi que causamos uma insondável tristeza quando desonramos e depreciamos os outros por meio da intolerância. Todo ser humano é criado à imagem de Deus, é mais semelhante a Deus do que qualquer outra criatura e digno de honra. Depreciar essa imagem é ferir profundamente outro ser humano.

Só existe uma raça: a raça humana. Deus "...de um só fez toda a raça humana para habitar sobre toda a face da terra..." (Atos 17:26). Somos da mesma família, feitos para sermos mutuamente valorizados e estimados. —DHR

DEUS DESEJA QUE DEMONSTREMOS RESPEITO A TODAS AS PESSOAS, POIS TODOS OSTENTAM A SUA IMAGEM.

A CADEIRA DE RODAS DE DEUS

30 de Maio

...o seu trono eram chamas de fogo, e suas rodas eram fogo ardente.
—Daniel 7:9

Leitura: SALMO 46

Jean Driscoll é uma notável atleta. Ela venceu a Maratona de Boston oito vezes, e também participou de quatro Jogos Paraolímpicos e ganhou cinco medalhas de ouro. Nascida com espinha bífida, Jean compete numa cadeira de rodas.

Um dos seus versículos bíblicos favoritos é Daniel 7:9: "...o Ancião de Dias se assentou [...] o seu trono eram chamas de fogo, e suas rodas eram fogo ardente". Enxergando uma conexão entre a visão que Daniel teve de Deus e a sua própria situação, ela é capaz de dizer palavras de encorajamento aos outros. "Sempre que tenho a oportunidade de conversar com pessoas que usam cadeiras de rodas e se sentem mal por isso, eu lhes digo: 'Você não apenas foi criado à imagem de Deus, mas sua cadeira de rodas é feita à imagem do Seu trono!'"

A visão de Daniel, é claro, não retrata Deus como alguém impossibilitado de locomover-se. Na verdade, alguns veem a "cadeira de rodas" de Deus como o símbolo de um Deus justo movendo-se soberanamente nos assuntos humanos. Outras passagens falam da providência de Deus ajudando aqueles que creem (Provérbios 3:25-26; Mateus 20:29-34; Efésios 1:11).

A fé que Jean Driscoll tem em Deus a ajudou a triunfar sobre os desafios pessoais. Também nós podemos estar seguros de que o Altíssimo e Santo está próximo e pronto a nos ajudar se apenas lhe pedirmos (Salmo 46). —HDF

Verdades bíblicas:

Aplicação pessoal:

Pedidos de oração:

Respostas de oração:

COM DEUS AO SEU REDOR SUSTENDO-O EM SEUS BRAÇOS É POSSÍVEL ENFRENTAR O QUE VIER A ACONTECER. —WARD

31 de Maio

Leitura: ROMANOS 5:12-21

Verdades bíblicas:

Aplicação pessoal:

Pedidos de oração:

Respostas de oração:

PENSAMENTO INCORRETO

Mas Deus prova o seu próprio amor para conosco pelo fato de ter Cristo morrido por nós, sendo nós ainda pecadores.
—Romanos 5:8

Quatro pessoas — um piloto, um professor, um pastor e um caminhante — viajavam em um pequeno avião quando os motores pararam. O piloto disse: "Só temos três paraquedas. Como este avião é meu ficarei com um deles." Ele o colocou e saltou. O professor disse "Sou brilhante e o mundo necessita de mim, então vou pegar um paraquedas", e saltou.

Então, o pastor disse ao caminhante: "Não quero ser egoísta, pegue você o último paraquedas." O caminhante respondeu: "Ainda há dois, um para cada um de nós. O professor pulou com a minha mochila, em vez do paraquedas!" Embora o professor pensasse que aterrissaria em segurança, sua confiança se baseou em pensamento incorreto.

Algumas pessoas têm a certeza da salvação com base num raciocínio errôneo. Elas creem que frequentar a igreja, batizar-se, ou simplesmente serem boas, lhes trarão a aprovação de Deus. No entanto, nosso pensamento é errado se não fundamentar-se naquilo que Deus afirma em Sua Palavra. Deus diz que "todos pecaram" e que somos Seus inimigos. Mas, por meio da morte e ressurreição de Seu Filho, podemos ser reconciliados com Ele (Romanos 3:23; 5:8-10). Pela fé no que Cristo fez, podemos ter paz com Deus (5:1) e a certeza da vida eterna no céu.

Você crê nisso? Sua eternidade está em jogo. Não confie em raciocínios incorretos — coloque sua fé em Cristo. —AMC

SE PUDÉSSEMOS MERECER NOSSA SALVAÇÃO, CRISTO NÃO TERIA MORRIDO PARA NOS PROPORCIONÁ-LA.

1 de Junho

Leitura: COLOSSENSES 3:1-12

Verdades bíblicas:

Aplicação pessoal:

Pedidos de oração:

Respostas de oração:

GANHAR E PERDER

Pensai nas coisas lá do alto, não nas que são aqui da terra.
—Colossenses 3:2

O torneio *Masters* de Golfe é um dos mais prestigiados no golfe profissional. Em 2009, o jogador Kenny Perry ficou em segundo lugar após liderar a rodada final. Ao escrever em sua coluna no jornal, certo comentarista esportivo descreveu Perry após esta perda como "decepcionado, mas não desanimado." Perry disse: "Vou olhar *pra* trás tentando descobrir o que poderia ter feito diferente, mas não me prenderei a isso. Se isto vier a ser a pior coisa a acontecer em minha vida, então estou muito bem. Não deixarei que isso me atormente. Há muitas outras coisas na vida que importam mais [...] Vou para casa hoje à noite com minha família e nos divertiremos juntos."

A habilidade de olhar para além de nossos dissabores é essencial para os seguidores de Cristo. Nossa perspectiva determina como enfrentamos as vitórias e derrotas na vida. "Portanto, se fostes ressuscitados juntamente com Cristo, buscai as coisas lá do alto, onde Cristo vive, assentado à direita de Deus. Pensai nas coisas lá do alto, não nas que são aqui da terra" (Colossenses 3:1-2). Este modo de pensar nos leva a olhar para Cristo em busca de acolhimento e aprovação e não para nossas conquistas. Nós o buscamos, não buscamos o sucesso.

Quando nos esforçamos para atingir a excelência e damos o nosso melhor, a perda é dolorosa, mas não necessariamente precisa nos prejudicar. A chave está naquilo em que estabelecemos nossas mentes e corações. —DCM

QUANDO CRISTO É O CENTRO DE NOSSA VIDA, TODO O RESTO É COLOCADO NA PERSPECTIVA CORRETA.

CARGAS FRÁGEIS

Antes, sede uns para com os outros benignos, compassivos, perdoando-vos uns aos outros, como também Deus, em Cristo, vos perdoou.
—Efésios 4:32

Enquanto dirigia na estrada, Dolores percebeu que um carro a seguia muito próximo. Podia quase sentir a irritação do motorista enquanto ela dirigia cuidadosamente fazendo várias curvas com muita lentidão.

É claro que o motorista do outro carro não tinha como saber que Dolores estava transportando quase 45 quilos de purê de batatas, duas panelas cheias de molho e muitos outros itens para um jantar na igreja — suficientes para alimentar 200 pessoas! Percebendo a frustração do outro motorista, Dolores pensou: se ele soubesse que carga frágil estou transportando, entenderia por que estou dirigindo desta forma.

Rapidamente ocorreu-lhe outro pensamento: Com que frequência sou impaciente com pessoas por não imaginar que tipo de carga elas podem estar carregando?

Com que facilidade emitimos julgamento sobre alguém, presumindo que conhecemos todos os fatos sobre a situação? A Palavra de Deus nos leva a uma direção mais caridosa, nos instruindo a tratar uns aos outros com amabilidade, humildade e paciência (Colossenses 3:12). Podemos ser muito mais amorosos quando nos sustentamos e perdoamos (v.13).

Tratemos os outros como gostaríamos de ser tratados (Lucas 6:31), lembrando que nem sempre sabemos que tipo de fardo eles podem estar carregando. —CHK

2 de Junho

Leitura: COLOSSENSES 3:12-17

Verdades bíblicas:

Aplicação pessoal:

Pedidos de oração:

Respostas de oração:

SE VOCÊ ESTÁ PRESTES A PERDER A PACIÊNCIA, AVALIE COMO DEUS TEM SIDO PACIENTE COM VOCÊ.

3 de Junho

Leitura: Tiago 3:1-12

Verdades bíblicas:

Aplicação pessoal:

Pedidos de oração:

Respostas de oração:

DISCURSO DESCUIDADO

Quem retém as palavras possui o conhecimento, e o sereno de espírito é homem de inteligência.
—Provérbios 17:27

Quando minha esposa e eu estávamos visitando uma igreja para um evento musical especial, chegamos cedo para conseguir um bom lugar. Antes de o evento começar ouvimos dois membros sentados logo atrás reclamando de sua igreja. Eles criticaram a equipe pastoral, a liderança, a música, as prioridades do ministério e muitos outros pontos que os desagradavam. Estavam despreocupados com a presença de visitantes ou alheios a ela.

Ocorreu-me que sua conversa inoportuna poderia ter-nos afastado se estivéssemos procurando por uma nova igreja. Ou até pior, e se estivéssemos buscando Deus e essas opiniões decepcionantes nos desviassem para outro caminho? Seu discurso descuidado não foi apenas de palavras que usaram ou atitudes que demonstraram, mas também deixou claro sua falta de preocupação com relação ao impacto que aquelas palavras poderiam causar sobre outras pessoas.

No livro de Provérbios 17:27 encontramos uma maneira melhor de lidar com as palavras, no qual Salomão disse: "Quem retém as palavras possui o conhecimento, e o sereno de espírito é homem de inteligência." Na maioria das vezes, seria melhor se não disséssemos tudo o que pensamos ou sabemos (ou pensamos que sabemos), mas buscássemos usar palavras que promovam calma e paz. Você nunca sabe quem pode estar ouvindo. —WEC

A DISCRIÇÃO AO FALAR É MELHOR DO QUE A ELOQUÊNCIA COM AS PALAVRAS.

DE DENTRO PARA FORA

4 de Junho

> *E disse o S*ENHOR*:*
> *É razoável essa tua ira?*
> —Jonas 4:4

Leitura: JONAS 4

Amo a história de Jonas! É cheia de drama e importantes lições de vida. Após recusar-se teimosamente a fazer a vontade de Deus, Jonas finalmente pregou um sermão de avivamento em Nínive que o teria feito um dos missionários mais bem-sucedidos do seu tempo. Quando o povo se arrependeu e afastou-se de seus caminhos pervertidos — e quando Deus cedeu e abandonou Sua ira contra eles — seria de se esperar que Jonas se alegrasse. Mas em vez disso, ele se irou por Deus ter sido misericordioso. Por quê? Ainda que ele estivesse finalmente obedecendo a Deus ao fazer a coisa certa no lugar certo, ele estava profundamente equivocado por dentro.

Como Jonas, se não formos cuidadosos, podemos aparentar "estar bem" espiritualmente, mas estarmos muito distantes de Deus em nossos corações. Ele está mais interessado em como somos em nosso interior. Sua Palavra é "...mais cortante do que qualquer espada de dois gumes, e penetra até ao ponto de dividir alma e espírito..." (Hebreus 4:12); e com ela, Ele intervém divinamente para remover a cobiça, desonestidade, ódio, orgulho e egoísmo que vivem nas sombras das profundezas de nossos corações.

Na próxima vez em que o Espírito Santo o convencer a perguntar sobre suas más atitudes (Jonas 4:4) — ouça com cuidado. Renda-se e permita que Ele transforme o seu interior. —JMS

Verdades bíblicas:

Aplicação pessoal:

Pedidos de oração:

Respostas de oração:

SE DEUS CONTROLA O SEU INTERIOR, SUAS ATITUDES EXTERNAS SERÃO GENUÍNAS.

5 de Junho

Leitura: Salmo 19:7-14

Verdades bíblicas:

Aplicação pessoal:

Pedidos de oração:

Respostas de oração:

SÓ DESSA VEZ

Também da soberba guarda o teu servo...
—Salmo 19:13

Quando eu era menino, costumava andar de carrinho de rolimã. Certa vez, enquanto impulsionava o carrinho rua abaixo, o aviso de meu pai veio à memória: "Sempre olhe para todos os lados, certificando-se de que não há carros." Mas eu ponderei: Não tem problema não fazer isso só dessa vez. Então ouvi o som estridente do carro freando abruptamente para evitar me atingir. Pensar que eu poderia quebrar a regra de meus pais quase custou minha vida.

A Bíblia tem muitos exemplos daqueles que sabiam o que era certo, mas escolheram quebrar as regras de Deus. Desde a infância, Davi meditava na lei de Deus enquanto cuidava de suas ovelhas. Ele sabia que o sétimo mandamento condenava o adultério, e, no entanto, quando viu uma bela mulher se banhando fez uso de seu poder real para tomar para si a esposa de Urias. Este pecado trouxe consequências terríveis (2 Samuel 11–12).

O salmista escreveu: "Também da soberba guarda o teu servo..." (19:13). Você já seu sentiu tentado a fazer algo "só dessa vez" mesmo sabendo ser errado? Olhar pornografia na internet, "emprestar" dinheiro de uma conta no trabalho, ou aumentar a verdade pode parecer uma atividade isolada, mas pode levar a consequências terríveis. Com a ajuda de Deus, abandone o pecado e encontre o caminho que Ele lhe oferece (1 Coríntios 10:13).
—HDF

AS TENTAÇÕES SURGIRÃO À SUA PORTA; NÃO AS CONVIDE PARA ENTRAR!

UM LUGAR MELHOR

6 de Junho

*...Eles serão povos de Deus,
e Deus mesmo estará com eles.*
—Apocalipse 21:3

Leitura: Apocalipse 21:4-11

Quando o sogro de minha amiga Márcia faleceu, ela deixou de fazer a sobremesa que ele mais gostava: salada de abacaxi. Certo dia, seu filho menor perguntou por que ela não fazia mais essa sobremesa e ela respondeu: "Ela me faz lembrar do vovô e me entristeço porque era a sobremesa preferida dele." Em seguida, a criança respondeu com a voz alegre: "Vovô não gostava tanto dela quanto gostava do céu!"

Aquele menino entendeu bem a ideia. O céu é um lugar muito melhor. Esta lembrança pode ajudar a diminuir nossa tristeza quando as coisas na terra nos fazem lembrar daqueles que amamos que criam em Jesus e já partiram. Nossos amigos e familiares que têm um endereço celestial estão muito mais felizes lá, pois:

• O céu é a casa de Deus. Os seguidores de Deus desfrutarão de Sua presença por toda a eternidade (Apocalipse 21:3-4).

• O céu é confortável de todas as maneiras. Os moradores do céu nunca ficarão doentes ou aborrecidos (21:4), nunca terão fome ou sede (7:16).

• O céu é um lugar lindo. Um rio "brilhante como cristal" fluirá do trono de Deus (22:1) e o próprio Deus iluminará o céu (22:5).

Algumas coisas neste mundo lembram você de cristãos que já não estão mais aqui nesta terra? Se sim, é consolador pensar que eles agora estão desfrutando do céu — um lugar muito melhor. —JBS

Verdades bíblicas:

Aplicação pessoal:

Pedidos de oração:

Respostas de oração:

OS PRAZERES DA TERRA NÃO PODEM SER COMPARADOS ÀS ALEGRIAS DO CÉU.

7 de Junho

Leitura: Jó 42:1-8

Verdades bíblicas:

Aplicação pessoal:

Pedidos de oração:

Respostas de oração:

JULGUE ADEQUADAMENTE

…não dissestes de mim o que era reto…
—Jó 42:7

Depois de uma revista divulgar uma história *on-line* listando a minha comunidade entre as dez primeiras cidades mortas da nação, os moradores ficaram ultrajados e registraram sua indignação, destacando as evidências contrárias. Um dos moradores foi até as últimas consequências para refutar o julgamento severo. Ele recrutou cidadãos locais para mostrar o centro da cidade em um vídeo que exibisse a vivacidade de nossa comunidade. O vídeo recebeu atenção internacional e a revista que havia publicado a notícia admitiu estar errada. Mas a organização que havia feito a "pesquisa" permaneceu firme na conclusão divulgada, ainda que fundamentada em critérios limitados.

A retratação da revista me surpreendeu porque a conclusão descuidada parecia indefensável. Mas então pensei em como é comum exercer julgamentos errôneos com base em pouquíssimas informações. Um dos exemplos bíblicos clássicos é o dos amigos de Jó. Eles concluíram erradamente, devido a uma série de tragédias ocorridas na vida de Jó, que ele havia pecado.

No fim das contas, Deus defendeu Jó e ofereceu uma conclusão surpreendente. Ele não repreendeu os amigos de Jó por julgarem-no, mas por falarem em falso sobre Ele, o próprio Deus (Jó 42:7). Este é um lembrete, uma lição de humildade de que, quando exercemos julgamentos descuidados sobre outros, estamos pecando contra Deus. —JAL

SE VOCÊ É CRISTÃO, LEMBRE-SE DE QUE AS PESSOAS JULGAM SEU SENHOR CONFORME O QUE VEEM EM VOCÊ.

IR PARA O CÉU

...Crê no Senhor Jesus e serás salvo...
—Atos 16:31

Quando trabalhei com a terceira e quarta séries da Escola Bíblica de férias em nossa igreja, decidi dar a todas as 25 crianças um presente no último dia. Mas disse-lhes que para ganhar o presente cada um teria que me dizer como uma pessoa vai para o céu.

Foi interessante ouvir o que estas crianças de nove e dez anos disseram. Muitos estavam certos de que a salvação é por meio da fé em Jesus Cristo, mas alguns não estavam ainda equipados para explicar o evangelho. "Você precisa ser bom e ir à escola dominical," um disse. Outro perguntou tentando acertar, "Você precisa orar a Deus?" E outro ainda: "Se você for bom com seus amigos e obedecer a seus pais."

Conforme eu tentava gentilmente direcionar o pensamento de cada criança ao elemento central da salvação — fé em Jesus que morreu para pagar por nossos pecados e depois ressuscitou — pensei que elas representavam tantas outras em nosso mundo que ainda não compreendem o evangelho.

E você? Suas ideias sobre a salvação são fundamentadas na verdade bíblica? Pense na importância do que Jesus fez por você. "...Crê no Senhor Jesus..." (Atos 16:31). Há muito mais em jogo do que ganhar um presente em troca de uma resposta certa.
—JDB

8 de Junho

Leitura: ROMANOS 3:21-28

Verdades bíblicas:

Aplicação pessoal:

Pedidos de oração:

Respostas de oração:

ACREDITAR QUE CRISTO MORREU É PARTE DA HISTÓRIA; CRER QUE ELE MORREU POR MIM — É SALVAÇÃO.

9 de Junho

Leitura: 1 TESSALONICENSES 3

Verdades bíblicas:

Aplicação pessoal:

Pedidos de oração:

Respostas de oração:

SEM PROBLEMAS...

>...a fim de que ninguém se inquiete com estas tribulações. Porque vós mesmos sabeis que estamos designados para isto.
>—1 Tessalonicenses 3:3

Será que os pais estão fazendo todo o possível para que seus filhos sejam felizes? E isso não estaria tendo o efeito contrário? Estas perguntas são o início de uma entrevista com Lori Gottlieb, autora de um artigo sobre jovens adultos infelizes. Sua conclusão: Sim. Os pais se recusam a deixar seus filhos experimentarem o fracasso ou a tristeza dando-lhes uma falsa visão do mundo e não os preparam para as duras realidades da vida adulta. E no fim acabam ficando com sentimentos de vazio e ansiedade.

Alguns cristãos esperam que o Senhor seja o tipo de pai que os protege de toda tristeza e desapontamento. Mas não é esse tipo de Pai que Ele é. Ele amavelmente permite que Seus filhos passem por sofrimentos (Isaías 43:2; 1 Tessalonicenses 3:3).

Quando começamos com a confiança equivocada de que uma vida sem problemas nos fará verdadeiramente felizes, nos enfraquecemos tentando viver nossa crença falha. Mas quando enfrentamos a verdade de que a vida é difícil, podemos investi-la na busca de uma vida boa e piedosa. Esse viver nos fortalece para os momentos difíceis.

O objetivo de Deus é tornar-nos santos, não apenas felizes (1 Tessalonicenses 3:13). E quando somos santos, temos mais chances de sermos verdadeiramente felizes e satisfeitos. —JAL

A PESSOA SATISFEITA APRENDEU A ACEITAR O AMARGO COM O DOCE.

SEM RESPOSTA

Disse-lhes Jesus uma parábola sobre o dever de orar sempre e nunca esmorecer.
—Lucas 18:1

10 de Junho

Leitura: LUCAS 18:1-8

Uma de minhas maiores lutas é uma oração não respondida. Talvez você passe pelo mesmo. Você pede a Deus que resgate um amigo de um vício, conceda salvação a um ente querido, que cure uma criança doente, restaure um relacionamento. Acreditamos que todas estas coisas devem ser vontade de Deus. Você ora por anos, mas não recebe nenhuma resposta dele e não vê resultado algum.

Você lembra o Senhor que Ele é poderoso. Que seu pedido é algo bom. Você suplica. Você espera. Você duvida — talvez Ele não ouça você, ou talvez Ele não seja tão poderoso no fim das contas. Você desiste de pedir — por dias ou meses. Você se sente culpado por duvidar. E lembra-se de que Deus quer que você leve suas necessidades a Ele e novamente lhe fala sobre seus pedidos.

Podemos algumas vezes nos sentir como a viúva persistente na parábola de Jesus registrada no livro de Lucas 18. Ela continua voltando ao juiz, incomodando-o e tentando cansá-lo para que ele ceda. Mas sabemos que Deus é mais gentil e mais poderoso que o juiz na parábola. Confiamos nele porque Ele é bom, sábio e soberano. Lembramo-nos de que Jesus disse que nós devemos "...orar sempre e nunca esmorecer" (v.1).

Portanto pedimos a Ele, "Reúne, ó Deus, a tua força, força divina que usaste a nosso favor" (Salmo 68:28). E depois confiamos nele… e esperamos. —AMC

Verdades bíblicas:

Aplicação pessoal:

Pedidos de oração:

Respostas de oração:

O ATRASO NÃO É UMA RESPOSTA NEGATIVA, POR ISSO CONTINUE ORANDO.

11 de Junho

Leitura: **Efésios 2:1-13**

Verdades bíblicas:

Aplicação pessoal:

Pedidos de oração:

Respostas de oração:

UM CÍRCULO DE AMIGOS

Mas, agora, em Cristo Jesus, vós, que antes estáveis longe, fostes aproximados pelo sangue de Cristo.
—Efésios 2:13

Muitos estudantes de Ensino Médio que têm autismo ou síndrome de Down sentem-se excluídos e ignorados. Eles frequentemente comem sozinhos em uma lanchonete cheia de pessoas porque outros estudantes não sabem como se relacionar com eles ou simplesmente não se importam. Para lidar com esta necessidade, uma fonoaudióloga iniciou o "Círculo de Amigos" — um programa que une estudantes em duplas: um estudante com algum tipo de incapacidade e outro sem nenhuma para almoços e atividades sociais. Por meio disso, estudantes com necessidades especiais e aqueles sem incapacidades que se tornaram seus amigos são continuamente enriquecidos e transformados pelo dom da aceitação, da amizade e compreensão.

Ser incluído está no cerne do evangelho de Cristo. "Mas Deus, sendo rico em misericórdia [...] estando nós mortos em nossos delitos, nos deu vida juntamente com Cristo, pela graça sois salvos" (Efésios 2:4-5). Por meio da fé em Cristo, nós que antes estávamos longe, fomos aproximados pelo sangue de Cristo (v.13).

Nosso lugar privilegiado como membros da "família de Deus" (v.19) deveria nos dar olhos para ver e corações para preocupar-nos com aqueles ao nosso redor que são ignorados e estão solitários. Se hoje, cada um de nós se preocupasse em ser solidário a alguém, quanta diferença isso faria para todos nós. —DCM

SEJA AMIGO E ENCORAJE O SOLITÁRIO; FORTALEÇA O CANSADO.

PAVÕES E SUA LINHAGEM

...o poder se aperfeiçoa na fraqueza...
—2 Coríntios 12:9

12 de Junho

Leitura: 2 Coríntios 12:7-10

Pavões machos são criaturas resplandecentes com cauda alongada enfeitada com "olhos" coloridos em tons de dourado, vermelho e azul e plumagem azul-esverdeada iridescente. Eles são pássaros incrivelmente belos, mas têm patas feias!

Para ser honesto, a maioria de nós tem algum tipo de limitação física. Pode ser algo que carregamos por toda a vida ou que adquirimos recentemente.

Paulo descreve sua deficiência como um "espinho na carne" que o mantinha humilde (2 Coríntios 12:7-9). Por três vezes ele pediu ao Senhor que removesse o espinho, provavelmente pensando que poderia servir melhor a Deus. Mas o Senhor lhe garantiu, "...A minha graça te basta, porque o poder se aperfeiçoa na fraqueza..." Paulo respondeu: "...De boa vontade, pois, mais me gloriarei nas fraquezas, para que sobre mim repouse o poder de Cristo" (v.9).

Uma das ironias da fé é que Deus geralmente nos escolhe para cumprir Suas tarefas mais importantes independente de nossas imperfeições e não devido a nossas habilidades de oratória, nossa aparência ou preparação para a tarefa. O missionário Hudson Taylor disse: "Deus estava procurando alguém fraco o suficiente para usar e encontrou (você e eu)!" Quando encontramos nossa força nele, Ele pode nos usar de maneira que jamais poderíamos imaginar (v.9). —DHR

Verdades bíblicas:

Aplicação pessoal:

Pedidos de oração:

Respostas de oração:

A FORÇA DE DEUS É MAIS BEM VISTA EM NOSSAS FRAQUEZAS.

13 de Junho

Leitura: Salmo 1

Verdades bíblicas:

Aplicação pessoal:

Pedidos de oração:

Respostas de oração:

O MELHOR PROFESSOR

Bem-aventurado o homem que não anda no conselho dos ímpios...
—Salmo 1:1

Ao conversar com jovens a respeito de como se preparar para o futuro, ouvi muitos dizerem o seguinte: "Precisamos viver como o mundo, passar por situações mundanas para nos fortalecermos."

Este tipo de pensamento tem engolido muitos cristãos imaturos e eventualmente os afasta de Deus. Sim, estamos no mundo (João 17:15) e somos expostos a contextos não-cristãos (escola, trabalho, vizinhança), mas precisamos ser cuidadosos para que a exposição a tais situações não nos leve a adotar filosofias mundanas. Todos nós amadureceríamos mais rapidamente se seguíssemos o padrão divino sugerido em Salmo 1:1.

Primeiro, não deixemos que nossas decisões e escolhas sejam controladas pelo "conselho do ímpio". Segundo, não deveríamos nos colocar em posições em que aqueles que não conhecem Jesus possam influenciar indevidamente nosso processo de pensamento. Terceiro, evitemos nos acomodar confortavelmente com aqueles que zombam de Deus, de Sua Palavra e de Seu papel em nossas vidas a ponto de sua maneira de pensar ser correta para nós.

O conselho vindo de tais fontes nos afasta de Deus. É melhor sermos treinados, guiados e recebermos conselho da santa Palavra de Deus e daqueles que a conhecem e a amam. Nosso melhor professor é Deus e Sua Palavra, não nossas experiências. —JDB

DEIXE QUE A PALAVRA DE DEUS PREENCHA SUA MEMÓRIA, GOVERNE SEU CORAÇÃO E ORIENTE SUA VIDA.

O CORDEIRO QUE É LEÃO

14 de Junho

...para que ao nome de Jesus se dobre todo joelho [...] e toda língua confesse que Jesus Cristo é Senhor.
—Filipenses 2:10-11

Leitura: APOCALIPSE 5:1-12

No livro de Apocalipse 5, o apóstolo João retrata Jesus, o Leão de Judá (v.5), como um cordeiro ferido (v.6). Ao mencionar essa figura descritiva, o pregador Charles Spurgeon perguntou: "Por que nosso exaltado Senhor deveria aparecer em glória com Suas chagas?" E ele mesmo respondeu: "As chagas de Jesus são Sua glória."

O símbolo de um cordeiro não representa, tipicamente, poder e vitória. A maioria das pessoas prefere símbolos de força que as convidem à admiração. No entanto, Deus escolheu ser encarnado como um bebê, parte do lar de um pobre carpinteiro. Ele viveu como pregador itinerante e morreu "...como cordeiro foi levado ao matadouro..." (Isaías 53:7) em uma cruz romana. Todos, incluindo Seus discípulos, pensaram que Sua crucificação significava o fim do único que havia ousado desafiar a ordem religiosa estabelecida de Seus dias. Mas quando Jesus Cristo ressuscitou, Ele demonstrou de maneira poderosa o incomparável poder e a glória de Deus.

Está chegando o dia em que Jesus retornará em glória para governar o que lhe é de direito. Nesse dia, todos se curvarão diante dele e dirão: "...Digno é o Cordeiro que foi morto de receber o poder, e riqueza, e sabedoria, e força, e honra, e glória, e louvor." (Apocalipse 5:12). Jesus, o Cordeiro que também é o Leão, merece nosso louvor!
—CPH

Verdades bíblicas:

Aplicação pessoal:

Pedidos de oração:

Respostas de oração:

PARA HONRAR NOSSO REI, CANTAMOS SEUS LOUVORES.

15 de Junho

Leitura: LUCAS 15:4-10

Verdades bíblicas:

Aplicação pessoal:

Pedidos de oração:

Respostas de oração:

ACHADOS E PERDIDOS

… Alegrai-vos comigo, porque achei a dracma que eu tinha perdido.
—Lucas 15:9

Há algum tempo não conseguia encontrar meu cartão de crédito. Comecei a procurá-lo freneticamente porque perder um cartão de crédito não é algo insignificante. Os pagamentos automáticos e compras diárias seriam interrompidos até que eu tivesse outro cartão. Sem pensar na possibilidade de alguém tê-lo encontrado e fazer compras à nossa custa. Senti grande alívio quando minha esposa encontrou o cartão no chão sob a mesa do computador.

No livro de Lucas 15:8-10, Cristo contou a história de algo que estava perdido — uma moeda valiosa, que equivalia ao pagamento por dias de trabalho. A mulher que a perdeu estava tão preocupada em encontrá-la que acendeu uma lâmpada, vasculhou a casa e cuidadosamente procurou até encontrar. E depois disse a suas amigas "…Alegrai-vos comigo, porque achei a dracma que eu tinha perdido" (v.9). Jesus então falou sobre a moral da história: "…de igual modo, há júbilo diante dos anjos de Deus por um pecador que se arrepende" (v.10).

As pessoas têm muito valor para Deus. Aqueles que não o conhecem estão perdidos em seus pecados. Cristo pagou o preço máximo ao morrer na cruz pela redenção de todos. Você conhece pessoas que estão perdidas? Peça ao Senhor por uma oportunidade para compartilhar as boas-novas com elas para que se arrependam de seus pecados e sejam encontradas por nosso Deus misericordioso. —HDF

PARA SER ENCONTRADO, PRIMEIRO ADMITA ESTAR PERDIDO.

FEITOS POR DEUS

Graças te dou, visto que por modo assombrosamente maravilhoso me formaste…
—Salmo 139:14

16 de Junho

Leitura: SALMO 139:1-16

Quando era criança, alguém muito próximo a mim acreditou que poderia me motivar a ser melhor me perguntando, "Por que você é tão bobo?" Eu não sabia o quanto isto tinha me afetado até me tornar adolescente e ouvir alguém, atrás de mim, dizer: "Bobão!" Ao ouvir essa palavra, rapidamente voltei-me para trás pensando que estavam falando comigo.

Conhecer Jesus Cristo como Salvador e Senhor me ajudou a perceber que, porque Deus me criou à Sua imagem (Gênesis 1:27), eu não sou tolo, mas sim "…formado de modo assombrosamente maravilhoso" (Salmo 139:14). Deus declara que tudo o que Ele fez é "muito bom" (Gênesis 1:31), e os Salmos nos lembram de que somos "…formados e entretecidos…" (Salmo 139:15).

O salmista Davi descreve como Deus conhece cada um de nós intimamente: "SENHOR, tu me sondas e me conheces. Sabes quando me assento e quando me levanto; de longe penetras os meus pensamentos. Esquadrinhas o meu andar e o meu deitar e conheces todos os meus caminhos" (vv.1-3).

Não apenas somos feitos de maneira maravilhosa, mas devido à morte de Cristo na cruz, podemos também ser maravilhosamente restaurados e ter um relacionamento reto com Deus. "E, assim, se alguém está em Cristo, é nova criatura […] Ora, tudo provém de Deus, que nos reconciliou consigo mesmo por meio de Cristo" (2 Coríntios 5:17-18). —AL

Verdades bíblicas:

Aplicação pessoal:

Pedidos de oração:

Respostas de oração:

CADA PESSOA É UMA EXPRESSÃO ÚNICA DO AMOROSO PROJETO DE DEUS.

17 de Junho

Leitura: LUCAS 11:1-13

Verdades bíblicas:

_____
_____
_____
_____
_____
_____

Aplicação pessoal:

_____
_____
_____
_____
_____

Pedidos de oração:

_____
_____
_____
_____
_____

Respostas de oração:

_____
_____
_____
_____

PAI NOSSO QUE ESTÁS NOS CÉUS

…Pai, santificado seja o teu nome…
—Lucas 11:2

Quando Jesus nos ensinou a orar, Ele começou, "…Pai, santificado…" (Lucas 11:2). É uma das muitas escrituras que se referem a Deus como um pai. Acho fascinante e instrutivo, que quando Deus quis que soubéssemos como Ele é, escolheu enfatizar Seu caráter de pai.

O que sabemos sobre Deus como nosso Pai? De acordo com a oração de Jesus, sabemos que nosso Pai no céu está acessível e atento a nós. Está também claro que Ele é nosso provedor, nos perdoa e nos protege do mal (vv.2-4).

Que padrão maravilhoso para os pais que não estão no céu! É certo que há apenas um Pai perfeito no universo, mas como tal, Ele estabelece o ritmo para o resto de nós, pais menos que perfeitos. Descobri cedo em meu ministério que meus filhos não ficavam impressionados com os livros que escrevia, com os títulos que tinha ou lugares em que ministrava. Eles queriam meu tempo e minha atenção, a provisão para necessidades básicas, um amor que pacientemente perdoa e um lugar seguro para crescer e amadurecerem. É uma lista curta, mas muito profunda de deveres paternais.

E aqueles que não tiveram um pai para suprir essas necessidades? Encoraje-se, pois se você foi redimido por meio de Jesus tem um Pai celestial perfeito — e Ele é o melhor Pai de todos. —JMS

OS BRAÇOS DO PAI CELESTIAL NUNCA SE CANSAM DE SEGURAR SEUS FILHOS.

BEM ESCONDIDO

*Guardo no coração as tuas palavras,
para não pecar contra ti.*
—Salmo 119:11

18 de Junho

Leitura: SALMO 119:9-16

Verdades bíblicas:

Aplicação pessoal:

Pedidos de oração:

Respostas de oração:

Quando nasci, meu tataravô já não conseguia mais enxergar. Ele era conhecido pelos lindos objetos de madeira que havia talhado — e também como alguém que citava muitos versículos das Escrituras. Ele e seu amigo Eli frequentemente compartilhavam versículos que conheciam. Um pouco de espírito competitivo ficou evidente ao admitirem que Eli citava mais referências enquanto meu tataravô conseguia citar mais versículos.

Hoje, a família frequentemente se lembra dele como o "avô cego." A memorização das Escrituras tornou-se para ele um guia de vida quando perdeu sua visão física. Mas por que é importante memorizarmos a Palavra de Deus?

O Salmo 119 nos dá instruções sobre como seguir a Deus escondendo Sua Palavra em nossos corações. Primeiro, desta maneira, nos armamos quando a tentação chega (v.11; Efésios 6:17). Em seguida, ao meditarmos em Sua Palavra, passamos a conhecê-lo melhor. E por último, quando temos Suas palavras gravadas em nossas mentes temos mais condições de ouvir Sua voz quando Ele nos instrui e guia. Usamos essas frases das Escrituras quando falamos com Ele, quando o adoramos e testemunhamos ou ensinamos a outros (Colossenses 3:16).

A Palavra de Deus é "...viva, e eficaz..." (Hebreus 4:12). Esconda suas preciosas palavras "em seu coração" (Salmo 119:11) onde estarão sempre com você. —CHK

QUANDO A PALAVRA DE DEUS ESTÁ ESCONDIDA EM NOSSOS CORAÇÕES, SEUS CAMINHOS SE TORNARÃO NOSSOS CAMINHOS.

19 de Junho

Leitura: TIAGO 4:13-17

Verdades bíblicas:

Aplicação pessoal:

Pedidos de oração:

Respostas de oração:

INESPERADO INCONTROLÁVEL

Em vez disso, devíeis dizer:
Se o Senhor quiser, não só viveremos,
como também faremos isto ou aquilo.
—Tiago 4:15

A vida é cheia de surpresas — algumas delas dirigem a vida para caminhos indesejados. Ainda me lembro da onda de choque que atingiu nossa família há muitas décadas quando meu pai perdeu seu emprego sem justa causa. Foi um grande impacto para alguém com uma casa cheia de filhos para alimentar. Mas assim como a perda desse emprego estava fora de seu controle e foi algo inesperado, ele sabia que poderia confiar seu futuro nas mãos de Deus.

Como seguidores de Jesus, devemos reconhecer que há coisas na vida que são o que costumo chamar de "inesperado incontrolável". Para nos ajudar nesses momentos, Tiago 4:13-15 oferece sua sabedoria: "Atendei, agora, vós que dizeis: Hoje ou amanhã, iremos para a cidade tal, e lá passaremos um ano, e negociaremos, e teremos lucros. Vós não sabeis o que sucederá amanhã […] Em vez disso, devíeis dizer: Se o Senhor quiser, não só viveremos, como também faremos isto ou aquilo." As pessoas a quem Tiago estava escrevendo faziam planos e excluíam a prerrogativa de que Deus direcionasse suas vidas.

É errado planejar o futuro? Claro que não. É, no entanto, imprudente esquecer que Deus pode permitir alguns eventos "inesperados incontroláveis" quando lhe aprouver. No fim das contas, tudo o que acontece é para o melhor — mesmo quando for difícil demais compreender. Devemos confiar nele e em Seus planos para nosso futuro. —WEC

PODEMOS NÃO SABER O QUE O FUTURO RESERVA,
MAS PODEMOS CONFIAR NAQUELE QUE TEM
O FUTURO EM SUAS MÃOS.

UM BOM VIZINHO

Amados, se Deus de tal maneira nos amou, devemos nós também amar uns aos outros.
—1 João 4:11

20 de Junho

Leitura: LUCAS 10:29-37

Em junho de 2011 quando enchentes desastrosas expulsaram os moradores de uma cidade norte-americana de suas casas, o povo daquela comunidade fez o que pareceu ser natural — ajudaram aqueles que necessitavam. Pessoas que moravam há mais de uma hora de distância dali apareciam para ajudar sem que ninguém pedisse. Alguns emprestavam seus *trailers* àqueles que haviam perdido suas casas e outros permitiam que suas garagens fossem usadas para armazenamento temporário. Eles demonstravam o significado de ser bons vizinhos.

Como seguidores de Cristo, ser bons vizinhos — demonstrar amor a outros — deveria ser algo natural para nós também (Mateus 22:39; João 13:35; 1 João 4:7-11). Mesmo que não tenhamos a oportunidade de reagir de maneira muito enfática a um desastre natural, podemos procurar maneiras de amar aqueles ao nosso redor. Para sermos bons vizinhos, podemos demonstrar misericórdia (Lucas 10:29-37), tratar outros de maneira justa (Levítico 19:13-18; Tiago 2:1-8), falar a verdade (Efésios 4:25) e perdoar-lhes por completo (Efésios 4:32; Colossenses 3:13).

Os cristãos podem ser os melhores vizinhos para se ter porque o nosso amor por outros flui da vida daquele que está sempre ao nosso lado — Jesus Cristo — que nos amou e sacrificou sua vida por nós. —MLW

Verdades bíblicas:

Aplicação pessoal:

Pedidos de oração:

Respostas de oração:

NOSSO AMOR POR CRISTO SÓ É VERDADEIRO SE REALMENTE AMARMOS O NOSSO PRÓXIMO.

21 de Junho

Leitura: **Provérbios 2:6-20**

Verdades bíblicas:

Aplicação pessoal:

Pedidos de oração:

Respostas de oração:

TENTADOR E TÓXICO

Então, entenderás justiça, juízo e equidade, todas as boas veredas.
—Provérbios 2:9

As pesquisas garantem que carteiras de cigarro mais simples tornariam o fumo menos interessante para os adolescentes. Em resposta, os governos de diversos países implantaram legislação que exige que as companhias substituam a cor, logomarca e os textos promocionais nas embalagens de cigarro por alertas sobre saúde com imagens de pulmões doentes. Na realidade, o homem da *Marlboro* cede o seu lugar ao Cruel Anjo da Morte em uma tentativa de reduzir o número de mortes causadas pelo cigarro. Mas embalagens de cigarros não são a única coisa que podem ser tentadoras por fora, mas com um produto tóxico por dentro.

O livro de Provérbios no Antigo Testamento nos instiga a considerar cuidadosamente os resultados em longo prazo de todas as nossas escolhas. A frase recorrente "mas o fim" (Provérbios 5:4; 25:8; 29:21) é um alerta para que olhemos para o fim da estrada e perguntemos: aquilo que nos atrai nos levará a alegria ou tristeza, honra ou desgraça, vida ou morte? "Porque o Senhor dá a sabedoria, e da sua boca vem a inteligência e o entendimento. Ele reserva a verdadeira sabedoria para os retos…" (Provérbios 2:6-7).

Para evitar resultados trágicos de escolhas tolas é necessário adotar a sabedoria de Deus como nosso guia por toda a vida. "Então, entenderás justiça, juízo e equidade, todas as boas veredas" (v.9). —DCM

**SABEDORIA É COMPREENDER
O QUE É REALMENTE IMPORTANTE.**

QUANDO NÃO TESTEMUNHAR

Jesus, porém, guardou silêncio. E o sumo sacerdote lhe disse: [...] nos digas se tu és o Cristo, o Filho de Deus.
—Mateus 26:63

22 de Junho

Leitura: MATEUS 26:57-64

Onde moro, o beisebol é quase uma religião. Mesmo que fosse contra a lei falar sobre nossa equipe no trabalho, os fãs não conseguiriam deixar de fazê-lo, pois amam demais a equipe.

Isso traz à minha mente uma pergunta para os cristãos: Há momentos em que um cristão deveria não falar sobre Deus? Acho que sim. Diante de desafios dissimulados à nossa fé, o silêncio pode geralmente ser a melhor resposta. Na situação hostil da conversa de Jesus com Caifás, Ele primeiramente preferiu o silêncio (Mateus 26:63), entendendo que Caifás não estava interessado na verdade (v.59). Como nem sempre conhecemos o coração do outro, devemos ser sensíveis à liderança do Espírito em todas as situações "...para saberdes como deveis responder a cada um" (Colossenses 4:6).

Assim, se a resposta a uma pergunta provocar uma discussão interminável e não-cristã, é melhor interromper a conversa e recomeçar em outro dia.

Há outros momentos em que o silêncio pode ser o melhor? Se falar sobre fé nos impede de trabalhar, deveríamos nos manter concentrados em nossas tarefas. Ou se alguém demonstra resistência contínua, podemos escolher deixar de pressioná-lo. Lembre-se de que com a nossa conduta também podemos ser testemunhas da graça de Deus (1 Pedro 3:1-2). —RKK

Verdades bíblicas:

Aplicação pessoal:

Pedidos de oração:

Respostas de oração:

O SILÊNCIO PODE SER UMA FERRAMENTA DE EVANGELISMO.

23 de Junho

Leitura: João 8:42-47

Verdades bíblicas:

Aplicação pessoal:

Pedidos de oração:

Respostas de oração:

ENGANOS DO INIMIGO

...receio que, assim como a serpente enganou [...] com a sua astúcia, assim também seja corrompida a vossa mente...
—2 Coríntios 11:3

O livro "A Arte da Guerra" foi escrito no século 6 a.C. pelo general chinês Sun Tzu, e tem guiado o pensamento militar por séculos. Mas também tem sido usado por homens e mulheres em uma ampla variedade de outras áreas, incluindo liderança, gerenciamento, negócios, política e esportes. O que Sun Tzu escreveu sobre estratégias militares pode ajudar seguidores de Cristo a compreender as táticas de nosso inimigo espiritual: "Toda guerra é fundamentada em engano. Logo, quando temos condições de atacar, devemos parecer incapazes de fazê-lo; quando usamos nossas forças, devemos parecer inativos; quando estamos próximos, devemos fazer o inimigo acreditar que estamos distantes; quando distantes, devemos fazê-lo acreditar que estamos próximos."

Da mesma forma, a guerra espiritual que Satanás trava contra nós é também fundamentada em engano. Na verdade, o primeiro pecado foi resultado de um engano do inimigo. Note o que Paulo disse: "Mas receio que, assim como a serpente enganou a Eva com a sua astúcia, assim também seja corrompida a vossa mente e se aparte da simplicidade e pureza devidas a Cristo" (2 Coríntios 11:3).

Esta verdade concede tamanha importância ao alerta de nosso Senhor ao dizer que Satanás é o pai das mentiras (João 8:44), sempre tentando nos enganar. Qual é a nossa defesa? Saturar os nossos corações da verdade da Palavra de Deus. Apenas a verdade inspirada por Deus pode nos proteger contra enganos do inimigo. —WEC

A VERDADE DE DEUS É A MELHOR PROTEÇÃO CONTRA AS MENTIRAS DE SATANÁS.

LUGARES E MOMENTOS

24 de Junho

E percorria Jesus todas as cidades e povoados, ensinando [...], pregando o evangelho...
—Mateus 9:35

Leitura: MATEUS 9:35-38

Por muitos anos, me correspondi com um pastor no Nepal que frequentemente viaja com os membros de sua igreja para comunidades distantes no Himalaia para pregar e implantar igrejas. Recentemente ele me enviou seu itinerário da semana seguinte e me pediu que orasse.

Sua agenda ocupada indicava que ele tinha planos de, no prazo de uma semana, viajar 160 km de moto para várias cidades para pregar e distribuir panfletos do evangelho.

Fiquei imaginando as grandes distâncias que meu amigo percorreria em terreno montanhoso e escrevi para perguntar como ele estava. Ele respondeu, "Tivemos um tempo maravilhoso marchando nas montanhas com os membros da igreja. Nem todos têm motos, então todos nós caminhamos. Foi um momento abençoado. Ainda temos mais lugares para visitar." E então lembrei de como "...percorria Jesus todas as cidades e povoados, ensinando nas sinagogas, pregando o evangelho..." (Mateus 9:35).

Pensei em minha relutância para dirigir na neve até o outro lado da cidade para visitar um viúvo solitário; para atravessar a rua e ajudar um vizinho; para atender a um amigo em necessidades que bate à porta quando estou ocupado; ir a qualquer momento, a qualquer lugar, a qualquer distância em prol do amor. E pensei em nosso Senhor, para quem não havia distância grande demais. —DHR

Verdades bíblicas:

Aplicação pessoal:

Pedidos de oração:

Respostas de oração:

DEUS QUER QUE COMPARTILHEMOS AQUILO QUE ELE NOS DEU.

25 de Junho

Leitura: João 6:42-51

Verdades bíblicas:

Aplicação pessoal:

Pedidos de oração:

Respostas de oração:

A BUSCA

Ninguém pode vir a mim se o Pai, que me enviou, não o trouxer...
—João 6:44

Tiago foi diagnosticado com problemas cardíacos, e sua esposa, Rebeca, já não podia mais cuidar dele ou de si mesma de maneira apropriada. Começaram então a procurar por uma casa de repouso. Uma das primeiras perguntas que Rebeca fazia quando visitava cada uma delas era: "Vocês servem alimentos pastosos?" Ela se preocupava, pois Tiago precisava ter o tipo de alimento adequado à sua dificuldade de engolir. Muitos lugares respondiam "não" e ela continuava sua busca. Finalmente ouviu um "sim" em uma casa cristã de repouso.

Apesar de não crerem em Jesus e terem frequentemente discutido sobre Ele com um vizinho cristão, Tiago e Rebeca escolheram aquele lar por causa da comida pastosa. Eles começaram a frequentar os cultos na capela, ouviram o evangelho e sentiram-se bem cuidados pelos funcionários do local. Certo dia Tiago entregou sua vida a Cristo. Ele acredita que Deus o estava seguindo (João 6:44) e que usou a comida pastosa para trazê-los àquele lar cristão onde ele recebeu cuidado do povo de Deus e ouviu sobre o perdão de Cristo.

A conversão é uma obra de Deus; Ele atrai pessoas a si em amor e usa as circunstâncias, Sua Palavra, pessoas e até mesmo a comida pastosa para sensibilizar os corações. Encoraje-se a testemunhar sobre o Pai. Ele usará as suas palavras e ações para tocar aqueles que precisam de Cristo. —AMC

O ÍMÃ QUE UNE OS CRISTÃOS E ATRAI NÃO-CRISTÃOS A CRISTO — CHAMA-SE AMOR.

ENCURRALADO

...orai pelos que vos caluniam.
—Lucas 6:28

26 de Junho

Leitura: LUCAS 6:27-36

Certo domingo de manhã, D. L. Moody entrou em uma casa em Chicago para acompanhar algumas crianças à Escola Dominical. Durante sua visita, três homens o encurralaram em um canto e o ameaçaram. "Olhem," Moody disse. "Pelo menos deem-me a chance de fazer uma oração". Os homens acabaram permitindo que ele clamasse a Deus e Moody orou por eles tão sinceramente que acabaram indo embora.

Se eu estivesse no lugar de Moody, teria pedido ajuda ou procurado a porta dos fundos. Não tenho certeza de que teria feito o que Jesus ordenou a Seus seguidores: "...orai pelos que vos caluniam" (Lucas 6:28).

Orar pelas pessoas que nos tratam com desprezo é uma maneira de fazer "...o bem aos que vos odeiam" (v.27). Jesus explicou que os cristãos não recebem créditos por permutar atos de bondade com pessoas "boas". Ele disse, "...Até os pecadores fazem isso" (v.33). No entanto, abençoar aqueles que nos perseguem (Romanos 12:14) nos separa deles e nos alinha com o Altíssimo, porque Deus é bom mesmo com os perversos (Lucas 6:35).

Caso você se sinta "encurralado" por alguém, procure segurança se for necessário, e siga o ensinamento de Jesus: ore por essa pessoa (Lucas 23:34). A oração é nossa melhor defesa. —JBS

Verdades bíblicas:

Aplicação pessoal:

Pedidos de oração:

Respostas de oração:

**PAGAR O BEM COM O BEM É HUMANO;
PAGAR O MAL COM O BEM É DIVINO.**

27 de Junho

Leitura: GÁLATAS 5:14–6:2

Verdades bíblicas:

Aplicação pessoal:

Pedidos de oração:

Respostas de oração:

COMPROMISSO COM O CUIDADO

Levai as cargas uns dos outros e, assim, cumprireis a lei de Cristo.
—Gálatas 6:2

Durante os meses seguintes à morte da mãe de minha esposa, recebemos muitos cartões e cartas da equipe da casa de repouso que havia cuidado dela tão amavelmente e passado com nossa família pelo processo de perda. Uma carta nos oferecia sentimentos esperando que pudéssemos lidar construtivamente com o luto; outra dizia, "Agora que o dia do aniversário de sua mãe se aproxima, lembramo-nos dela e nossas orações e pensamentos estão com vocês e com sua família." Estes incríveis assistentes sabem que o luto é um processo contínuo e que requer ajuda contínua e suporte. Eles demonstram compaixão profunda em tudo o que fazem.

As palavras de Paulo "Levai as cargas uns dos outros e, assim, cumprireis a lei de Cristo" (Gálatas 6:2) vêm como um ponto de exclamação à sua descrição da vida no Espírito. Em contraste com os atos destrutivos, autocentrados da natureza pecadora (Gálatas 5:19-21), o fruto do Espírito Santo em nós e por meio de nós é "...amor, alegria, paz, longanimidade, benignidade, bondade, fidelidade, mansidão, domínio próprio..." (vv.22-23). A grande liberdade que temos em Cristo nos permite servir uns aos outros em amor (v.13).

Uma palavra de encorajamento a um amigo em sofrimento pode vir como chuva refrescante. Quando continuamente nos preocupamos com outros de maneira tangível, isso se desenvolve em uma corrente doadora de vida, de cura e amor. —DCM

A COMPAIXÃO É A CAPACIDADE DE PRATICAR O AMOR DE CRISTO.

EM LOUVOR À SOBERANIA

Nos céus, estabeleceu o SENHOR o seu trono, e o seu reino domina sobre tudo.
—Salmo 103:19

28 de Junho

Leitura: SALMO 103:15-22

No livro de James Fenimore Cooper *O Último dos Moicanos*, conhecemos o personagem chamado David Gamut. Ele é um cristão devoto que se deleita em musicar os Salmos e cantá-los independentemente das circunstâncias que a vida coloca em seu caminho. Gamut acredita que podemos confiar em Deus em crises e em bons momentos. Ele vive uma vida em louvor à soberania de Deus, ao Seu poder supremo, Sua autoridade e Seu controle sobre o mundo.

A Bíblia nos relata sobre outro Davi, uma pessoa de carne e osso que tinha familiaridade com circunstâncias imprevisíveis da vida e que amava responder a Deus em louvor: o rei Davi de Israel. Ele viu o gigante Golias cair por seu estilingue, foi perseguido pelo homicida rei Saul e viu a nação de Israel reunir-se sob sua própria liderança. Em todas estas situações, no entanto, Davi investiu tempo para escrever e cantar salmos de louvor ao seu Deus soberano. Ele escreveu, por exemplo, "Nos céus, estabeleceu o SENHOR o seu trono, e o seu reino domina sobre tudo" (Salmo 103:19). Davi entendeu que em todas as circunstâncias podemos adorar e agradecer a Deus por Seu cuidado e controle.

Qual a sua situação hoje? Um momento de bênção ou de provações? Em qualquer acontecimento, lembre-se do exemplo de Davi e cante louvores a Deus por Seu governo em nossas vidas. —HDF

Verdades bíblicas:

Aplicação pessoal:

Pedidos de oração:

Respostas de oração:

ALELUIA! LOUVAI A DEUS [...] LOUVAI-O PELOS SEUS PODEROSOS FEITOS... —SALMO 150:1-2

29 de Junho

Leitura: APOCALIPSE 2:12-17

Verdades bíblicas:

Aplicação pessoal:

Pedidos de oração:

Respostas de oração:

AJUDA A CAMINHO!

Conheço o lugar em que habitas, onde está o trono de Satanás…
—Apocalipse 2:13

Fico me questionando se quando 33 mineiros ficaram presos em uma mina chilena subterrânea, sentiram-se totalmente perdidos e fadados a uma morte lenta e dolorosa. Imagine como se sentiram alegres quando receberam a mensagem do alto dizendo que a equipe de resgate sabia exatamente onde estavam e que o processo de retirá-los de lá já havia começado!

Há momentos em nossas vidas em que sentimos que estamos presos em um lugar muito ruim. Ansiosos e sozinhos, desesperamo-nos por estarmos sem opções e por ninguém entender o que realmente se passa em nossas vidas. Mas nessas ocasiões precisamos nos lembrar das palavras consoladoras de Deus aos cristãos primitivos que estavam presos em um mundo em que a presença de Satanás dominava tudo ao seu redor: "Conheço o lugar em que habitas…" (Apocalipse 2:13). O Pai celestial não havia deixado de notar sua situação. E conforme eles fossem fiéis a Ele, o Senhor os sustentaria até os resgatar e levá-los em segurança para casa (v.17).

O fato de Deus saber o que acontece em sua vida e de Ele estar ciente da dificuldade da situação em que você está, traz a confiança e a força necessária para vivermos para a glória dele. Encoraje-se. Lembre-se das palavras consoladoras de Deus. A ajuda está a caminho! —JMS

NOSSA MAIOR ESPERANÇA AQUI EMBAIXO É A AJUDA DE DEUS VINDA DO ALTO.

IGNORÂNCIA E INOCÊNCIA

30 de Junho

...a fim de que, como o pecado reinou pela morte, assim também reinasse a graça pela justiça para a vida eterna...
—Romanos 5:21

Leitura: ROMANOS 5:12-21

Algumas pessoas evitam ir ao médico porque não querem descobrir que algo pode estar errado. Algumas pessoas evitam ir à igreja pela mesma razão. Mas a ignorância de nossas doenças não nos deixa saudáveis e a ignorância de nossos pecados não nos torna inocentes.

A lei romana é considerada a fonte da ideia de que a ignorância da lei não perdoa ninguém. No entanto, tal conceito originou-se muito antes. Quando Deus deu a lei a Israel, Ele estabeleceu que até mesmo o pecado não intencional exigiria um sacrifício para o perdão (Levítico 4; Ezequiel 45:18-20).

Em sua carta aos cristãos que viviam em Roma, o apóstolo Paulo referiu-se à questão da ignorância ou falta de entendimento. Quando as pessoas eram ignorantes da justiça de Deus, criaram sua própria justiça (Romanos 10:3). Ao vivermos de acordo com nossos próprios padrões de certo e errado, podemos nos sentir bem conosco mesmos, mas isso não nos torna espiritualmente saudáveis. Apenas quando somos comparados ao padrão de justiça de Deus (Jesus) conhecemos a condição de nossa saúde espiritual.

Nenhum de nós pode alcançar a justiça de Cristo, mas felizmente não precisamos. Ele compartilha Sua justiça conosco (5:21). A parte boa em descobrir o que está errado conosco é que o Médico dos médicos pode nos curar. —JAL

Verdades bíblicas:

Aplicação pessoal:

Pedidos de oração:

Respostas de oração:

DEUS É QUEM ESTABELECE OS PADRÕES E CURA NOSSA SAÚDE ESPIRITUAL.

Notas

1 de Julho

Leitura: 2 Coríntios 8:1-9

Verdades bíblicas:

Aplicação pessoal:

Pedidos de oração:

Respostas de oração:

A BANDEJA DE OFERTA

...assim também abundeis nesta graça.
—2 Coríntios 8:7

Ed Dobson, meu ex-pastor, frequentemente dizia que não gostava de pregar sobre contribuição financeira à igreja. Ele dizia que seu trabalho anterior exigia a captação de recursos, e por essa razão não gostava de exercer qualquer pressão desnecessária sobre as pessoas. Mas, quando estava ensinando sobre o livro de 2 Coríntios e chegou aos capítulos 8 e 9, não conseguiu evitar o tópico sobre ofertar. O que mais me lembro de seu sermão foi a ilustração que utilizou. Ele colocou uma bandeja de oferta no chão, subiu nela e ficou ali enquanto falava sobre a importância de nos entregarmos totalmente ao Senhor, e não apenas entregar nossas carteiras.

O apóstolo Paulo cita várias atitudes e ações que devemos demonstrar ao ofertar ao Senhor nesses dois capítulos do livro de 2 Coríntios:

- Dar-se ao Senhor primeiro (8:5).
- Dar, lembrando-se do exemplo do Senhor Jesus (8:9).
- Dar de acordo com seus recursos (8:11-12).
- Dar com entusiasmo, devido ao amor de Deus (9:2).
- Dar generosamente, não de má vontade ou por pressão externa (9:5-7).

Na próxima vez que a oferta for recolhida em sua igreja, imagine-se como parte dessa oferta. Isso o ajudará a ser excelente na graça de ofertar (8:7). —AMC

QUANDO NOS DAMOS TOTALMENTE AO SENHOR, TODA OFERTA MENOR SE TORNA MAIS FÁCIL.

UM NOVO DIA

*Este é o dia que o Senhor fez;
regozijemo-nos e alegremo-nos nele.*
—Salmo 118:24

2 de Julho

Leitura: Salmo 118:19-29

Numa reunião matinal na qual participei recentemente, a pessoa que abriu o encontro iniciou orando: "Senhor, obrigado pelo dia de hoje. É o começo de um novo dia que nunca vimos antes." Embora a ideia parecesse óbvia, aquela oração me fez pensar sobre algumas coisas diferentes. Primeiro: como cada dia é uma nova oportunidade, ele estará cheio de coisas que não poderemos prever ou para elas nos preparar. Portanto, é importante que reconheçamos nossas limitações e nos apoiemos fortemente em Deus — escolhendo viver em Sua graça e poder intencionalmente, ao invés de confiar em nossos próprios recursos.

A segunda coisa que me ocorreu é que a novidade de cada dia é um dom digno de celebração. Talvez este conceito tenha sido o que instigou o salmista a declarar: "Este é o dia que o Senhor fez; regozijemo-nos e alegremo-nos nele" (Salmo 118:24).

É claro que enfrentamos muitas coisas desconhecidas atualmente — e algumas podem ser difíceis. Mas, o tesouro de cada novo dia é tão especial que Moisés foi impelido a orar: "Ensina-nos a contar os nossos dias, para que alcancemos coração sábio" (Salmo 90:12). Cada novo dia é um dom precioso. Que possamos agradecidamente receber cada um deles com confiança e humilde celebração. —WEC

Verdades bíblicas:

Aplicação pessoal:

Pedidos de oração:

Respostas de oração:

CADA NOVO DIA NOS DÁ NOVOS MOTIVOS PARA LOUVAR O SENHOR.

3 de Julho

Leitura: EFÉSIOS 1:15-23

Verdades bíblicas:

Aplicação pessoal:

Pedidos de oração:

Respostas de oração:

ORAÇÃO POR *E-MAIL*

...não cesso de dar graças por vós, fazendo menção de vós nas minhas orações...
—Efésios 1:16

Não muito tempo atrás, um amigo passou por uma cirurgia. Dois discos da sua coluna e um tendão de Aquiles rompido causavam-lhe muita dor. Após assegurá-lo de que iria orar por ele, surgiu-me a ideia de enviar-lhe algo por escrito, para encorajá-lo ainda mais. Então, enviei o seguinte e-mail:

"Esta foi minha oração por você hoje: 'Deus vivo, agradeço-te pelo controle soberano sobre os acontecimentos da vida. Em favor do teu precioso servo, peço que dês a ele profunda paz. Oro pelos médicos ao exercerem suas habilidades médicas, que o Senhor lhes conceda excelentes resultados. Que a Tua mão curadora possa tocar e trazê-lo de volta à plena disposição à Tua obra. Em nome de Jesus. Amém.'"

O apóstolo Paulo escreveu orações para encorajar outros cristãos (Filipenses 1:9-11; Colossenses 1:9-12; 2 Tessalonicenses 1:11-12). Ele escreveu aos efésios: "...não cesso de dar graças por vós, fazendo menção de vós nas minhas orações, para que o Deus de nosso Senhor Jesus Cristo, o Pai da glória, vos conceda espírito de sabedoria e de revelação no pleno conhecimento dele..." (Efésios 1:16-17).

Você tem amigos ou familiares que necessitam de suas orações de encorajamento neste momento? Além de informá-los que você está orando por eles, tente enviar-lhes também uma oração por escrito. —HDF

ORAR PELOS OUTROS É UM PRIVILÉGIO — E UMA RESPONSABILIDADE.

FOGOS E LIBERDADE

...fostes chamados à liberdade; porém não useis da liberdade para dar ocasião à carne; sede, antes, servos uns dos outros, pelo amor.
—Gálatas 5:13

4 de Julho

Leitura: GÁLATAS 5:1-14

Graças à engenhosidade dos chineses, os norte-americanos celebram sua independência neste mês com grandes espetáculos de fogos de artifício cheios de cor.

A cada ano, quando cantam o seu hino nacional e observam os belos efeitos padrões criados pelas "bombas explodindo no ar", lembro-me de que a maioria das bombas é mortífera e não tem os belos efeitos como os espetáculos de fogos de artifício. Embora as bombas e fogos empreguem ingredientes similares, as bombas têm a intenção de matar; os fogos de artifício de entreter. Nesta metáfora, vemos um exemplo de como algo pode ser utilizado para o bem e para o mal. Nas mãos de pessoas capazes, cuidadosas e dedicadas, algo perigoso se torna glorioso. Mas, o oposto também é verdadeiro.

A liberdade — aquilo que eles celebram com fogos de artifício — também pode ser usada para o bem e para o mal. Como cristãos, estamos livres da restritiva lei Mosaica, mas a Bíblia nos alerta para não usarmos nossa liberdade espiritual para propósitos egoístas: "...não useis da liberdade para dar ocasião à carne; sede, antes, servos uns dos outros, pelo amor" (Gálatas 5:13).

Nem todos têm liberdade política e religiosa, mas todos os cristãos têm liberdade espiritual. Precisamos usá-la não como arma para impor nossa vontade sobre os outros, mas sim para demonstrar a glória da vontade de Deus. —JAL

Verdades bíblicas:

Aplicação pessoal:

Pedidos de oração:

Respostas de oração:

A LIBERDADE NÃO NOS DÁ O DIREITO DE FAZER O QUE NOS AGRADA, MAS DE FAZER O QUE AGRADA A DEUS.

5 de Julho

Leitura: 1 Coríntios 12:18-27

Verdades bíblicas:

Aplicação pessoal:

Pedidos de oração:

Respostas de oração:

MEU AMIGO WILLIAM

*...cooperem os membros,
com igual cuidado, em favor uns dos outros.*
—1 Coríntios 12:25

Ao descermos do ônibus num lar de crianças com problemas mentais e físicos em Copse, Jamaica, eu não esperava encontrar um jogador de futebol. Enquanto o coral juvenil e os outros acompanhantes adultos se dispersavam para encontrar crianças para abraçar, amar e brincar, deparei-me com um jovem chamado William.

Não tenho certeza sobre qual era o diagnóstico de William, mas ele aparentava ter tido uma provável paralisia cerebral. Com uma bola de futebol americano nas mãos, ao sair do ônibus, joguei-a de leve para William, que a deixou cair.

Mas, quando eu a apanhei e a coloquei em suas mãos, ele a ajeitou lentamente até colocá-la na posição em que desejava. Em seguida, apoiando as costas num corrimão para equilibrar-se, William lançou-a numa espiral perfeita. Durante os 45 minutos seguintes, nós brincamos de lançar e pegar — ele lançava, eu pegava. William riu muito e conquistou meu coração. Estou certo de que, naquele dia, ele causou tanto impacto em mim quanto eu nele. Ele me ensinou que todos nós somos necessários como parte do corpo de Cristo, a igreja (1 Coríntios 12:20-25).

Frequentemente, as pessoas dispensam outras que são diferentes delas. Mas muitos são os "William" do mundo que nos ensinam que a alegria pode chegar quando aceitamos os outros e reagimos com compaixão. Em seu mundo, existe alguém que, tal como William, precisa de você como amigo? —JDB

**PRECISAMOS UNS DOS OUTROS
PARA SERMOS QUEM DEUS QUER QUE SEJAMOS.**

PARE!

...fiz calar e sossegar a minha alma; como a criança [...] se aquieta nos braços de sua mãe, como essa criança é a minha alma para comigo.
—Salmo 131:2

6 de Julho

Leitura: SALMO 131

A vida é um empreendimento agitado. Parece que sempre há mais afazeres, mais lugares para ir e pessoas para encontrar. E, embora nenhum de nós deseje uma vida sem coisas significativas para fazer, o ritmo acelerado ameaça roubar a tranquilidade que necessitamos.

Quando estamos dirigindo um automóvel, sinais de Pare e outras placas de aviso para diminuir a velocidade são lembretes de que, para estarmos seguros, não podemos manter o pé no acelerador o tempo todo. Necessitamos desses tipos de lembretes em todos os aspectos de nossas vidas.

O salmista compreendia claramente a importância dos tempos de calma e tranquilidade. O próprio Deus "descansou" no sétimo dia. E, com mais mensagens para compartilhar e mais pessoas para curar, Jesus apartava-se das multidões e descansava um pouco (Mateus 14:13; Marcos 6:31). Ele compreendia que não era sábio acelerar ao longo da vida com nosso marcador de combustível indicando "cansado" o tempo todo.

Quando foi a última vez que você fez valer as palavras do salmista: "...fiz calar e sossegar a minha alma"? (Salmo 131:2). Coloque um sinal de Pare no cruzamento de sua vida agitada. Encontre um lugar para ficar só. Afaste-se das distrações que o impedem de ouvir a voz de Deus e deixe o Senhor fale enquanto você lê a Sua Palavra. Permita que Ele refresque o seu coração e a sua mente com a força para viver bem para Sua glória. —JMS

Verdades bíblicas:

Aplicação pessoal:

Pedidos de oração:

Respostas de oração:

PARE E FAÇA UMA PAUSA DAS OCUPAÇÕES DA VIDA, PARA PODER REABASTECER SUA ALMA.

7 de Julho

Leitura: GÊNESIS 48:8-16

Verdades bíblicas:

Aplicação pessoal:

Pedidos de oração:

Respostas de oração:

OLHANDO PARA TRÁS

Deus [...] me sustentou durante a minha vida até este dia.
—Gênesis 48:15

George Matheson, mais bem conhecido pelo hino *Amor, Que Por Amor Desceste!* (HCC 171), escreveu outra canção intitulada *Ignored Blessings* (Bênçãos ignoradas), na qual ele olha para trás, para "a estrada percorrida". Foi olhando para trás que percebeu que o seu Pai celestial o havia conduzido por todo o caminho.

Deus tem um itinerário para cada um de nós, uma "rota" que precisamos percorrer (Atos 20:24; 2 Timóteo 4:7). Nossa rota é mapeada nos conselhos do céu e fundamentada nos propósitos soberanos de Deus.

Contudo, nossas escolhas não são irrelevantes. Tomamos decisões todos os dias, grandes e pequenas, algumas das quais com consequências que alteram a vida. A pergunta, exceto o desconcertante mistério da soberania de Deus e da escolha humana, é essa: Como podemos discernir a rota que deve ser percorrida?

Para mim, a resposta agora é mais clara, pois estou mais velho e já vivi mais experiências. Olhando em retrospectiva, vejo que Deus me conduziu por todo o caminho. Posso verdadeiramente dizer: "Deus [...] me sustentou durante a minha vida até este dia" (Gênesis 48:15). Embora as nuvens envolvam o presente e eu não saiba o que o futuro me reserva, tenho a segurança de que o Pastor me mostrará o caminho. Minha tarefa é segui-lo em amor e obediência, e confiar cada passo a Ele. —DHR

PODEMOS CONFIAR EM NOSSO DEUS ONISCIENTE PARA O FUTURO DESCONHECIDO.

O EVANGELHO VIRAL

...os que foram dispersos iam por toda parte pregando a palavra.
—Atos 8:4

Leitura: Atos 7:59–8:8

O termo "vídeo viral" se refere a um clipe curto, postado na internet, que se espalha rapidamente à medida que o *link* é enviado de uma pessoa a outra. O vídeo pode ser engraçado, inspirador ou provocar a reflexão, e pode espalhar-se rapidamente pelo mundo e ser visto por milhões de pessoas. É o sonho de qualquer publicitário, mas poucos especialistas em marketing têm a capacidade de tirar proveito dele. Lacy Kemp escreveu em determinado *site* "Como você faz algo espalhar-se como fogo? É impossível saber a resposta. Não se trata de algo que alguém possa planejar, ou todos fariam. Deve ser algo suficientemente incrível por si só para conseguir tal resultado."

O evangelho de Jesus Cristo é "viral", pois também se espalha de uma pessoa para outra. Após Estêvão, um líder da igreja primitiva, ter sido apedrejado por sua fé, os seguidores de Jesus em Jerusalém foram perseguidos e forçados a deixar suas casas (Atos 8:1-3). Em vez de retirarem-se apavorados, esses cristãos falavam sobre Ele aos outros, onde quer que fossem. "...os que foram dispersos iam por toda parte pregando a palavra" (Atos 8:4).

Quando conhecemos verdadeiramente a Cristo, não conseguimos reter só para nós as boas-novas sobre Ele. Mesmo nas circunstâncias mais desafiadoras, desejamos continuar contando aos outros sobre o nosso Salvador e Senhor. —DCM

8 de Julho

Verdades bíblicas:

Aplicação pessoal:

Pedidos de oração:

Respostas de oração:

ESPALHE O EVANGELHO; ELE É CONTAGIOSO!

9 de Julho

Leitura: 1 Crônicas 17:16-24

Verdades bíblicas:

Aplicação pessoal:

Pedidos de oração:

Respostas de oração:

QUEM ESTÁ POR DETRÁS?

Toda boa dádiva e todo dom perfeito são lá do alto, descendo do Pai das luzes…
—Tiago 1:17

Num espetáculo cultural em Bandung, Indonésia, apreciamos uma maravilhosa apresentação de uma orquestra. Antes do final, todas as 200 pessoas da plateia receberam um *angklung*, um instrumento musical feito de bambu. Ensinaram-nos como agitá-lo em ritmo com o compasso do maestro. Logo, pensávamos estar tocando como uma orquestra; sentíamo-nos tão orgulhosos de nosso bom desempenho! Depois, percebi que nós não éramos os bons; o maestro era quem merecia o crédito.

De maneira similar, quando tudo vai bem em nossas vidas, é fácil sentirmo-nos orgulhosos. Temos a tendência de pensar que somos bons e de que é por nossas capacidades que atingimos sucesso. Em tais momentos, tendemos a nos esquecer de que quem está por detrás de tudo é o nosso bom Deus, que avisa, evita, provê e protege.

Davi lembrou-se dessa verdade: "Então, entrou o rei Davi na Casa do Senhor, ficou perante ele e disse: Quem sou eu, Senhor Deus, e qual é a minha casa, para que me tenhas trazido até aqui?" (1 Crônicas 17:16). O coração de Davi envaideceu-se pelo reconhecimento da bondade de Deus.

Na próxima vez em que nos sentirmos propensos a receber o crédito pelas bênçãos de que desfrutamos, façamos uma pausa e lembremo-nos de que é o Senhor quem traz a bênção. —AL

A MÃO DO PAI ESTÁ POR DETRÁS DE TODAS AS COISAS BOAS.

PERGUNTAR É BOM

10 de Julho

Ide e anunciai a João o que vistes e ouvistes: os cegos veem, os coxos andam [...] e aos pobres, anuncia-se-lhes o evangelho.
—Lucas 7:22

Leitura: LUCAS 7:18-28

É perfeitamente natural que, às vezes, medo e dúvida se infiltrem em nossas mentes. "E se, afinal de contas, o céu nem existir?" "Jesus é o único caminho para Deus?" "Ao morrer, fará diferença a maneira que vivi?" Tais questionamentos não devem receber respostas rápidas ou triviais.

João Batista, a quem Jesus chamou o maior dos profetas (Lucas 7:28), tinha dúvidas pouco antes de sua execução (v.19). Ele queria ter certeza de que Jesus era o Messias e de que seu próprio ministério fora, portanto, válido.

A resposta de Jesus é um modelo reconfortante para usarmos. Em vez de desconsiderar a dúvida ou criticar João, Jesus destacou os milagres que realizava. Como testemunhas oculares, os discípulos de João poderiam retornar com os relatos que testemunharam para o seu mentor. Mas, Jesus utilizou palavras e frases (v.22) extraídas das profecias de Isaías sobre a vinda do Messias (Isaías 35:4-6; 61:1), certamente conhecidas por João.

Voltando-se para a multidão, Jesus enalteceu João (Lucas 7:24-28) afastando qualquer dúvida de que Ele pudesse ter se ofendido pela necessidade que João tinha de Sua confirmação, depois de tudo que ele presenciara (Mateus 3:13-17).

Questionamentos e dúvidas são duas reações humanas compreensíveis, mas também oferecem a oportunidade de relembrar, trazer segurança e confortar os que estão abalados pela incerteza. —RKK

Verdades bíblicas:

Aplicação pessoal:

Pedidos de oração:

Respostas de oração:

ENCONTRAMOS SEGURANÇA AO DUVIDARMOS DE NOSSAS DÚVIDAS E CRERMOS EM NOSSAS CRENÇAS.

11 de Julho

Leitura: LEVÍTICO 26:1-12

Verdades bíblicas:

Aplicação pessoal:

Pedidos de oração:

Respostas de oração:

REPOUSO SEGURO

Em paz me deito e logo pego no sono, porque, SENHOR, só tu me fazes repousar seguro.
—Salmo 4:8

A fotógrafa Anne Geddes criou uma forma de arte fotografando bebês dormindo. Suas fotos evocam sorrisos. Não há melhor imagem de paz do que uma criança dormindo.

Mas, entre os cochilos e a noite, cuidar de crianças é uma responsabilidade exaustiva e implacável. Em sua inocência e entusiasmo, as crianças podem se envolver em situações com risco de morte de um momento para outro. Após um agitado dia perseguindo, entretendo, protegendo, alimentando, vestindo, defendendo, orientando e apaziguando irmãos briguentos, os pais ficam ansiosos por dormir. Após guardar os brinquedos e vestir os pijamas, a sonolenta criança diminui o ritmo, se aconchega na mamãe ou no papai para ouvir uma historinha antes de dormir e, finalmente, adormece. Mais tarde, antes de deitarem-se, os pais dão mais uma olhada em seus filhos, para certificarem-se de que reina paz na terra dos sonhos. A beleza tão serena de uma criança ao dormir recompensa todas as frustrações do dia.

As Escrituras indicam que a paz é condição ideal de Deus para os Seus filhos (Levítico 26:6), mas, com frequência, em nossa imaturidade, ficamos em apuros e causamos conflitos. Assim como os pais de crianças, Deus deseja que nos cansemos de fazer o mal e que descansemos na segurança e no contentamento de Seus caminhos amorosos. —JAL

A NOSSA PAZ ESTÁ EM SUA VONTADE. —DANTE

INVISIBILIDADE MISTERIOSA

De repente, veio do céu um som, como de um vento impetuoso, e encheu toda a casa onde estavam assentados.
—Atos 2:2

12 de Julho

Leitura: ATOS 2:1-11

Em nosso país e ao redor do mundo, frequentemente vivencia-se os efeitos dramáticos de algo que não conseguimos ver. Em 2011, por exemplo, várias cidades norte-americanas foram devastadas por tornados que arrasaram bairros residenciais e comerciais. E, durante cada temporada de furacões, os moradores se chocam com os ventos de mais de 160 quilômetros por hora que ameaçam destruir o que está construído.

Tudo isso é o resultado de uma força invisível. Com certeza, vemos os efeitos do vento (bandeiras tremulando, detritos voando), mas não podemos ver o próprio vento. Ele opera numa invisibilidade misteriosa.

De certa maneira, isso também é válido para o Espírito Santo. Em Atos 2, quando os cristãos foram cheios do Espírito no Dia de Pentecostes, "...de repente, veio do céu um som, como de um vento impetuoso, e encheu toda a casa onde estavam assentados" (v.2). Aquele vento foi uma demonstração tangível, para os primeiros cristãos, de que o Espírito invisível estava agindo em suas vidas. E ainda hoje, Ele faz o mesmo em nosso viver! Se você é um seguidor de Cristo, encoraje-se! O Espírito Santo frutifica em sua vida (Gálatas 5:22-23), une os cristãos em um só corpo (1 Coríntios 12:13) e lhe garante a presença de Deus (1 João 3:24). O Espírito Santo é uma Pessoa poderosa em nossas vidas — ainda que não possamos vê-lo. —WEC

Verdades bíblicas:

Aplicação pessoal:

Pedidos de oração:

Respostas de oração:

O ESPÍRITO SANTO AGE DE MANEIRA PODEROSA, APESAR DA INVISIBILIDADE.

13 de Julho

Leitura: PROVÉRBIOS 6:6-11

Verdades bíblicas:

Aplicação pessoal:

Pedidos de oração:

Respostas de oração:

SAFÁRI DE FORMIGAS

Vai ter com a formiga, [...] considera os seus caminhos e sê sábio.
—Provérbios 6:6

Em seu livro *Adventures Among Ants: A Global Safari with a Cast of Trillions* (Aventuras Entre as Formigas: Um Safári Global com um Elenco de Trilhões), o autor Marcos Moffett reflete sobre a sua fascinação por formigas no início de sua infância — um interesse que não se extinguiu quando ele cresceu. A preocupação de Moffett o estimulou a defender uma tese de doutorado na Universidade Harvard e, em seguida, a embarcar numa viagem ao redor do mundo como especialista no assunto. Seus estudos lhe proporcionaram uma maravilhosa compreensão sobre essas criaturas laboriosas.

Muito antes de Moffett descobrir as maravilhas do mundo das formigas, as Escrituras mencionaram sobre a engenhosidade e a ética de trabalho desses minúsculos insetos. O sábio rei Salomão as usa como um exemplo de trabalho para os que tendem à preguiça: "Vai ter com a formiga, ó preguiçoso, considera os seus caminhos e sê sábio. Não tendo ela chefe, nem oficial, nem comandante, no estio, prepara o seu pão, na sega, ajunta o seu mantimento" (Provérbios 6:6-8).

As maravilhas da criação de Deus são ilustradas quando Deus usa as Suas criaturas para nos instruir. Com a formiga aprendemos a importância do planejamento prévio e o armazenamento de provisões para o futuro (30:25). Deus incorporou lições espirituais na própria natureza, e nós podemos aprender com criaturas tão minúsculas quanto uma formiga. —HDF

NO LIVRO DE PADRÕES DA NATUREZA, ESCRITO POR DEUS, PODEMOS ENCONTRAR MUITAS LIÇÕES VALIOSAS.

DUAS LIÇÕES APRENDIDAS

...o SENHOR, teu Deus, te guiou no deserto estes quarenta anos, para te humilhar, para te provar...
—Deuteronômio 8:2

14 de Julho

Leitura: DEUTERONÔMIO 8:1-10

Algumas semanas após escrever um artigo para o *Nosso Andar Diário*, sobre a importância de obedecer a lei, parti para uma viagem de 1.370 quilômetros, determinado a permanecer dentro do limite de velocidade indicado nas placas. Ao sair de uma pequena cidade, ocupei-me mais em desembrulhar um sanduíche do que observar as placas de sinalização e devido a isso recebi uma multa por excesso de velocidade. Naquele dia, minha primeira lição foi descobrir que não prestar atenção custa tanto quanto o desrespeito deliberado à lei. E ainda faltava percorrer 1.125 quilômetros!

A segunda lição que aprendi foi saber que nossa determinação será sempre testada. Pensei nas palavras de Moisés ao povo de Deus quando eles se preparavam para entrar na Terra Prometida: "Recordar-te-ás de todo o caminho pelo qual o Senhor, teu Deus, te guiou no deserto estes quarenta anos, para te humilhar, para te provar, para saber o que estava no teu coração, se guardarias ou não os seus mandamentos" (Deuteronômio 8:2).

O pastor e autor Eugene Peterson afirma que seguir a Cristo significa "uma longa obediência na mesma direção". Toda resolução de começar a obedecer a alguém deve ser acompanhada pela resolução de prosseguir.

Deus me concedeu um humilhante lembrete sobre como é importante manter meu coração focado em obedecer-lhe, e em prestar atenção ao longo do caminho.
—DCM

Verdades bíblicas:

Aplicação pessoal:

Pedidos de oração:

Respostas de oração:

AMAR A DEUS É OBEDECER-LHE.

15 de Julho

Leitura: ATOS 18:1-4

Verdades bíblicas:

Aplicação pessoal:

Pedidos de oração:

Respostas de oração:

ABRINDO OS NOSSOS LARES

E, posto que eram do mesmo ofício, passou a morar com eles e ali trabalhava, pois a profissão deles era fazer tendas.
—Atos 18:3

Em *Outlive Your Life* (Supere-se), Max Lucado escreve: "A hospitalidade abre a porta para a comunidade fora do nosso ambiente diário comum. Não por acaso as palavras hospitalidade e hospital provêm da mesma palavra em latim, pois ambas levam ao mesmo resultado: cura. Quando você abre as suas portas para alguém, envia imediatamente a seguinte mensagem: 'Você é importante para mim e para Deus.' Você pode pensar que está dizendo: 'Entre e faça uma visita', mas o seu convidado ouve: 'Sou digno deste esforço.'"

É isso que o apóstolo Paulo deve ter ouvido e sentido quando Áquila e Priscila abriram-lhe as portas de seu lar. Ao chegar em Corinto, provavelmente, ele estava exausto de sua viagem desde Atenas. Talvez também estivesse desanimado, por seu ministério aparentemente malsucedido naquele lugar (Atos 17:16-34). Mais tarde, ele escreveu: "E foi em fraqueza, temor e grande tremor que eu estive entre vós" (1 Coríntios 2:3). Provavelmente, Áquila e Priscila encontraram Paulo no mercado de Corinto e abriram seu lar a ele. Eles lhe garantiram um oásis espiritual por meio da hospitalidade cristã.

Como seguidores de Jesus, somos convocados a praticar a hospitalidade, para sermos um "hospital" capaz de ajudar as pessoas que estão atravessando as tempestades da vida e necessitam de restauração. Podemos ser usados pelo Senhor porque Ele nos tem suprido. —MLW

UM CORAÇÃO E UM LAR ABERTO DEMONSTRAM A HOSPITALIDADE CRISTÃ.

ESTUDO DA FALA

Não saia da vossa boca nenhuma palavra torpe...
—Efésios 4:29

16 de Julho

Leitura: PROVÉRBIOS 18:1-15

O dr. Deb Roy, cientista e pesquisador da cognição, ou seja; do processo de adquirir o conhecimento, no Instituto de Tecnologia de Massachusetts, EUA, registrou os primeiros três anos da vida de seu filho para aprender de que maneira os seres humanos adquirem a linguagem. Ele e sua esposa equiparam o seu lar com dispositivos de gravação, utilizando-os para coletar o equivalente a mais de 200 mil horas de áudio e vídeo. Coletar, condensar e editar as gravações permitiu que ouvissem os sons de bebê como "gaga" evoluírem para palavras como "água".

Se alguém quisesse realizar um projeto de pesquisa em seu lar, você participaria se soubesse que cada sílaba que emitisse seria gravada e analisada? O que o estudo revelaria? O livro de Provérbios 18 oferece uma reflexão sobre alguns padrões inadequados de fala. O escritor observa que as pessoas insensatas expressam suas próprias opiniões, em vez de tentar compreender o que os outros têm a dizer (v.2). Isso nos caracteriza? Às vezes, provocamos brigas com nossas palavras (v.7) ou falamos impulsivamente e 'respondemos antes de ouvir'? (v.13).

Precisamos nos tornar estudiosos da nossa fala. Com a ajuda de Deus, somos capazes de identificar e transformar o diálogo destrutivo em palavras de encorajamento, que são boas "...para edificação, conforme a necessidade" e que transmitam "...graça aos que ouvem" (Efésios 4:29). — JBS

Verdades bíblicas:

Aplicação pessoal:

Pedidos de oração:

Respostas de oração:

NOSSAS PALAVRAS TÊM O PODER DE EDIFICAR OU DESTRUIR.

17 de Julho

Leitura: JOSUÉ 7:1-13

Verdades bíblicas:

Aplicação pessoal:

Pedidos de oração:

Respostas de oração:

QUAL É O PROBLEMA?

...sabei que o vosso pecado vos há de achar.
—Números 32:23

Havia algo errado com o meu gramado. Eu não conseguia perceber qual era o problema, mas sabia que alguma coisa estava causando estragos.

Após investigar, descobri o problema: toupeiras. Essas comedoras de insetos, pequenas e vorazes, se arrastavam logo abaixo da superfície de meu gramado, antes impecável, em busca de alimento e estragavam minha grama.

Os filhos de Israel também tinham um problema cuja causa era oculta (Josué 7). Eles estavam enfrentando problemas e não conseguiam descobrir o porquê. Algo oculto de sua visão estava causando um grande estrago.

O problema se tornou perceptível quando Josué enviou três mil soldados para atacar Ai. Embora aquele exército fosse forte o suficiente para derrotar a pequena força de Ai, ocorreu o oposto. Ai pôs os israelitas em fuga, matando 36 deles e perseguindo-os até o lugar de onde eles tinham vindo. Josué não imaginava o motivo que fizera surgir aquele problema. Então, Deus lhe explicou o problema oculto: um de seus homens, Acã, havia desobedecido a um comando claro e roubara algumas das "coisas condenadas" de Jericó (Josué 7:11). Somente após aquele pecado oculto ter sido descoberto e tratado, Israel obteve a vitória.

O pecado oculto faz grandes estragos. Precisamos trazê-lo à superfície e tratá-lo — ou enfrentar a derrota certa. —JDB

A CONFISSÃO A DEUS ASSEGURA O PERDÃO.

AS MELHORES COISAS NA VIDA

18 de Julho

*Não te fatigues
para seres rico...*
—Provérbios 23:4

Leitura: PROVÉRBIOS 23:1-18

Um antigo adágio diz: "As melhores coisas na vida são gratuitas." Existe muita verdade nisso. Algumas pessoas, porém, acreditam que as melhores coisas na vida sejam caras ou, talvez, ilusórias. Recentemente, vi um aviso que me fez sorrir e pensar, pois dizia: "As melhores coisas da vida não são coisas." Que grande maneira de dizê-lo! O valor de família, amigos e fé nos faz perceber que o mais importante na vida é relacionado às pessoas e ao Senhor.

Salomão era bem qualificado para falar sobre coisas materiais, porque "...excedeu a todos os reis do mundo, tanto em riqueza como em sabedoria" (1 Reis 10:23). Seu conselho? "Não te fatigues para seres rico; não apliques nisso a tua inteligência. Porventura, fitarás os olhos naquilo que não é nada? Pois, certamente, a riqueza fará para si asas, como a águia que voa pelos céus" (Provérbios 23:4-5). Ele recomenda: "Aplica o coração ao ensino e os ouvidos às palavras do conhecimento [...] Porque deveras haverá bom futuro; não será frustrada a tua esperança" (vv.12,18).

As melhores coisas da vida são as eternas riquezas que provêm da bondade e graça de Deus em Jesus Cristo. Não as seguramos em nossas mãos, mas em nossos corações. —DCM

Verdades bíblicas:

Aplicação pessoal:

Pedidos de oração:

Respostas de oração:

**NOSSAS MAIORES RIQUEZAS
SÃO AQUELAS QUE TEMOS EM CRISTO.**

19 de Julho

Leitura: MATEUS 23:23-31

Verdades bíblicas:

Aplicação pessoal:

Pedidos de oração:

Respostas de oração:

DORIAN GRAY

...porque sois semelhantes aos sepulcros caiados, que, por fora, se mostram belos, mas interiormente estão cheios de [...] toda imundícia!
—Mateus 23:27

O romance vitoriano *O Retrato de Dorian Gray* ilustra como a pessoa que projetamos para os outros pode ser muito diferente de quem somos por dentro. Após ter seu retrato pintado, o belo e jovem Dorian Gray sentiu-se horrorizado com a perspectiva de envelhecer, e desejou que o retrato envelhecesse em seu lugar.

Logo percebeu que seu desejo havia sido concedido. O retrato, que espelhava sua alma atormentada, envelheceu e se tornou mais medonho a cada pecado que Dorian cometia, enquanto ele próprio permanecia jovem. Sua aparência externa não correspondia ao seu coração corrompido.

Jesus repreendeu os fariseus por demonstrarem hipocrisia similar. Muitos deles se orgulhavam de exibir sua espiritualidade em público. Mas, por dentro, eram culpados de muitos pecados secretos. Por este motivo, Jesus os comparou a "...sepulcros caiados, que, por fora, se mostram belos, mas interiormente estão cheios de [...] toda imundícia!" (Mateus 23:27).

Somos tentados a cultivar uma falsa imagem para os outros verem. Mas, Deus conhece os nossos corações (1 Samuel 16:7; Provérbios 15:3). Por meio de confissão e abertura dos nossos corações em oração, da Palavra de Deus e da ação do Espírito, podemos vivenciar a bondade em nosso interior, que se reflete em atos caridosos. Permita que Deus o transforme de dentro para fora (2 Coríntios 3:17-18). —HDF

SOMENTE CRISTO PODE NOS TRANSFORMAR.

DOS ERROS ÀS MARAVILHAS

20 de Julho

*Converte-nos a ti, Senhor,
e seremos convertidos.*
—Lamentações 5:21

Leitura: João 21:15-19

O artista Tiago Hubbell diz: "Os erros são dons." Sempre que ele está trabalhando em um projeto e algo sai errado, ele não o recomeça. Ele procura uma maneira de aproveitar o erro para fazer algo melhor. Nenhum de nós pode evitar cometer erros, e todos nós temos maneiras favoritas de lidar com eles. Podemos tentar escondê-los, corrigir ou nos desculparmos por eles.

Às vezes, também fazemos isso com o nosso pecado. Mas, Deus não nos joga fora e recomeça. Ele nos redime e nos torna melhores.

O apóstolo Pedro tinha a tendência de fazer e dizer o que parecia melhor no momento. Ele é citado como um "estúpido impetuoso". Amedrontado após Jesus ser preso, Pedro afirmou três vezes não conhecer Jesus! Mas, depois, com base nas três declarações de amor de Pedro, Jesus transformou sua humilhante negação numa maravilhosa oportunidade de restauração (João 21). A despeito do passado imperfeito de Pedro, Jesus o restaurou ao ministério com estas palavras: "Apascenta as minhas ovelhas" (v.17).

Se você "tropeçou" e a situação parece irreversível, o fato mais importante é se você ama Jesus, ou não. Quando o amamos, Jesus pode transformar nossos mais graves tropeços em incríveis maravilhas.
—JAL

Verdades bíblicas:

Aplicação pessoal:

Pedidos de oração:

Respostas de oração:

DEUS PODE TRANSFORMAR NOSSOS ERROS EM MARAVILHAS.

21 de Julho

Leitura: HEBREUS 13:1-8

Verdades bíblicas:

Aplicação pessoal:

Pedidos de oração:

Respostas de oração:

FICA AO MEU LADO

…Contentai-vos com as coisas que tendes; porque ele tem dito: De maneira alguma te deixarei, nunca jamais te abandonarei.
—Hebreus 13:5

Um dos destaques anuais do futebol inglês é a partida final da Copa da Inglaterra. Há mais de 100 anos, esse dia tem sido marcado por entusiasmo, festividade e competição. Mas, o que me fascina é a maneira como o jogo começa: cantando-se o tradicional hino *Fica ao Meu Lado* (HCC 402).

No início, isso me parecia estranho. O que esse hino tem a ver com futebol? Ao pensar sobre isso, porém, percebi que, para o seguidor de Cristo, ele tem tudo a ver com esportes, compras, trabalho, ir à escola, ou qualquer outra coisa que façamos. Uma vez que não existe parte alguma de nossas vidas que não deva ser tocada pela presença de Deus, o desejo de que Ele permaneça conosco é, na verdade, a coisa mais razoável que poderíamos desejar. Certamente, a presença de nosso Pai celestial não é algo que necessitamos pleitear — ela é prometida a nós. Em Hebreus 13:5, lemos: "…porque [Deus] tem dito: De maneira alguma te deixarei, nunca jamais te abandonarei".

A presença de Deus não é somente a chave para o nosso contentamento, mas também a promessa que pode nos conceder sabedoria, paz, conforto e força — não importa onde estivermos ou o que estivermos fazendo. —WEC

NOSSO MAIOR PRIVILÉGIO É DESFRUTAR DA PRESENÇA DE CRISTO.

CIRCUNDADO POR ORAÇÕES

22 de Julho

Rogo-vos, pois, irmãos [...] que luteis juntamente comigo nas orações a Deus a meu favor.
—Romanos 15:30

Leitura: ROMANOS 15:22-33

Sydnie, nove anos, filha da minha amiga Melissa, estava no hospital para quimioterapia e transplante de medula óssea quando sonhei com ela. Sonhei que ela estava hospedada num quarto central do hospital, com seus pais. Em torno de seu quarto havia um bloco de outros quartos nos quais a família e os amigos estavam hospedados e oravam continuamente por ela durante seu tempo de tratamento.

Na vida real, Sydnie não estava fisicamente circundada por familiares e amigos em quartos adjacentes. Mas, espiritualmente falando, ela estava e ainda está circundada por orações e amor.

Parecia que o apóstolo Paulo desejava estar cercado por orações. Na maioria de suas cartas às igrejas, ele pedia para ser lembrado em oração ao Senhor (2 Coríntios 1:11; Efésios 6:18-20; Colossenses 4:2-4; Filemom 1:22). Aos cristãos de Roma, ele escreveu: "Rogo-vos, pois, irmãos [...] que luteis juntamente comigo nas orações a Deus a meu favor" (Romanos 15:30). Ele sabia que não poderia ser eficaz em seu serviço a Deus sem o Seu poder.

A Bíblia nos conta que Jesus também ora por nós (João 17:20; Hebreus 7:25), como também o Espírito Santo, cujas orações são segundo a vontade de Deus (Romanos 8:27). Que conforto ser cercado por oração! —AMC

Verdades bíblicas:

Aplicação pessoal:

Pedidos de oração:

Respostas de oração:

A ORAÇÃO IMPELIDA PELO ESPÍRITO SANTO É PODEROSA.

23 de Julho

Leitura: JOÃO 16:25-33

Verdades bíblicas:

Aplicação pessoal:

Pedidos de oração:

Respostas de oração:

TEMPOS DE TRIBULAÇÃO

...No mundo, passais por aflições; mas tende bom ânimo; eu venci o mundo.
—João 16:33

Mesmo sem nunca ter ouvido falar da Lei de Murphy, provavelmente você já a experimentou: "Se alguma coisa pode dar errado, dará."

A máxima de Murphy me lembra do princípio que Jesus compartilhou com Seus discípulos quando lhes disse: "No mundo, passais por aflições..." (João 16:33). Em outras palavras, podemos contar com isso — mais cedo ou mais tarde, encontraremos tempos de tribulação. Não da maneira que, originalmente, Deus desejava que a vida transcorresse, mas, quando a raça humana sucumbiu à sedução de Satanás no jardim, tudo neste planeta caiu nas garras do pecado. Desde então, o resultado tem sido a desordem e a disfunção.

É óbvio que existem as tribulações na vida. A existência da paz frequentemente nos ilude. É interessante que, quando Jesus alertou Seus seguidores sobre a tribulação, Ele também prometeu paz, e até lhes disse: "...tende bom ânimo; eu venci o mundo" (v.33). A palavra venci indica um acontecimento ocorrido que produz efeito contínuo. Jesus não somente conquistou o mundo decaído por meio de Sua morte e ressurreição, mas continua a proporcionar vitória, independentemente de quanta tribulação possamos enfrentar.

Portanto, embora possamos esperar alguma tribulação neste mundo decaído, é uma boa-nova poder contar com Jesus para termos paz em tempos de tribulação.
—JMS

EM MEIO À TRIBULAÇÃO, PODEMOS ENCONTRAR A PAZ EM JESUS.

PLANTADO NA CASA DO SENHOR

24 de Julho

Na velhice darão ainda frutos, serão cheios de seiva e de verdor.
—Salmo 92:14

Leitura: SALMO 92

Após conduzir uma série de entrevistas com pessoas idosas, o autor Don Gold publicou o livro *Until the Singing Stops: A Celebration of Life and Old Age in America* (Até o Canto Cessar: Uma Celebração da Vida e Idade Avançada nos EUA).

Gold amava e admirava sua avó, e a memória dela o impeliu a ir ao encontro de outras pessoas idosas e aprender com elas. Ele se lembra de que, a caminho de uma das suas entrevistas, se perdeu numa estrada de terra no interior do estado. Quando entrou numa fazenda para pedir informação, um adolescente veio, ouviu, encolheu os ombros e respondeu "Não sei". Ele então, continuou dirigindo. Alguns quilômetros adiante, ele parou novamente numa casa de fazenda. O fazendeiro, idoso, lhe forneceu, graciosamente, as informações perfeitas.

Talvez, devaneou Gold, essa experiência resuma o que ele buscava quando a memória de sua avó o fez ir à busca de pessoas como ela. Ele procurava alguém para guiá-lo em sua jornada pela vida.

Se você é "jovem", busque pessoas idosas que se supriram profundamente do amor e da bondade de Deus no decorrer de suas vidas. Elas têm sabedoria para compartilhar, a qual lhe ajudará a também florescer e crescer em sua fé (Salmo 92:12-14). —DHR

Verdades bíblicas:

Aplicação pessoal:

Pedidos de oração:

Respostas de oração:

A NOSSA COMUNHÃO COM CRISTO É O SEGREDO DE SERMOS FRUTÍFEROS NELE.

25 de Julho

Leitura: MARCOS 10:35-45

Verdades bíblicas:

Aplicação pessoal:

Pedidos de oração:

Respostas de oração:

LEMBRE-SE DO MOTIVO

Pois o próprio Filho do Homem não veio para ser servido, mas para servir e dar a sua vida em resgate por muitos.
—Marcos 10:45

Joe Morris aromatiza o sorvete com ingredientes que variam de chocolate e morangos ao chá verde e pimentas *malagueta*. Ele é um dos três sorveteiros duma bem-sucedida empresa norte-americana, conhecida por sua qualidade, criatividade e inovação. Entretanto, Joe não se esqueceu do motivo pelo qual ele faz isso.

Ele contou a um repórter que um de seus empregados mais antigos na empresa sempre lhes lembrava: "Por que fazemos sorvete? É um alimento feliz. Estamos aqui para fazer as pessoas felizes." E é por isso que Joe Morris faz sorvete.

Sabemos que é extremamente importante lembrar a razão de tudo o que fazemos como seguidores de Jesus. Se nos esquecemos, tornamo-nos como os discípulos quando uma disputa sobre quem era o maior dentre eles criou raiva e divisão no grupo. Jesus lembrou-os de que "...o próprio Filho do Homem não veio para ser servido, mas para servir e dar a sua vida em resgate por muitos" (Marcos 10:35-45).

Se a nossa meta é compartilhar as boas-novas do amor de Deus, não nos tornaremos impessoais ou ásperos se alguém resistir ou ridicularizar nosso apelo. Ao seguirmos o caminho de serviço e sacrifício amoroso do nosso Senhor, somos lembrados de que Ele veio para servir e salvar.

Essa é a razão de tudo o que fazemos.
—DCM

MANTENHA OS SEUS OLHOS NO SENHOR E VOCÊ NÃO PERDERÁ DE VISTA O PROPÓSITO DA VIDA.

INIMIGOS EM AMIGOS

Eu, porém, vos digo: amai os vossos inimigos e orai pelos que vos perseguem.
—Mateus 5:44

26 de Julho

Leitura: MATEUS 5:43-48

Durante a Guerra Civil dos EUA, o ódio se entrincheirou entre o Norte e o Sul. Certa ocasião, o presidente Abraham Lincoln foi criticado por falar em tratamento benevolente para os rebeldes do Sul. O crítico lembrou Lincoln de que havia uma guerra em curso, os Confederados eram os inimigos e deveriam ser destruídos. Mas, sabiamente, Lincoln respondeu: "Eu destruo meus inimigos quando os torno meus amigos."

O comentário de Lincoln é cheio de discernimento. De muitas maneiras, reflete o ensinamento de Jesus no Sermão do Monte: "...amai os vossos inimigos e orai pelos que vos perseguem; para que vos torneis filhos do vosso Pai celeste" (Mateus 5:44-45).

Encontraremos pessoas difíceis em nossas vidas — para algumas dessas, precisaremos estabelecer limites. Mas, render-se à tentação de minar ou prejudicá-las de alguma forma não é a maneira de Deus agir. Em vez disso, deveríamos orar por elas, demonstrar consideração, buscar seus melhores interesses e enfatizar o positivo. Isso poderá resultar na transformação de um inimigo em amigo.

Nem todas as pessoas reagirão de maneira positiva a nosso favor, mas podemos orar e planejar um relacionamento mais harmonioso. Quem é a pessoa difícil, da qual você pode começar a aproximar-se? —HDF

Verdades bíblicas:

Aplicação pessoal:

Pedidos de oração:

Respostas de oração:

É DIFÍCIL ODIAR ALGUÉM QUANDO SE FAZ ALGO BOM A SEU FAVOR.

27 de Julho

Leitura: Atos 11:22-26

Verdades bíblicas:

Aplicação pessoal:

Pedidos de oração:

Respostas de oração:

INCENTIVADORES SILENTES

...exortava a todos a que, com firmeza de coração, permanecessem no Senhor.
—Atos 11:23

Uma das qualidades que mais admiro nos outros é o dom do incentivo silencioso, de bastidores. Lembro-me de que ao retornar à minha casa após uma internação hospitalar, descobri que minha amiga Jackie (submetida a uma cirurgia alguns dias antes) tinha me enviado um livro contendo as promessas de Deus.

Meu tio Roberto estava tão agradecido às pessoas que cuidaram dele no hospital de câncer, que enviou centenas de mensagens elogiosas aos supervisores delas.

Minha prima Brenda sofreu a agonizante perda de um filho quase 20 anos atrás e, agora, seus silenciosos atos de compaixão são valorizados por muitas pessoas.

Com frequência, são exatamente as pessoas que enfrentaram o maior sofrimento — físico e emocional — que mais proporcionam encorajamento a outras pessoas.

No livro de Atos, lemos a respeito de Barnabé, conhecido como "filho de exortação" (4:36). Ele era "...homem bom, cheio do Espírito Santo e de fé" (11:24) e encorajava aos outros a que "...com firmeza de coração, permanecessem no Senhor" (v.23). Seus atos de encorajamento devem ter atingido uma esfera de influência ampla e forte.

Da mesma maneira que fomos abençoados com o encorajamento, sejamos para os outros um filho ou filha de exortação dos dias modernos. —CHK

O ESPÍRITO HUMANO RETINE DE ESPERANÇA AO SOM DE UMA PALAVRA DE INCENTIVO.

DE MARTE?

Criou, pois, Deus os grandes animais marinhos e todos os seres viventes que rastejam [...] disse Deus: Façamos o homem à nossa imagem...
—Gênesis 1:21, 26

"Os micróbios provenientes de Marte caíram na Terra primitiva [...] e os descendentes daqueles micróbios ainda estão aqui — e estes somos nós." Foi assim que um astrônomo especulou sobre como a vida se originara em Marte e depois viera à Terra.

Alguns homens e mulheres cientistas buscam no espaço as origens da vida na terra, não crendo na explicação da Bíblia, de que Deus colocou os humanos, os animais e os vegetais na terra por meio de uma criação especial. Mas, como essa suposta vida microbiana começou num planeta hostil? A pergunta maior é: Por que é tão difícil aceitar que a Terra, singularmente adequada à existência de vida, é o lugar em que Deus criou e colocou as criaturas vivas?

Enquanto os seres humanos lutam para aceitar um começo milagroso da vida a partir do sopro de Deus (Gênesis 2:7), eles escolhem confiar num milagre de um tipo muito diferente — o milagre de a vida se originar sem qualquer causa primária. Talvez pudessem seguir o conselho que Jó recebeu: "Inclina, Jó, os ouvidos a isto, pára e considera as maravilhas de Deus" (Jó 37:14). E talvez eles devessem tentar responder à pergunta de Deus: "Onde estavas tu, quando eu lançava os fundamentos da terra?" (38:4).

Louve a Deus por criar um lugar tão magnífico para vivermos! Ficamos maravilhados com Sua admirável criação. —JDB

28 de Julho

Leitura: Jó 38:4-18

Verdades bíblicas:

Aplicação pessoal:

Pedidos de oração:

Respostas de oração:

SOMENTE DEUS PODERIA CRIAR O COSMOS A PARTIR DO NADA.

29 de Julho

Leitura: 1 Coríntios 15:1-11

Verdades bíblicas:

Aplicação pessoal:

Pedidos de oração:

Respostas de oração:

NÃO É MITO

Depois, foi visto por mais de quinhentos irmãos de uma só vez, dos quais a maioria sobrevive até agora; porém alguns já dormem.
—1 Coríntios 15:6

Sou fascinado por história; por isso, assisti ansiosamente a um especial na televisão sobre o grande rei Artur da Inglaterra. Um tema vinha à tona à medida que cada historiador reconhecia não haver relatos de testemunhas oculares, nem evidências históricas que apoiem a história do rei Artur, seus cavaleiros e sua Távola Redonda. Repetidamente, a história era mencionada como se fosse "lenda" ou "mitologia". Parece que a história é apenas uma lenda tecida ao longo de séculos, a partir de fragmentos de outras histórias.

As boas-novas do evangelho, porém, não se fundamentam na mitologia ou lenda, mas em fatos comprovados, e é a maior história já contada. Paulo escreveu que o evento mais importante da história humana — a ressurreição de Jesus Cristo — é comprovada por testemunhas oculares reais. Ao escutar os discípulos que haviam visto o Cristo ressurreto, Paulo complementou a lista de testemunhas oculares escrevendo: "Depois, foi visto por mais de quinhentos irmãos de uma só vez, dos quais a maioria sobrevive até agora; porém alguns já dormem" (1 Coríntios 15:6). Na época em que Paulo escreveu esse relato, muitas testemunhas ainda estavam vivas e disponíveis para perguntas.

A ressurreição de Cristo não é um mito. É o verdadeiro eixo da história. —WEC

A RESSURREIÇÃO DE JESUS CRISTO É O MELHOR FATO ATESTADO DA HISTÓRIA DA ANTIGUIDADE. —ARNOLD

NOTÍCIAS BOAS E MÁS

Quero ainda, irmãos, cientificar-vos de que as coisas que me aconteceram têm, antes, contribuído para o progresso do evangelho.
—*Filipenses 1:12*

30 de Julho

Leitura: FILIPENSES 1:12-22

Verdades bíblicas:

Aplicação pessoal:

Pedidos de oração:

Respostas de oração:

Há pouco tempo, conversei com uma mulher que havia passado por uma situação muito difícil. O estresse tinha afetado a sua saúde, ela precisava ir ao médico frequentemente. Mas, com um sorriso no rosto, ela me contou que fora capaz de usar esta dolorosa circunstância como uma oportunidade de compartilhar Cristo com o seu médico.

No livro de Filipenses, lemos como o apóstolo Paulo usou sua situação difícil — encarceramento — para anunciar o evangelho. Os cristãos de Filipos estavam tristes porque Paulo tinha sido preso por anunciar Jesus, mas o apóstolo lhes disse que sua prisão havia "...contribuído para o progresso do evangelho" (1:12). Toda a guarda do palácio e outras pessoas conheciam o motivo por Paulo estar na cadeia — porque ele pregava sobre Cristo. Quem quer que tivesse contato com Paulo ouviria sobre Jesus — fossem soldados (que o guardavam 24 horas por dia, sete dias por semana) ou outros de fora. Por transformar estes maus momentos em oportunidade para espalhar as boas-novas, alguns dos guardas podem ter se tornado cristãos (4:22). O confinamento de Paulo não significava que o evangelho também estivesse confinado.

Como seguidores de Jesus, podemos permitir que a nossa dor seja uma plataforma para compartilhar o evangelho. Em nossas situações difíceis, encontremos uma abertura para compartilhar as boas-novas.
—MLW

A DOR PODE SER UMA PLATAFORMA PARA COMPARTILHAR SOBRE CRISTO.

31 de Julho

Leitura: ATOS 3:13-21

Verdades bíblicas:

Aplicação pessoal:

Pedidos de oração:

Respostas de oração:

COMUNICADO DE RECALL

Arrependei-vos […] para serem cancelados os vossos pecados.
—Atos 3:19

Em 2010, nos EUA, os fabricantes de automóveis fizeram *recall* de 20 milhões de carros, devido aos diversos defeitos. É alarmante a ideia de que haja um número grande assim de carros defeituosos nas ruas. Entretanto, a apatia de alguns proprietários é o elemento mais perturbador. Em um dos casos, o diretor-executivo do Centro de Segurança Automotiva alertou os proprietários: "É um conserto gratuito. Faça-o, pois poderá salvar sua vida." A despeito do risco, 30% nunca respondeu.

De maneira semelhante, muitos ignoram o comunicado divino de *recall* para a raça humana. Diferente do defeito em automóveis, o defeito moral da raça humana não é culpa do fabricante. Ele viu que tudo o que havia feito era "muito bom" (Gênesis 1:31), mas o pecado estragou tudo. A oferta de Deus para nós é "Arrependei-vos […] para serem cancelados os vossos pecados" (Atos 3:19).

Deus oferece consertar gratuitamente o coração humano, trocá-lo (Ezequiel 36:26; 2 Coríntios 5:17). Embora a oferta não nos custe nada (Efésios 2:8-9), custou a Deus a vida de Seu único Filho, Jesus Cristo. "…[Jesus carregou] ele mesmo em seu corpo, sobre o madeiro, os nossos pecados, para que nós, mortos para os pecados, vivamos para a justiça; por suas chagas, fostes sarados" (1 Pedro 2:24).

Não ignore o chamado do Senhor. Deus oferece, permanentemente, o remédio gratuito para o seu defeito espiritual e este salvará a sua vida! —CPH

PARA RECOMEÇAR, PEÇA A DEUS UM NOVO CORAÇÃO.

1 de Agosto

Leitura: ROMANOS 5:8-11

Verdades bíblicas:

Aplicação pessoal:

Pedidos de oração:

Respostas de oração:

MAS DEUS...

Mas Deus prova o seu próprio amor para conosco pelo fato de ter Cristo morrido por nós, sendo nós ainda pecadores.
—Romanos 5:8

Howard Sugden, meu pastor quando eu estava na faculdade, pregava sermões memoráveis. Após todos estes anos, um dos sermões intitulado "Mas Deus…" ainda me faz parar sempre que me deparo com essas palavras na Bíblia. Aqui estão alguns exemplos de versículos que me encorajam com o lembrete da justa intervenção de Deus em questões humanas:

"Vós, na verdade, intentastes o mal contra mim; [mas] porém Deus o tornou em bem, para […] que se conserve muita gente em vida" (Gênesis 50:20).

"…eles descem diretamente para a cova, onde a formosura se consome; […] Mas Deus remirá a minha alma do poder da morte…" (Salmo 49:14-15).

"Ainda que a minha carne e meu coração desfaleçam. [Mas] Deus é a fortaleza do meu coração e a minha herança para sempre" (Salmo 73:26).

"Dificilmente alguém morreria por um justo; pois poderá ser que pelo bom alguém se anime a morrer. Mas Deus prova o seu próprio amor para conosco, pelo fato de ter Cristo morrido por nós, sendo nós ainda pecadores" (Romanos 5:7-8).

"…nem olhos viram, nem ouvidos ouviram […] o que Deus tem preparado para aqueles que o amam. Mas Deus no-lo revelou pelo Espírito…" (1 Coríntios 2:9-10).

Sempre que você se sentir desencorajado, procure por alguns versículos com as palavras "mas Deus" e tenha novamente a garantia do envolvimento de Deus nas vidas daqueles que o amam. —JAL

O ENVOLVIMENTO DE DEUS EM NOSSAS VIDAS DEVERIA NOS REASSEGURAR DO SEU AMOR.

PRESTE ATENÇÃO

2 de Agosto

...Bendito seja aquele que te acolheu favoravelmente!...
—Rute 2:19

Leitura: RUTE 2:13-20

Enquanto estava em pé na fila do caixa, tentei estimar o valor de minha compra ao mesmo tempo em que evitava que meu filho saísse andando para longe. Mal percebi que a mulher à minha frente misturou-se aos outros em direção à saída deixando suas compras para trás. O balconista segredou-me que ela não tinha dinheiro suficiente para pagar a conta. Senti-me terrível; se eu simplesmente tivesse percebido antes, eu a teria ajudado.

Boaz percebeu o apuro de Rute quando a viu rebuscando nos campos (Rute 2:5). Ele soube que ela enviuvara recentemente e era quem ganhava o pão para si mesma e para a sogra. Boaz percebeu que Rute necessitava de proteção e alertou os seus segadores para deixarem-na em paz (v.9). Ele forneceu comida extra a esta mulher, instruindo seus trabalhadores a deixarem os grãos caírem de propósito (v.16). Boaz lidou inclusive com as necessidades emocionais de Rute, confortando-a (vv.11-12). Quando Noemi ouviu isso, disse: "...Bendito seja aquele que te acolheu favoravelmente!..." (v.19).

Você está ciente das necessidades das pessoas ao seu redor — em sua igreja, vizinhança ou até debaixo de seu teto? Pense hoje em como você pode aliviar o fardo de alguém. Só então você estará cumprindo o plano de Deus para você (Gálatas 6:2; Efésios 2:10). —JBS

Verdades bíblicas:

Aplicação pessoal:

Pedidos de oração:

Respostas de oração:

DEUS TRABALHA POR MEIO DE NÓS PARA SUPRIR AS NECESSIDADES DAQUELES AO NOSSO REDOR.

3 de Agosto

Leitura: TIAGO 2:14-26

Verdades bíblicas:

Aplicação pessoal:

Pedidos de oração:

Respostas de oração:

FÉ COM OBRAS

Assim, também a fé, se não tiver obras, por si só está morta.
—Tiago 2:17

Por causa de sua artrite, Rogério já não podia aguentar os invernos do estado de Illinois, EUA, e mudou-se para Bancoc, Tailândia. Certo dia, lembrou-se da canção favorita de sua avó, "O que você é": O que você é fala tão alto que o mundo não consegue ouvir o que você diz; todos olham para sua caminhada, sem ouvir o que você diz; julgam suas ações todos os dias.

Esta canção incitou Rogério a alimentar os desabrigados que ficavam a uns seiscentos metros da estrada. Todas as manhãs, ele servia refeições quentes para mais de 45 famílias. Anos mais tarde, uma das desabrigadas conheceu Jesus como Salvador e procurou Rogério para agradecê-lo por apresentá-la ao amor de Cristo.

No livro de Tiago, nos é dito claramente que a fé, sem obras, é morta (2:17). Não significa que as obras resultarão em fé, mas que as boas obras comprovarão que a nossa fé é verdadeira. É fácil dizer que acreditamos em Deus, mas apenas nossas obras podem provar a veracidade de nossas palavras. Abraão foi um exemplo deste fato. Ele não apenas falou sobre a sua fé, mas a demonstrou por sua disposição de abrir mão de seu único filho em obediência a Deus (Tiago 2:21-24; Gênesis 22:1-18). E Isaque foi poupado.

Hoje, como podemos demonstrar ativamente o nosso amor e confiança em Deus?
—AL

NÃO IMPORTA A FÉ E AS OBRAS; A QUESTÃO NÃO É FÉ OU OBRAS, É SOBRE A FÉ DEMONSTRADA EM OBRAS.

ESCOLHAS QUE MUDAM A VIDA

4 de Agosto

...não temas, porque eu sou contigo; não te assombres, porque eu sou o teu Deus...
—Isaías 41:10

Leitura: ISAÍAS 41:8-14

A decisão do atleta campeão Eric Liddell de não correr no domingo nos Jogos Olímpicos de 1924 não foi difícil, pois ele acreditava profundamente que o Dia do Senhor era para adoração e descanso.

Liddell enfrentara um dilema mais agonizante um ano antes, quando fora convidado para falar sobre sua fé em Cristo a um grupo de mineradores de carvão. E a respeito de seu conflito, ele disse: "Em toda a minha vida mantive-me longe das tarefas públicas, mas a orientação de Cristo desta vez foi em direção oposta, e eu me encolhi, não querendo ir adiante. Mas finalmente decidi colocar tudo em Cristo — afinal de contas, se Ele me chamou para fazê-lo, Ele teria que suprir o poder necessário. Ao ir adiante o poder me foi concedido."

No dia seguinte após concordar em compartilhar publicamente sua fé, Eric recebeu uma carta de sua irmã, Jenny, que estava na China. Escrita semanas antes, terminava com este versículo das Escrituras: "...não temas, porque eu sou contigo; não te assombres, porque eu sou o teu Deus; eu te fortaleço, e te ajudo, e te sustento com a minha destra fiel" (Isaías 41:10).

Todo chamado de Deus é uma oportunidade para dizermos "Sim", confiando na força dele e não em nossa própria. —DCM

Verdades bíblicas:

Aplicação pessoal:

Pedidos de oração:

Respostas de oração:

FIEL É O QUE VOS CHAMA, O QUAL TAMBÉM O FARÁ.
—2 TESSALONICENSES 5:24

5 de Agosto

Leitura: 1 João 1:1-10

Verdades bíblicas:

_____

Aplicação pessoal:

_____

Pedidos de oração:

_____

Respostas de oração:

_____

COMPLETAMENTE LIMPO

Se confessarmos os nossos pecados, ele é fiel e justo para nos perdoar os pecados e nos purificar de toda injustiça. —1 João 1:9

Certo amigo falou-me sobre o seu ano anterior — um ano em que passara por constante tratamento médico contra o câncer. O sorriso em seu rosto era um poderoso testemunho das boas notícias que acabara de receber. Disse-me que em seu *check-up* anual o médico tinha informado que todos os resultados dos testes indicavam a alternativa: "completamente limpo!" Que diferença duas palavras podem fazer! Para meu amigo, ouvi-las, significou que todo o rastro da doença que havia ameaçado sua vida meses antes tinha desaparecido de seu corpo. Alegramo-nos ao ouvir que ele estava completamente limpo!

O rei Davi, após sua falha moral com Bate-Seba, ansiava para que algo semelhante a isso acontecesse em seu coração. Esperando que as manchas de seu pecado fossem lavadas e desaparecessem, ele clamou: "Cria em mim, ó Deus, um coração puro e renova dentro de mim um espírito inabalável" (Salmo 51:10). Há uma maneira de lidar com os nossos pecados, e esta é boa notícia para ele e também a nós. Quando precisamos de limpeza, as palavras familiares de João trazem esperança: "Se confessarmos os nossos pecados, ele é fiel e justo para nos perdoar os pecados e nos purificar de toda injustiça" (1 João 1:9).

Não podemos limpar nossos próprios corações, apenas Deus pode fazê-lo. Se confessarmos nossos pecados, Ele promete nos deixar completamente limpos! —WEC

AO CONFESSARMOS NOSSOS PECADOS A DEUS, ELE SEMPRE NOS TORNA COMPLETAMENTE LIMPOS.

SEMPRE

*…estaremos para sempre com o Senhor.
Consolai-vos, pois,
uns aos outros com estas palavras.
—1 Tessalonicenses 4:17-18*

6 de Agosto

Leitura: 1 Tessalonicenses 4:13-18

Verdades bíblicas:

Aplicação pessoal:

Pedidos de oração:

Respostas de oração:

Amo as palavras sempre e nunca. São carregadas de esperança! Gostaria de pensar que poderia estar sempre feliz e que a vida nunca me decepcionaria. Mas a realidade diz que eu nem sempre serei feliz e aquilo que espero que nunca aconteça um dia poderá tornar-se realidade. Portanto, por melhores que soem essas palavras, elas lutam para corresponder ao seu potencial — a não ser que você esteja pensando na promessa da presença de Jesus.

Jesus disse a um grupo de discípulos atribulados que temiam enfrentar a vida sozinhos, "…estou convosco todos os dias…" (Mateus 28:20). O escritor do livro de Hebreus nos lembra do que Jesus disse, "…De maneira alguma te deixarei, nunca jamais te abandonarei. Assim, afirmemos confiantemente: O Senhor é o meu auxílio, não temerei…" (Hebreus 13:5-6). E o apóstolo Paulo garante aos cristãos que após a morte "…estaremos para sempre com o Senhor" (1 Tessalonicenses 4:17). Que encorajador!

Não importa o quanto sua jornada possa ser assustadora hoje ou o quanto nosso futuro possa parecer desesperançoso, a segurança de Sua presença infalível pode nos suprir coragem e consolo para que cheguemos ao fim. E o melhor de tudo, quando esta vida tão curta acabar, estaremos para sempre com Ele. Não é surpresa que Paulo nos encoraja: "Consolai-vos, pois, uns aos outros com estas palavras" (v.18). —JMS

**O NOSSO CONSOLO É A CONFIANÇA
QUE TEMOS NA PRESENÇA DE DEUS.**

7 de Agosto

Leitura: 1 Reis 8:22-30

Verdades bíblicas:

Aplicação pessoal:

Pedidos de oração:

Respostas de oração:

EXCLAMAÇÃO CELESTIAL!

Os céus proclamam a glória de Deus…
—Salmo 19:1

Em agosto de 2011 a NASA liberou uma imagem composta do telescópio Hubble que deixou as pessoas sorrindo. A imagem é do início de uma colisão entre duas galáxias. A colisão parece com um ponto de exclamação celestial (!). A última estatística que li diz que há aproximadamente 100 bilhões de galáxias observáveis no universo. Cada galáxia tem centenas de bilhões de estrelas e mais galáxias estão sendo descobertas.

Quando vi a imagem do ponto de exclamação no jornal, lembrei-me de nosso tremendo Criador. Os céus proclamam a Sua glória (Salmo 19:1), mas Ele é ainda maior que os céus que fez. Após Salomão ter construído um templo no qual a presença do Senhor pudesse habitar, ele orou: "Mas, de fato, habitaria Deus na terra? Eis que os céus e até o céu dos céus não te podem conter, quanto menos esta casa que eu edifiquei" (1 Reis 8:27). Ele sabia que se os céus não pudessem conter a presença de Deus, o templo que ele havia feito certamente não poderia contê-lo.

O Senhor é muito maior do que nossas mentes podem apreender. No entanto Ele tornou possível que o conhecêssemos por meio de Seu Filho Jesus, a quem enviou para viver nesta terra, morrer por nós e ser ressuscitado. Quando acreditamos nele, nossas vidas se unem aos céus, proclamando Sua glória! —AMC

**NA CRIAÇÃO VEMOS A MÃO DE DEUS
E NA REDENÇÃO VEMOS O SEU CORAÇÃO.**

GANHADORES E PERDEDORES

...por humildade, considerando cada um os outros superiores a si mesmo.
—Filipenses 2:3

8 de Agosto

Leitura: 1 Pedro 3:8-12

Quando o jogo da fase final do campeonato de futebol americano terminou e a equipe vencedora celebrou sua vitória, minha filha Lisa percebeu que sua filha de quatro anos estava chorando. Isto pareceu estranho, já que nenhum dos pais de Eliana se importava com quem havia vencido o jogo.

Quando Lisa perguntou à filha por que chorava, a menina disse: "Estou com pena de quem perdeu. Eles parecem tão tristes."

Podemos aprender algo sobre compaixão com uma criança pequena? Neste mundo em que ganhar é tão importante e no qual os perdedores são rejeitados, esquecidos e difamados, precisamos deste lembrete: as pessoas precisam de compaixão. Quando vemos outros lutando com uma perda, estamos dispostos a derramar lágrimas com eles, colocar nossos braços ao seu redor e oferecer ajuda?

Várias passagens das Escrituras nos desafiam a tratar outros com compaixão. O livro de Filipenses 2:1-3 nos diz para considerar os outros como superiores a nós, cuidarmos de seus interesses — não apenas dos nossos. O livro de 1 Pedro 3:8-12 lembra que a compaixão significa tratar os outros "como irmãos", e Colossenses 3:12-15 afirma que a misericórdia, a bondade e a humildade são marcas daqueles a quem Deus redimiu.

Olhe ao seu redor. Você vê alguém passando por uma perda difícil? Além de sentir empatia, alcance-os com a compaixão e o amor de Deus. —JDB

Verdades bíblicas:

Aplicação pessoal:

Pedidos de oração:

Respostas de oração:

NOSSA SENSIBILIDADE AO SOFRIMENTO DE OUTROS É UMA MANEIRA DE MENSURAR NOSSA SEMELHANÇA A CRISTO.

9 de Agosto

Leitura: Isaías 39:5–40:5

Verdades bíblicas:

Aplicação pessoal:

Pedidos de oração:

Respostas de oração:

CONSOLO NO CATIVEIRO

Consolai, consolai o meu povo...
—Isaías 40:1

Em dez de fevereiro de 1675, 50 famílias de colonos em Massachusetts, EUA, temiam possíveis invasões de indígenas nativo-americanos. Joseph Rowlandson, o ministro puritano do vilarejo, estava em Boston pleiteando proteção com o governo, enquanto Mary, sua esposa, ficou para trás com seus filhos. Ao nascer do sol, os colonos foram atacados. Após alguns colonos terem sido mortos, Mary e outros sobreviventes foram levados cativos.

Mary vivenciou bondade e crueldade por parte de seus captores. Os indígenas, cientes da natureza religiosa dos colonos, deram-lhe uma Bíblia que haviam confiscado. Mais tarde, ela escreveria em suas memórias sobre "a bondade de Deus em trazer às minhas mãos tantas Escrituras consoladoras e aplicáveis ao meu sofrimento". A Palavra de Deus era o seu grande consolo até ela ser resgatada pelos colonialistas em dois de maio.

Enquanto a nação de Judá esperava para ser levada em cativeiro por um poder estrangeiro (Isaías 39:5-7), o desespero de seu povo deve ter sido enorme. Mas mesmo nesta apavorante expectativa, as palavras de Deus trouxeram consolo: "...Boa é a palavra do Senhor que disseste..." (v.8).

Você já foi levado ao cativeiro por circunstâncias além do seu controle? Caso isso tenha acontecido, leia e medite na Palavra e experimente o consolo de Deus.
—HDF

A PALAVRA DE DEUS É A VERDADEIRA FONTE DE CONSOLO.

ELES ESTÃO ALERTAS

...brilhe também a vossa luz diante dos homens, para que vejam as vossas boas obras e glorifiquem a vosso Pai que está nos céus.
—Mateus 5:16

Uma equipe de jogadores de futebol profissional estava passando por uma temporada terrível, perdendo semana após semana. Um repórter perguntou a um dos jogadores de que maneira ele permanecia motivado para jogar e dar seu melhor ainda que sua equipe tivesse perdido a maioria dos jogos. Ele respondeu: "Meu pai está assistindo ao jogo. Minha mãe está assistindo ao jogo. Eu tenho mesmo que fazer o meu melhor!" Ele reconheceu que havia mais em jogo do que apenas ganhar ou perder. As pessoas estavam assistindo e esse fato sempre o motivou a dar o seu melhor.

Jesus nos lembrou dessa realidade nas primeiras porções de Seu Sermão da Montanha. Deveríamos viver reconhecendo que o que fazemos é observado por aqueles ao nosso redor — e a vida que vivemos demonstra quem é o nosso Deus. Ele disse: "Assim brilhe também a vossa luz diante dos homens, para que vejam as vossas boas obras e glorifiquem a vosso Pai que está nos céus" (Mateus 5:16). De que maneira brilha a luz de nossas vidas? Ela brilha ao trazer o coração e o caráter de Cristo para situações que nos envolvem todos os dias, ao demonstrar compaixão pelos marginalizados ou esquecidos, como Ele fez. Brilha também quando demonstramos preocupação com o nome do Pai e Sua reputação.

As pessoas estão nos observando. A pergunta é: o que elas veem? —WEC

10 de Agosto

Leitura: MATEUS 5:13-16

Verdades bíblicas:

Aplicação pessoal:

Pedidos de oração:

Respostas de oração:

DEIXE A SUA LUZ BRILHAR — SEJA VOCÊ UMA VELA NUM CANTO OU UM FAROL SOBRE UMA COLINA.

11 de Agosto

Leitura: Josué 3:1-11

Verdades bíblicas:

Aplicação pessoal:

Pedidos de oração:

Respostas de oração:

OLHOS PARA VER

A ti levanto as mãos; a minha alma anseia por ti, como terra sedenta.
—Salmo 143:6

Meu primeiro vislumbre da Terra Prometida de cima das colinas de Moabe foi decepcionante. "Era muito diferente quando os israelitas chegaram aqui?" perguntei à nossa guia, enquanto olhávamos para Jericó. Esperava um grande contraste em relação ao lado leste do Jordão. "Não," ela respondeu. "Tem a mesma aparência por milhares de anos."

Eu reformulei a pergunta. "O que os israelitas viram quando chegaram aqui?" "O maior oásis da face da terra", ela respondeu.

Então eu compreendi. Eu havia dirigido por todo o deserto árido no conforto de um ônibus com ar-condicionado cheio de garrafas de água gelada. Para mim, um oásis não era nada espetacular. Os israelitas tinham caminhado anos peregrinando em um deserto quente e seco. Para eles, o verde pálido estendido à visível distância significou água refrescante e provedora de vida. Eles estavam sedentos; eu revigorada. Eles estavam exaustos; eu estava descansada. Eles tinham peregrinado 40 anos para chegar lá; eu apenas quatro horas.

Como um oásis, a bondade de Deus é encontrada em lugares secos e difíceis. Com que frequência, me pergunto, falhamos em ver Sua bondade porque os nossos sentidos espirituais têm sido entorpecidos pelo conforto? Algumas vezes os dons de Deus são vistos mais claramente quando estamos cansados e sedentos. Que tenhamos sempre sede dele (Salmo 143:6).
—JAL

JESUS É A ÚNICA FONTE QUE PODE SATISFAZER A ALMA SEDENTA.

DÚVIDAS E FÉ

…Senhor meu e Deus meu!
—João 20:28

12 de Agosto

Leitura: João 20:24-31

Alguém que crê em Jesus e que ocasionalmente tem dúvidas em questões de fé pode efetivamente servir ao Senhor? Algumas pessoas pensam que os cristãos maduros e em crescimento nunca questionam suas crenças. Mas assim como temos experiências que podem edificar nossa fé, podemos também ter experiências que nos fazem duvidar temporariamente.

O discípulo Tomé em princípio teve dúvidas com relação aos relatos da ressurreição de Jesus. Ele disse: "…Se eu não vir nas suas mãos o sinal dos cravos […] de modo algum acreditarei" (João 20:25). Cristo não repreendeu Tomé, mas mostrou-lhe a prova que ele pedira. Maravilhado ao ver o Salvador ressurreto, Tomé exclamou: "…Senhor meu e Deus meu!" (20:28). Após este incidente, o Novo Testamento não menciona o que aconteceu com Tomé.

Algumas tradições da igreja primitiva, no entanto, declaram que Tomé foi à Índia como missionário. Diz-se que enquanto esteve lá, pregou o evangelho, realizou milagres e implantou igrejas. Algumas destas igrejas na Índia ainda têm congregações ativas que rastreiam sua fundação até Tomé.

Um momento de dúvida não precisa tornar-se um padrão de vida. Permita que Deus o guie a uma compreensão profunda de Sua realidade. Renove sua fé. Você ainda pode realizar grandes feitos para Ele.
—HDF

Verdades bíblicas:

Aplicação pessoal:

Pedidos de oração:

Respostas de oração:

APRENDA A DUVIDAR DE SUAS DÚVIDAS E ACREDITAR EM SUAS CRENÇAS.

13 de Agosto

Leitura: Efésios 2:14-18

Verdades bíblicas:

Aplicação pessoal:

Pedidos de oração:

Respostas de oração:

DERRUBE O MURO!

Justificados, pois, mediante a fé, temos paz com Deus por meio de nosso Senhor Jesus Cristo…
—Romanos 5:1-2

O Muro. Para os habitantes do leste da Alemanha há mais de 50 anos, estas duas palavras eram as únicas necessárias para descrever a barreira erigida em 13 de agosto de 1961. Essa data marcou o início da construção de uma barreira concreta que separava a Alemanha Ocidental da Oriental. Em certo momento, o muro tornou-se quase impenetrável — protegido por arame farpado e homens armados. Mas em 1989, o muro foi derrubado, removendo a barreira entre os países.

Outro muro também precisa ser removido — o muro entre a humanidade e Deus. Essa barreira foi construída no Jardim do Éden quando um homem e uma mulher cometeram o primeiro ato de rebelião contra Deus (Gênesis 3). E todos nós continuamos essa rebelião desde então! Você consegue visualizar esse muro impenetrável? O livro de Isaías 59:2 relata: "…as vossas iniquidades fazem separação entre vós e o vosso Deus…".

No entanto, a morte e a ressurreição de Jesus tornaram possível a reconciliação com Deus (2 Coríntios 5:17-21). Todos aqueles que aceitam o sacrifício de Cristo pelo pecado serão reconciliados com Deus e sua barreira de pecado será derrubada. A morte de Cristo também demoliu outros muros restritivos — entre judeus e gentios, escravos e livres, homens e mulheres (Gálatas 3:28).

Não permita que o seu "muro" da indecisão o impeça de aceitar o presente de Deus: a salvação. —CHK

BÍBLIA — REGISTRO DA RUÍNA DO HOMEM EM PECADO E REMÉDIO DE DEUS POR MEIO DE CRISTO. —BARNHOUSE

TUDO VALERÁ A PENA

Mas, agora, aspiram a uma pátria superior, isto é, celestial…
—Hebreus 11:16

14 de Agosto

Leitura: HEBREUS 11:8-16

Perguntávamo-nos por que uma amiga nossa viajava constantemente para a Tasmânia. Recentemente, ela nos convidou para irmos com ela. Saímos do aeroporto, passamos por uma ponte, pela cidade e subúrbios. Nada espetacular; e continuamos a viagem. Após algumas voltas que nos levaram lenta e diretamente até o topo, vimos o contorno da costa. Ainda assim, uma vista bem comum.

Mas ao subir a estradinha íngreme e chegar ao destino, o panorama espetacular da cidade ficou nítido. Até mesmo a ponte que passáramos e que parecera tão sombria, agora parecia belíssima! Agora sabíamos a razão de ela viajar para lá com frequência.

As vidas dos pioneiros da fé registradas no livro de Hebreus 11 tinham também suas "voltas difíceis" e situações "monótonas". Mas eles continuaram e não deram meia-volta. Qual era o destino? O céu, "…a cidade que tem fundamentos, da qual Deus é o arquiteto e edificador" (v.10).

Esther Kerr Rusthoi escreveu sobre a nossa jornada até o céu em seu hino "Valerá a pena":

"Valerá a pena, quando virmos Jesus;
As lutas da vida parecerão pequenas quando virmos Cristo;
Um vislumbre de Seu belo rosto apagará toda a dor;
Corra a corrida bravamente, até ver Cristo!"

Hoje, se sua vida está normal ou difícil, continue tentando. Ao fim da jornada, você verá o incrível lugar que Deus preparou para nós. E terá valido a pena! —CPH

Verdades bíblicas:

Aplicação pessoal:

Pedidos de oração:

Respostas de oração:

AS ALEGRIAS DO CÉU COMPENSARÃO AS DIFICULDADES DA TERRA.

15 de Agosto

Leitura: ATOS 20:16-24

Verdades bíblicas:

Aplicação pessoal:

Pedidos de oração:

Respostas de oração:

ESPERANÇAS E SONHOS

…contanto que complete a minha carreira e o ministério que recebi do Senhor Jesus para testemunhar o evangelho da graça de Deus.
—Atos 20:24

Em 1960, todos no Ensino Médio da escola que eu frequentava participaram do projeto TALENTO. Durante muitos dias, fizemos testes que avaliavam nossas aptidões em assuntos acadêmicos. Além disso, nos pediram para expressar nossos planos, esperanças e sonhos para o futuro. O que não sabíamos era que estávamos entre 400 mil participantes de 1.300 escolas no maior estudo feito com alunos do Ensino Médio que já havia sido conduzido nos Estados Unidos. Nenhum dos envolvidos no estudo poderia imaginar como nossas vidas mudariam.

O mesmo era verdade para Saulo de Tarso. Quando jovem, seu objetivo era destruir os seguidores de Jesus (Atos 7:58–8:3; Gálatas 1:13). Mas após sua conversão, ele se tornou o apóstolo Paulo, cuja missão era multiplicar esses mesmos seguidores. Enquanto viajava para Jerusalém, enfrentando a prisão e dificuldades, Paulo disse: "Porém em nada considero a vida preciosa para mim mesmo, contanto que complete a minha carreira e o ministério que recebi do Senhor Jesus para testemunhar o evangelho da graça de Deus" (Atos 20:24).

Quando nosso objetivo é honrar ao Senhor, Ele nos guia e guarda em cada passo do caminho. Independente de quais sejam nossas esperanças e sonhos, quando os colocamos nas mãos de Deus, sabemos que tudo, incluindo o revés ou o sucesso está sob Seu controle. —DCM

VIVA A VIDA CRISTÃ DA MESMA MANEIRA QUE A INICIOU — CONFIANDO EM CRISTO.

PLUGADO

Faz forte ao cansado e multiplica as forças ao que não tem nenhum vigor.
—Isaías 40:29

16 de Agosto

Leitura: Isaías 40:27-31

Recentemente, minha esposa estava trabalhando em casa em seu computador quando subitamente percebeu que a bateria de seu laptop estava fraca e o computador estava prestes a ser desligado. O aparelho, no entanto, estava plugado, logo não deveria estar utilizando a carga da bateria. Seguindo o cabo de energia até o cabo da extensão, ela finalmente percebeu que a tomada da extensão estava ligada em uma de suas entradas e não na tomada da parede! Ela olhou para mim e disse: "Podemos utilizar essa situação como reflexão para um devocional."

Quando ela disse isso, lembrei-me de uma passagem das Escrituras sobre o poder de Deus. Isaías identifica a verdadeira e infinita Fonte de força na qual devemos nos abastecer — "...o eterno Deus, o Senhor, o Criador dos fins da terra..." (v.28). Em seguida, ele fala àqueles cuja força está em declínio, encorajando-os a esperar no Senhor para renovar suas forças (vv.29-31).

Jesus referiu-se a nós como galhos habitando nele, que é a Videira (João 15:4-5). É um paralelo com a poderosa conclusão de Isaías (vv.31), que promete que, se estivermos plugados em Deus, correremos e não nos cansaremos, iremos caminhar e não nos cansar.

Quando nos encontramos fracos e angustiados, precisamos nos plugar na verdadeira Fonte de força e vida. —RKK

Verdades bíblicas:

Aplicação pessoal:

Pedidos de oração:

Respostas de oração:

O CRIADOR DO UNIVERSO NÃO CONHECE A FALTA DE FORÇA.

17 de Agosto

Leitura: Lucas 19:1-10

Verdades bíblicas:

Aplicação pessoal:

Pedidos de oração:

Respostas de oração:

BUSQUE E SALVE

Porque o Filho do Homem veio buscar e salvar o perdido.
—Lucas 19:10

Lachlan Macquarie, governador de um estado australiano, de 1810–21, tinha um jeito de fazer todos sentirem-se incluídos na nova colônia. Quando os "exclusivos" (colonos livres, servos civis e oficiais militares) baniram da sociedade os "libertos" (condenados que receberam o perdão condicional ou absoluto), o governador Macquire insistiu que eles fossem tratados como indivíduos de igual valor social.

Jesus demonstrou interesse por Zaqueu, um coletor de impostos banido em Jericó, e o incluiu entre os beneficiários do Seu plano de salvação (Lucas 19:1-10). Um homem marginalizado e odiado por sua profissão, Zaqueu estava desesperado para ver Jesus e subiu em uma árvore para vê-lo de relance. Quando Jesus passou por ali, viu o desejo de Zaqueu e pediu-lhe que descesse, pois ele tinha um compromisso divino em sua casa. Alguns reclamaram por Jesus estar investindo tempo com um pecador. Sua atenção amorosa transformou a vida de Zaqueu. Ele se arrependeu e ofereceu restituição àqueles a quem havia defraudado. A salvação chegara à sua casa.

A missão de Jesus era simples: Procurar diligentemente por pessoas perdidas, fosse qual fosse a classe social, e oferecer-lhes o plano de Deus para salvação. Como seguidores de Cristo, nós também temos esta mesma missão. —MLW

A MISSÃO DE CRISTO É A NOSSA MISSÃO.

VIVENDO EM COMUNIDADE

Não tenha cada um em vista o que é propriamente seu, senão também cada qual o que é dos outros.
—Filipenses 2:4

18 de Agosto

Leitura: FILIPENSES 2:1-11

O jogador de uma equipe americana de beisebol, Josh Hamilton, batalhou com problemas de vício em drogas e álcool. Quando sua equipe venceu a final em 2010, Hamilton ficou preocupado com a celebração após o jogo. E admitiu não ser bom para um alcoólatra estar no meio de uma "tempestade" de champagne. Mas algo belo aconteceu. Em vez de champagne, seus colegas de equipe armazenaram refrigerante no vestiário para que Hamilton pudesse ser incluído na celebração. Que grande imagem de comunidade e de como colocar as necessidades de outros acima da sua própria!

Foi o que Paulo quis dizer quando ordenou aos filipenses que considerassem os outros superiores a si mesmos (2:3-4). O fato de estarem unidos a Cristo tornou os cristãos filipenses membros da mesma família, e deu-lhes uma ligação especial. Deste modo, a atitude de uns com os outros deveria ser expressa de modo prático: unidade em amor, serviço sacrificial: descobrir como ajudar os outros mesmo quando estes não percebiam que precisavam de ajuda. O exemplo de Jesus Cristo é a motivação para este comportamento cristão.

Assim como os colegas de Hamilton, carreguemos também os fardos uns dos outros. Quando, de modo altruísta, amamos nosso próximo, estamos expressando o nosso amor a Deus. —MLW

Verdades bíblicas:

Aplicação pessoal:

Pedidos de oração:

Respostas de oração:

AS BOAS OBRAS DEMONSTRAM O AMOR À SEMELHANÇA DE CRISTO.

19 de Agosto

Leitura: S<small>ALMO</small> 88

Verdades bíblicas:

Aplicação pessoal:

Pedidos de oração:

Respostas de oração:

A HONESTIDADE DE HEMÃ

Pois a minha alma está farta de males…
—Salmo 88:3

Fico maravilhado com Hemã, o poeta que escreveu o Salmo 88. Seu destino na vida era agonia sem consolo. "Pois a minha alma está farta de males…", ele lamentou (v.3). Ele estava exausto pelo sofrimento!

Hemã olhou para trás e lembrou-se da saúde fraca e do infortúnio, olhou ao redor e viu adversidade e abandono, olhou para cima e não encontrou consolo. "Ando aflito…", ele reclamou (v.15). Ele estava "à deriva" (v.5), "na escuridão" (v.6), "afligido" (vv.7,15), e "rejeitado" (v.14). Não conseguia ver luz no fim do túnel, nenhuma solução para sua tristeza.

A honestidade de Hemã aquece a minha alma. Cristãos que nunca lutam me confundem. Claro, há um equilíbrio: ninguém quer estar perto daqueles que tagarelam o dia todo sobre seus problemas, mas faz bem ao meu coração saber que alguém mais tem sofrido.

No entanto, há mais em Hemã do que mera franqueza. Ele também tinha uma fé teimosa e intratável. Apesar de seus muitos problemas, agarrou-se a Deus e clamou a Ele "dia e noite" (vv.1,9,13). Não parou de orar, não desistiu. E apesar de não sentir naquele momento, Hemã reconheceu a bondade, a fidelidade e a justiça de Deus (vv.11-12).

Gosto de pessoas como Hemã. Elas fortalecem minha ligação com Deus e me lembram de nunca deixar de orar. —DHR

A ORAÇÃO É O SOLO MAIS APROPRIADO PARA O CRESCIMENTO DA ESPERANÇA.

SEM RECOMPENSA

20 de Agosto

…teu Pai, que vê em secreto, te recompensará.
—Mateus 6:18

Leitura: MATEUS 6:1-4,19-21

A maioria de nós espera que amigos e colegas nos recompensem: um tapinha nas costas, uma medalha de herói, aplausos, um elogio sincero. Mas de acordo com Jesus, a recompensa mais importante nos aguarda após a morte. Possivelmente, os atos mais significativos de um ser humano permaneçam em segredo, vistos por ninguém além de Deus. Resumindo, a mensagem do reino é esta: Viva para Deus e para ninguém mais.

Como Jesus explicou, estamos acumulando algo como uma poupança, guardando "tesouros no céu" (Mateus 6:20) e não na terra — tesouros tão grandes que compensarão qualquer quantia de sofrimento. O Antigo Testamento deixou algumas dicas escassas sobre um pós-vida, mas Jesus falou claramente sobre um lugar onde "…os justos resplandecerão como o sol, no reino de seu Pai…." (Mateus 13:43).

Em sua busca por um reino, os judeus da época de Jesus haviam procurado sinais da aprovação de Deus nesta vida, principalmente por meio de prosperidade e poder político. Começando com este discurso, Jesus mudou o enfoque para a vida que está por vir (cap.6). Ele abriu mão do sucesso neste mundo visível. Invista na vida futura, Ele nos alertou. Afinal de contas, a ferrugem, o ladrão, ou um inseto simplório podem destruir todo o resto que acumularmos (v.20). —PY

Verdades bíblicas:

Aplicação pessoal:

Pedidos de oração:

Respostas de oração:

**A RECOMPENSA NA ETERNIDADE
NÃO DEPENDE DE RECONHECIMENTO NESTA VIDA.**

21 de Agosto

Leitura: 1 Reis 19:19-21

Verdades bíblicas:

Aplicação pessoal:

Pedidos de oração:

Respostas de oração:

AFIANDO UNS AOS OUTROS

Como o ferro com o ferro se afia, assim, o homem, ao seu amigo.
—Provérbios 27:17

As redes sociais na internet estão em ascensão. Mesmo quando separadas por grandes distâncias, as pessoas ainda conseguem obter bons conselhos e ouvidos dispostos para ouvir as pessoas *on-line*. *Blogs*, *Twitter*, *e-mail*, e *links* da rede são mais um recurso para recebermos e darmos aconselhamento espiritual.

Mas também é valioso encontrar-se pessoalmente com cristãos maduros para aconselhamento. "Voltou Eliseu de seguir a Elias..." (1 Reis 19:21), e Paulo mentoreou Timóteo como "...verdadeiro filho na fé..." (1 Timóteo 1:2). Ele inclusive admoestou Timóteo a estabelecer uma corrente de conselheiros experientes, a qual multiplicaria o crescimento espiritual (2 Timóteo 2:2). Moisés exortou os pais a ensinarem seus filhos por todo o dia: "...assentado em tua casa, e andando pelo caminho, e ao deitar-te, e ao levantar-te" (Deuteronômio 6:7). O Maior Mestre, o próprio Cristo, ilustrou como se deve mentorear: "...designou doze para estarem com ele e para os enviar..." (Marcos 3:14).

Nestas passagens vemos o valor de nos encontrarmos pessoalmente em ambientes diferentes para que possamos nos estimular uns aos outros espiritualmente (Provérbios 27:17). Ao longo da jornada da vida, há momentos em que um sábio conselheiro pode nos beneficiar, ou podemos ajudar àquele que quer prosseguir.
—HDF

PRECISAMOS UNS DOS OUTROS PARA CHEGAR ONDE DEUS DESEJA.

A TEORIA DO TUDO

...pois, nele, foram criadas todas as coisas, nos céus e sobre a terra, as visíveis e as invisíveis...
—Colossenses 1:16

22 de Agosto

Leitura: JOÃO 1:1-13

Os cientistas têm procurado pela "Teoria do Tudo." O físico Brian Greene, autor do livro *O Universo Elegante: Supercordas, Dimensões Ocultas, e a Busca pela Teoria Final* acha que a encontrou. A teoria de Greene "teoria das cordas" é um conceito complicado que sugere que tudo, em seu menor nível, consiste de combinações de fios ou cordas vibrantes. Ele descreveu sua teoria como "uma estrutura com a capacidade de explicar cada característica fundamental sobre a qual o mundo é construído".

Com o passar dos anos, pensadores desde Newton, Einstein, Hawking e Greene investiram grande parte de suas vidas tentando compreender como o universo funciona — e propuseram teorias fascinantes.

Na verdade, para que qualquer teoria explique de maneira adequada tudo no universo, deve começar e terminar com Deus. Pois "...todas as coisas [...] visíveis e as invisíveis..." (Colossenses 1:16) têm sua origem nele e existem para a Sua glória (Salmo 72:19). Os primeiros versículos do evangelho de João nos dizem que nosso Senhor criou o universo — e que sem a Sua mão de criação nada existiria.

Por essa razão, quando consideramos o mundo e tudo o que nele há, podemos exclamar com Isaías: "...toda a terra está cheia da sua glória" (6:3). Louve o Seu santo nome! —DCE

Verdades bíblicas:

Aplicação pessoal:

Pedidos de oração:

Respostas de oração:

TODA A CRIAÇÃO É UM DEDO ESTENDIDO APONTANDO EM DIREÇÃO A DEUS.

23 de Agosto

Leitura: HEBREUS 12:3-11

Verdades bíblicas:

Aplicação pessoal:

Pedidos de oração:

Respostas de oração:

UM DESENHO DELE

…porque o Senhor corrige a quem ama…
—Hebreus 12:6

Certo dia, meu filho abriu uma caneta marca-texto de cor laranja e fez um desenho de seu pai. Com jeito infantil destacou os olhos, um nariz e uma boca, todos dentro de um círculo sobre duas longas varetas (ele me informou que aquilo eram as pernas). Embora meu filhinho tivesse ganhado muitos pontos pelo esforço, seu desenho não capturara bem as especificidades que teriam criado uma semelhança mais próxima à aparência de meu marido: olhos azuis, um sorriso confiante e cabelos com mechas grisalhas.

Como filhos de Deus, algumas vezes criamos imagens de nosso Pai celestial que não são precisas. Podemos ver Deus como alguém severo quando Ele corrige os padrões pecaminosos em nossas vidas. E porque a disciplina é dolorosa (Hebreus 12:11), podemos presumir que a correção de Deus é uma forma de vingança divina ou o resultado de Sua ira. Na verdade, é uma prova do Seu amor por nós. A Bíblia diz: "…porque o Senhor corrige a quem ama…" (v.6). Ele nos disciplina para nosso benefício, "…a fim de sermos participantes da sua santidade" (v.10) e experimentarmos a paz que resulta de um viver correto (v.11).

Hoje, se você está enfrentando a disciplina de Deus, lembre-se de que Ele não está olhando você lá de cima com desgosto ou sacudindo Seu punho vingativo. Imagine-o como um Pai interessado, corrigindo Seu filho, em quem se deleita, com amor (Provérbios 3:12). —JBS

**A MÃO DE DISCIPLINA DE DEUS
É UMA MÃO DE AMOR.**

NEGÓCIO ARRISCADO

24 de Agosto

*Pois quem quiser salvar a sua vida perdê-la-á;
quem perder a vida
por minha causa, esse a salvará.*
—Lucas 9:24

Leitura: LUCAS 9:18-27

Conforme a crise financeira mundial se aprofundou em 2010, os executivos de um banco de abrangência mundial foram investigados por enganar seus clientes com relação ao risco envolvido em certos investimentos que estavam vendendo. Apesar de prometerem uma alta taxa de retorno, a empresa sabia que os investimentos estavam destinados ao fracasso, deixando aqueles que os compraram com as mãos vazias.

A decepção não é novidade. Jesus descreveu Satanás como aquele que "…jamais se firmou na verdade, porque nele não há verdade […] porque é mentiroso e pai da mentira" (João 8:44). O inimigo de nossas almas nos diz: "Viva apenas o presente", quando sabe que o resultado será perda eterna.

Jesus, por outro lado, não ofereceu a Seus discípulos uma vida de prosperidade e desimpedimento, mas os chamou para o autossacrifício e identificação com Ele. Após dizer-lhes que seria morto e ressurreto, Jesus afirmou: "…Se alguém quer vir após mim, a si mesmo se negue, dia a dia tome a sua cruz e siga-me. Pois quem quiser salvar a sua vida perdê-la-á; quem perder a vida por minha causa, esse a salvará" (Lucas 9:23-24).

Há duas vozes nos dizendo onde investir nossas vidas. É um negócio arriscado seguir a voz errada. —DCM

Verdades bíblicas:

Aplicação pessoal:

Pedidos de oração:

Respostas de oração:

**SE NOS APEGARMOS ÀS VERDADES DE DEUS,
NÃO SEREMOS ENGANADOS PELAS MENTIRAS DE SATANÁS.**

25 de Agosto

Leitura: SALMO 121

Verdades bíblicas:

Aplicação pessoal:

Pedidos de oração:

Respostas de oração:

SEM SONO NO CÉU

…não dormitará aquele que te guarda.
—Salmo 121:3

Um dos aspectos mais perigosos da aviação é a aterrissagem. Quanto mais próxima a aeronave está para pousar, mais congestionado é o tráfego aéreo, o clima em solo pode ser muito pior do que a nove mil metros, e as pistas de pouso podem estar congestionadas. Deste modo, os pilotos confiam nos controladores de voo para coordenarem todos os detalhes, para que todos os aviões possam aterrissar sem qualquer incidente. Sem o controlador de voo, o caos seria certo.

Imagine, então, o pânico quando o piloto de um avião comercial cheio de passageiros contatou a torre e não recebeu resposta. Finalmente, foi descoberto que o controlador de voo estava a postos, mas dormindo, colocando o piloto, os passageiros e o avião em grande perigo. A notícia boa é que o avião pousou em segurança.

Notícia ainda melhor é o fato de que Deus, o principal controlador de voo, nunca dorme ou dormita. Do Seu ponto de vista celestial, Ele sabe tudo o que está acontecendo em sua vida e ao seu redor. Como o salmista destacou: "O meu socorro vem do Senhor, que fez o céu e a terra. Ele não permitirá que os teus pés vacilem; não dormitará aquele que te guarda" (121:2-3).

Você pode contar com isso — Deus conhece os perigos iminentes e incansavelmente direcionará o tráfego de sua vida pensando no seu bem e para a Sua glória (Romanos 8:28). —JMS

PODEMOS ESTAR EM PAZ PORQUE DEUS NUNCA DORME.

PROIBIDO

26 de Agosto

...Deus amou ao mundo de tal maneira que deu o seu Filho unigênito, para que todo o que nele crê não pereça, mas tenha a vida eterna.
—João 3:16

Leitura: ROMANOS 5:1-8

Verdades bíblicas:

Aos 12 anos, eu tinha curiosidade sobre a Bíblia que meu pai recebera ao se aposentar da fábrica de papel. Estava em uma caixa especial de cedro escrita *A Bíblia Sagrada* e presumi que "sagrada" significava proibida para mim. Mas ainda assim espiei em seu interior. No meio da Bíblia tinha uma figura de Jesus pendurado na cruz, junto das palavras de João 3:16. Continha também um papel-filme transparente de cor vermelha cobrindo a página, que significava segundo o que pude presumir que Ele havia sangrado e morrido.

Ocasionalmente, quando ninguém olhava, eu gentilmente puxava a Bíblia Sagrada da prateleira, abria a caixa, olhava para a figura de Jesus na cruz, lia o versículo e pensava neste Homem e por que Ele havia morrido. Perguntava-me se Seu amor era para mim ou se também era proibido.

Aplicação pessoal:

Anos mais tarde, ouvi uma mensagem sobre como Deus tinha providenciado o acesso ao Seu amor por meio de Jesus. O livro de Romanos 5:1-2 nos diz: "...temos paz com Deus por meio de nosso Senhor Jesus Cristo; por intermédio de quem obtivemos igualmente acesso, pela fé, a esta graça na qual estamos firmes...". Eu acreditei e recebi de Jesus a salvação dos meus pecados.

Pedidos de oração:

Você não se sente agradecido pelo fato de a Bíblia e o amor de Deus não serem proibidos? Receba o Seu perdão, pois ele é disponível para pessoas como você e eu — sem antidade. —AMC

Respostas de oração:

A BÍBLIA É A CARTA DE AMOR DE DEUS PARA NÓS.

27 de Agosto

Leitura: HEBREUS 4:9-16

Verdades bíblicas:

Aplicação pessoal:

Pedidos de oração:

Respostas de oração:

NOVA ROTINA

Porque não temos sumo sacerdote que não possa compadecer-se das nossas fraquezas; antes, foi ele tentado [...], mas sem pecado.
—Hebreus 4:15

Um pastor, treinado em aconselhamento direcionado a traumas e luto, comentou que o maior desafio para as pessoas que sofrem, geralmente, não é a dor imediata à perda. O grande problema é ajustar-se ao tipo de vida diferente em seguida. O que era normal pode nunca mais sê-lo. Portanto, o desafio para aqueles que oferecem ajuda é dar assistência àqueles que sofrem, conforme se adaptam à "nova rotina." Pode ser uma rotina que já não inclui mais a saúde forte, um relacionamento importante ou um emprego gratificante. Pode ser viver sem alguém amado, levado pela morte. A gravidade de tais perdas nos força a viver um tipo de vida diferente — independentemente de quão indesejada possa ser.

Quando a nossa "nova rotina" surgir, é fácil pensar que ninguém entende como nos sentimos. Mas isto não é verdade. Parte da razão por Jesus ter vindo era experimentar a vida entre nós, resultando em Seu ministério atual: "Porque não temos sumo sacerdote que não possa compadecer-se das nossas fraquezas; antes, foi ele tentado em todas as coisas, à nossa semelhança, mas sem pecado" (Hebreus 4:15).

Nosso Salvador viveu uma vida perfeita, no entanto Ele também conheceu as dores de um mundo caído. Ele suportou tristeza, sofreu agonia. E Jesus está pronto para nos encorajar quando os momentos escuros da vida nos forçam a adotar uma nova rotina. —WEC

EM NOSSOS TRISTES DESERTOS, JESUS PODE PROVER UM OÁSIS DE ESPERANÇA.

SIRVA COM ALEGRIA

Servi ao Senhor com alegria…
—Salmo 100:2

28 de Agosto

Leitura: SALMO 100

Verdades bíblicas:

Aplicação pessoal:

Pedidos de oração:

Respostas de oração:

Há nove anos, um bom amigo saiu para uma corrida no horário do almoço e nunca mais voltou. Kurt De Haan era o editor-chefe do *Nosso Andar Diário* e morreu de um ataque cardíaco naquela quinta-feira ensolarada. Alguns de nós que trabalhávamos com Kurt ainda guardamos lembranças dele em nossos escritórios.

Por exemplo, em uma das minhas paredes, coloquei o último memorando que recebi de Kurt. Isto me lembra de sua meticulosidade como editor — esforçando-se ao máximo para apresentar a Palavra de Deus de maneira exata e bem feita. Outra colega deixa à mostra a última bola de papel que Kurt jogou em sua direção, lembrando-a de sua avidez por aproveitar a vida.

Cada vez que falamos sobre Kurt e do quanto sentimos sua falta, falamos sobre a combinação da busca por excelência misturada a uma personalidade agradável. Ele trabalhou muito e aproveitou a vida. Ele empenhou-se para ensinar a Palavra de Deus com integridade enquanto vivia sua vida com alegria.

Lembrar Kurt e seu exemplo é revigorante e desafiador. Lembra-nos de que outros estão nos observando e que podem dizer se estamos servindo "ao Senhor com alegria…" (Salmo 100:2), e se nosso amor por Jesus é demonstrado por meio de nossas boas obras (Efésios 2:10). Sirva bem. Sirva com alegria. Servir com alegria descreve a maneira que servimos o Salvador?
—JDB

**PARA TER ALEGRIA DURADOURA,
COLOQUE CRISTO SEMPRE EM PRIMEIRO LUGAR.**

29 de Agosto

Leitura: João 6:25-29

Verdades bíblicas:

Aplicação pessoal:

Pedidos de oração:

Respostas de oração:

ATÉ ESTAR SATISFEITO

...Eu sou o pão da vida; o que vem a mim jamais terá fome; e o que crê em mim jamais terá sede.
—João 6:35

Um amigo que mora em Singapura contou-me sobre um antigo cumprimento chinês. Em vez de: "Como você está?" as pessoas perguntam: "Você comeu até sentir-se satisfeito?" Este cumprimento provavelmente originou-se em uma época em que a comida era escassa e muitas pessoas não sabiam quando fariam sua próxima refeição. Quando havia comida, era aconselhável comer até ficar completamente satisfeito.

Após Jesus alimentar miraculosamente cinco mil pessoas com cinco pães e dois peixinhos (João 6:1-13), a multidão o seguiu querendo mais (vv.24-26). O Senhor lhes disse que não trabalhassem pela comida física que se estraga, mas "...pela que subsiste para a vida eterna, a qual o Filho do Homem vos dará [...] Eu sou o pão da vida; o que vem a mim jamais terá fome; e o que crê em mim jamais terá sede" (vv.27,35).

Como seguidores de Jesus, devemos ajudar aqueles que têm falta de nutrição física adequada. E por meio disso podemos compartilhar as boas-novas de que a nossa fome por paz interior, perdão e esperança pode ser satisfeita ao conhecermos Cristo o Senhor.

Jesus Cristo, o pão da vida, nos convida para vir até Ele para o Seu banquete feito para a alma, nos incitando a comer até nos sentirmos totalmente plenos. —DCM

HÁ UM ANSEIO EM TODOS OS CORAÇÕES QUE APENAS JESUS PODE SATISFAZER.

GARIMPANDO OURO

...o valor da vossa fé, muito mais preciosa do que o ouro...
—1 Pedro 1:7

30 de Agosto

Leitura: LUCAS 18:18-30

Enquanto passávamos férias no Alasca, visitamos a mina de ouro El Dorado. Após um passeio e demonstrações de técnicas de mineração utilizadas na época da Corrida do Ouro, pudemos garimpar um pouco de ouro. Cada pessoa recebeu um recipiente e um saco de terra e pedras. Após colocar o conteúdo no recipiente, adicionamos água de uma vasilha e remexemos para agitar a mistura e permitir que o ouro, que é pesado, afundasse. Apesar de termos observado os profissionais, tivemos pouco progresso. Por que razão? Preocupados em descartar algo de valor, não queríamos desperdiçar pedras sem valor.

Isto me lembrou de como os bens, às vezes, nos impedem de encontrar o que realmente é valioso. Jesus teve um encontro com um homem rico para quem isto foi verdade. Sua riqueza terrena lhe era mais importante do que o tesouro espiritual (Lucas 18:18-30). Jesus disse: "...Quão dificilmente entrarão no reino de Deus os que têm riquezas!" (v.24).

Muito embora o dinheiro não seja mau, pode nos impedir de herdar riquezas verdadeiras se o objetivo de nossas vidas for acumular. Amontoar riquezas é tolice, pois é a fé genuína, e não o ouro, que nos sustentará nas provações e resultará em louvor, honra e glória a Deus (1 Pedro 1:7).
—JAL

Verdades bíblicas:

Aplicação pessoal:

Pedidos de oração:

Respostas de oração:

MANTENHA SEUS OLHOS EM JESUS PARA QUE RIQUEZAS TERRENAS NÃO CEGUEM SEUS OLHOS PARA AS RIQUEZAS ESPIRITUAIS.

31 de Agosto

Leitura: GÁLATAS 1:11-24

Verdades bíblicas:

Aplicação pessoal:

Pedidos de oração:

Respostas de oração:

REVIRAVOLTA

…Aquele que, antes, nos perseguia, agora, prega a fé que, outrora, procurava destruir.
—Gálatas 1:23

Guilherme era um amigo no seminário que, ao vir a Cristo, abriu mão de um estilo de vida evidentemente pecaminoso. Ele descreveu assim sua experiência: "dirigia rua abaixo, bebendo uma garrafa de conhaque com a esposa de outro homem ao meu lado. Ao ver alguns cristãos na calçada testemunhando sobre Cristo, passei com o carro e gritei: 'Otários!' Todavia, algumas semanas depois ajoelhei-me em uma igreja pedindo a Cristo que se tornasse meu Salvador e Senhor." O resultado da conversão de Guilherme foi sua desistência dos velhos dias e uma experiência de nova vida em Cristo. Foi uma reviravolta que transformou sua vida.

O verdadeiro arrependimento, que é iniciado pelo Espírito Santo, inclui uma reviravolta genuína. Frequentemente vemos que quanto maior é a oposição ao evangelho antes da conversão, mais maravilhosa é a mudança de direção que ocorre depois. Quando Saulo de Tarso encontrou Jesus na estrada para Damasco, ele foi transformado de um perseguidor para um pregador do evangelho. Sobre isto, muitos observaram: "…Aquele que, antes, nos perseguia, agora, prega a fé que, outrora, procurava destruir" (Gálatas 1:23).

A conversão autêntica inclui arrependimento, que é uma mudança da mente e de direção. Para o seguidor de Cristo o arrependimento significa continuar voltando-se contra o pecado e para Cristo em obediência. —HDF

ARREPENDIMENTO É SENTIR TANTO POR TER PECADO A PONTO DE SE DISPOR A ABRIR MÃO DESSA PRÁTICA.

1 de Setembro

Leitura: ROMANOS 15:5-13

Verdades bíblicas:

Aplicação pessoal:

Pedidos de oração:

Respostas de oração:

UM CORO ÚNICO

…para que concordemente e a uma voz glorifiqueis ao Deus e Pai de nosso Senhor Jesus Cristo.
—Romanos 15:6

Quando Mitch Miller morreu, em julho de 2010, muitos se lembraram dele como o homem que convidava todos a cantar junto com ele. Em seu popular programa de TV dos anos 60 do século 20, *Cante Com Mitch*, um coral formado somente por homens cantava músicas de sucesso enquanto a letra aparecia na tela para que os espectadores pudessem participar. Um obituário no jornal mencionou que Miller acreditava que um dos motivos para o sucesso do programa era o encanto exercido pelo coral: "Sempre fiz questão de contratar cantores altos, baixos, carecas, redondos, gordos, qualquer um — pessoas comuns." Dessa diversidade unificada vinha uma bela música, da qual todos eram convidados a participar.

No livro de Romanos 15, Paulo apelou para que houvesse unidade entre os cristãos —"…para que concordemente e a uma voz glorifiqueis ao Deus e Pai de nosso Senhor Jesus Cristo" (v.6). Com base em passagens do Antigo Testamento, ele falou sobre os gentios e judeus juntos cantando louvores a Deus (vv.9-12). Uma unidade considerada impossível se tornou realidade à medida que pessoas que estavam profundamente divididas começaram a agradecer juntas a Deus por Sua misericórdia demonstrada em Cristo. Como eles, nós somos preenchidos com alegria, paz e esperança "pelo poder do Espírito Santo" (v.13).

Pertencemos a um "coral" especial, e que privilégio cantarmos juntos! —DCM

A UNIDADE ENTRE OS CRISTÃOS PROVÉM DA NOSSA UNIÃO COM CRISTO.

COMUNICAÇÃO DE DUAS VIAS

... os teus testemunhos são o meu prazer, são os meus conselheiros.
—Salmo 119:24

2 de Setembro

Leitura: SALMO 119:17-24

Você já ficou preso numa conversação com alguém que só fala sobre si mesmo? Para ser educado, você inicia um diálogo fazendo perguntas. A outra pessoa começa a falar interminavelmente sobre si mesma e nunca lhe pergunta alguma coisa. É tudo sobre essa pessoa — e nada sobre você.

Imagine como deve ser, para nosso Pai celestial, ouvir nossas orações durante nosso tempo devocional. Podemos ter lido uma parte da Sua Palavra, mas depois, em oração, rapidamente mudamos o enfoque exclusivamente para as nossas necessidades. Pedimos ajuda para solucionar um problema, prover uma necessidade financeira ou curar uma doença física. Mas, a passagem que acabamos de ler nem sequer entra em nossas orações. O que Deus acabou de nos dizer passa grandemente em branco.

Aparentemente, o escritor do Salmo 119 não teve essa perspectiva. Ao contrário, ele procurou a ajuda de Deus para compreender a Palavra: "Desvenda os meus olhos", disse ele, "...para que eu contemple as maravilhas da tua lei" (v.18). E, à medida que orava, ele expressava o quanto considerava valiosa a Palavra de Deus, chamando-a seu "prazer" (v.24).

Desenvolvamos a disciplina de orar exaltando a Palavra. Isso poderá transformar nosso tempo devocional. A leitura da Bíblia e a oração devem refletir uma comunicação de duas vias. —HDF

Verdades bíblicas:

Aplicação pessoal:

Pedidos de oração:

Respostas de oração:

OUÇA A PALAVRA DE DEUS E, ENTÃO, ORE SOBRE O QUE VOCÊ OUVIU.

3 de Setembro

Leitura: EFÉSIOS 6:5-9

Verdades bíblicas:

Aplicação pessoal:

Pedidos de oração:

Respostas de oração:

POR QUE TRABALHAMOS

…não servindo à vista, como para agradar a homens, mas como servos de Cristo, fazendo, de coração, a vontade de Deus…
—Efésios 6:6

No final dos anos 60 do século 20, Sir Christopher Wren recebeu a tarefa de projetar novamente a Catedral de São Paulo, em Londres. Conta a lenda que, certo dia, ele visitou o canteiro de obras desse grande edifício e não foi reconhecido pelos trabalhadores. Wren andou pelo local, perguntando a vários deles o que estavam fazendo. Um trabalhador respondeu: "Estou cortando um pedaço de pedra." Um segundo trabalhador respondeu: "Estou ganhando o salário do dia. Um terceiro, entretanto, teve uma perspectiva diferente: "Estou ajudando Christopher Wren a edificar uma catedral magnífica para a glória de Deus." Que contraste na atitude e motivação desse trabalhador!

Por que fazemos o que fazemos é extremamente importante, particularmente quando isso diz respeito às nossas vidas profissionais e carreiras. Esse é o motivo pelo qual Paulo desafiou os Efésios a fazerem seu trabalho "…não servindo à vista, como para agradar a homens, mas como servos de Cristo, fazendo, de coração, a vontade de Deus; servindo de boa vontade, como ao Senhor e não como a homens" (Efésios 6:6-7).

Se fizermos nosso trabalho meramente para ganhar um salário ou satisfazer um supervisor, ficaremos aquém da mais alta motivação — fazer nosso melhor como evidência de nossa devoção a Deus. Assim, por que trabalhamos? Como aquele trabalhador disse a Wren, trabalhamos "para a glória de Deus". —WEC

NÃO IMPORTA QUEM ASSINA SEU CONTRACHEQUE; VOCÊ ESTÁ, NA VERDADE, TRABALHANDO PARA DEUS.

BEM PREPARADO

Por isso, ficai também vós apercebidos; porque, à hora em que não cuidais, o Filho do Homem virá. —Mateus 24:44

4 de Setembro

Leitura: EFÉSIOS 6:10-20

A ideia de estar sempre preparado faz-me lembrar do vizinho da casa ao lado da nossa quando eu estava crescendo. Quando o Sr. Nienhuis voltava para casa, ele sempre colocava seu carro na garagem de marcha a ré. Isso me pareceu incomum até minha mãe explicar-me que ele era um bombeiro voluntário. Se recebesse um chamado, tinha de estar pronto para correr para o quartel dos bombeiros. Ele entrava de marcha à ré porque, assim, podia sair rapidamente quando tivesse de apresentar-se para o serviço.

Estar bem preparado é importante em grande parte da vida. "Se eu tivesse oito horas para derrubar uma árvore, gastaria seis afiando o meu machado", disse Abraham Lincoln. Nós nos preparamos para uma carreira estudando. Compramos seguro para o caso de um acidente de carro ou incêndio na casa. Até nos preparamos para o final da vida fazendo um testamento para deixar os bens aos entes queridos.

A Bíblia nos diz que também precisamos nos preparar *espiritualmente*. Fazemos isso nos protegendo de ataques espirituais; revestindo-nos com uma armadura espiritual (Efésios 6:10-20); preparando nossas mentes para uma vida em santidade (1 Pedro 1:13); certificando-nos de estarmos sempre preparados para responder às perguntas sobre a razão para a esperança que possuímos (3:15); e assegurando que estamos prontos para a prometida volta de Jesus (Mateus 24:44).

Você está bem preparado para o que está por vir? Inseguro? Peça ao Senhor a Sua ajuda e orientação. —CHK

Verdades bíblicas:

Aplicação pessoal:

Pedidos de oração:

Respostas de oração:

SOMENTE OS QUE ESTÃO PREPARADOS PARA A BATALHA OBTÊM A VITÓRIA ESPIRITUAL.

5 de Setembro

Leitura: Tiago 1:12-21

Verdades bíblicas:

Aplicação pessoal:

Pedidos de oração:

Respostas de oração:

A PORTA OCULTA

Bem-aventurado o homem que suporta, com perseverança, a provação.
—Tiago 1:12

Não foi a primeira vez que aconteceu no esporte e, certamente, não será a última. Mas, talvez mencionar novamente possa ajudar-nos a impedir que cometamos o mesmo erro vergonhoso.

O treinador de uma universidade — reconhecido por seu caráter cristão — renunciou em desgraça após ter sido descoberto que ele violara regras claras da Associação Atlética Universitária Nacional. Um artigo numa revista concluiu: "Sua integridade era um dos grandes mitos do futebol universitário."

Certamente, esse foi um momento constrangedor para o técnico, mas a parte mais preocupante é que isso pode acontecer com qualquer um de nós. A tentação em nos escondermos atrás da porta chamada *sigilo* em nossas vidas e fazer coisas que desonram o Senhor nos assombra a todos. Na verdade, todos nós somos capazes de transformar nossa integridade em mito — transformar nosso testemunho por Jesus em farsa. Não importa qual seja a tentação, somos todos vulneráveis.

Portanto, de que maneira evitaremos ceder? Reconhecendo a universalidade da tentação (1 Coríntios 10:13). Reconhecendo os resultados perigosos de ceder ao pecado (Tiago 1:13-15). Mantendo-nos responsáveis perante os demais cristãos (Eclesiastes 4:9-12). E imploremos a Deus para que nos ajude a não cair (Mateus 26:41). Somente a graça e o poder de Deus podem nos impedir de cair e nos resgatar quando falhamos. —JDB

**CADA PECADO TEM A SUA PORTA DE ENTRADA;
MANTENHAMOS ESSA PORTA FECHADA.**

SINTONIZANDO

Depois de fazer sair todas as que lhe pertencem, vai adiante delas, e elas o seguem, porque lhe reconhecem a voz.
—João 10:4

6 de Setembro

Leitura: JOÃO 10:1-10

Não sei se isso ocorre em todos os casamentos, mas, por alguma razão, tenho a tendência de dessintonizar tudo que está à minha volta e concentrar-me em meus próprios pensamentos. Isso é especialmente frustrante para minha esposa, Martie, quando ela conversa comigo sobre algo importante. Frequentemente, quando percebe o olhar distante nos meus olhos, ela diz: "Você ouviu alguma coisa do que eu disse?"

Ouvir é uma parte importante em qualquer relacionamento, especialmente em nosso relacionamento com Cristo. Ao pertencermos a Ele, temos o privilégio de ter comunhão com Cristo por meio da Sua Palavra e da obra do Espírito Santo em nossos corações. Sabemos que estamos prestando atenção ao verdadeiro Pastor quando Sua voz nos leva à justiça, amor, graça, e tudo isso é consistente com Seu caráter e Sua vontade. Como Jesus deixou claro ao identificar-se como o "bom Pastor" no livro de João 10, aqueles que o escutam diligentemente se tornam seus seguidores dedicados (v.4), que estão sendo transformados para serem semelhantes a Ele.

Assim como ouvir atentamente seu cônjuge ou um amigo comunica valor e dignidade, prestar atenção à voz de Jesus é uma maneira de confirmar Sua importância em sua vida. Assim, deixemos de lado as distrações da vida, sintonizemos em Sua voz e oremos pela graça para fazer o que Ele diz. —JMS

Verdades bíblicas:

Aplicação pessoal:

Pedidos de oração:

Respostas de oração:

OUVIR JESUS É O PRIMEIRO PASSO PARA SEGUI-LO.

7 de Setembro

Leitura: Jó 37:1-16

Verdades bíblicas:

_____
_____
_____
_____
_____
_____

Aplicação pessoal:

_____
_____
_____
_____
_____
_____
_____

Pedidos de oração:

_____
_____
_____
_____
_____
_____

Respostas de oração:

_____
_____
_____
_____
_____

CONSIDERE AS NUVENS

*Tens tu notícia
do equilíbrio das nuvens...?*
—Jó 37:16

Certo dia, muitos anos atrás, meus filhos e eu estávamos deitados de costas no jardim, olhando as nuvens passarem. "Pai", perguntou um deles, "por que as nuvens flutuam?". "Bem, filho", comecei, pretendendo dar-lhe o benefício do meu vasto conhecimento, mas, então, mergulhei em silêncio. "Não sei", admiti, "mas vou descobrir para você".

A resposta, conforme descobri, é que a umidade condensada, descendo por gravidade, encontra temperaturas mais quentes subindo do solo. Essa umidade se transforma em vapor e sobe de volta para o ar. Essa é uma explicação natural para o fenômeno.

Mas, explicações naturais não são respostas definitivas. As nuvens flutuam porque Deus, em Sua sabedoria, ordenou as leis naturais de tal maneira que elas revelam "...maravilhas daquele que é perfeito em conhecimento" (Jó 37:16). Desse modo, as nuvens podem ser entendidas como um símbolo — um sinal externo e visível da bondade e da graça de Deus na criação.

Assim, algum dia, quando você estiver dedicando algum tempo a ver quais imagens pode imaginar nas nuvens, lembre-se disso: Aquele que fez todas as coisas belas faz as nuvens flutuarem através do ar. Ele faz isso para nos maravilhar e para o adorarmos. Os céus — mesmo as nuvens cumulus (médias), stratus (baixas), e cirrus (altas) — declaram a glória de Deus. —DHR

**A CRIAÇÃO É REPLETA DE SINAIS
QUE REFLETEM A PRESENÇA DO CRIADOR.**

SEU CORAÇÃO

...assentei-me, e chorei, e lamentei por alguns dias; e estive jejuando e orando perante o Deus dos céus.
—Neemias 1:4

8 de Setembro

Leitura: NEEMIAS 1

Amei a oração feita por Mário na igreja, alguns dias atrás. Com apenas sete anos, ele ficou em pé em frente a outras 100 crianças e orou: "Jesus, obrigado por alguns de nós jogarmos futebol e irmos à igreja, pela segurança na vinda para cá, pelo perdão dos nossos pecados e pela vida eterna. Nós te amamos, Jesus. Por favor, nunca te esqueças de quanto nós te amamos!"

Meus olhos se encheram de lágrimas enquanto ele abria o seu coração para Deus. Como adultos, podemos ter a tendência de tentar dar um pequeno polimento em nossas orações, pensando que isso soará melhor aos ouvidos de Deus ou das pessoas ao nosso redor que poderiam ouvir-nos. Mas, acho que Deus deve se deliciar em ouvir apenas o que está no coração de Seu filho.

O coração de Neemias estava repleto de preocupação pelo bem-estar de Jerusalém, sua terra natal, quando ele ouviu dizer que o povo estava em grande angústia e que o muro em torno da cidade fora derrubado (Neemias 1:3). Desejando fazer algo a respeito, ele falou com Deus sobre isso. Neemias louvou a Deus pelo que Ele é (v.5), pediu perdão pelos pecados (v.6), lembrou-o de Sua promessa (v.9) e pediu pela mercê do rei (v.11). Deus cuidou de Neemias e do Seu povo ao longo de todo o processo de reedificação.

O que está em sua mente? Graças ou tribulações? Seja o que for, o seu Deus amoroso deseja ouvir sobre o que está em seu coração. —AMC

Verdades bíblicas:

Aplicação pessoal:

Pedidos de oração:

Respostas de oração:

A MAIS ELEVADA FORMA DE ORAÇÃO SURGE DAS PROFUNDEZAS DE UM CORAÇÃO HUMILDE.

9 de Setembro

Leitura: Salmo 119:33-40

Verdades bíblicas:

Aplicação pessoal:

Pedidos de oração:

Respostas de oração:

LIÇÃO DA MÁSCARA

Desvia os meus olhos, para que não vejam a vaidade, e vivifica-me no teu caminho.
—Salmo 119:37

Perto de onde meu marido e eu moramos tem uma fazenda com muitos cavalos. Em certas estações do ano, alguns cavalos usam máscaras sobre os olhos. Durante um longo tempo, senti pena pelos cavalos que não podiam ver. Mas, então, descobri que minha suposição sobre as máscaras estava errada. As máscaras são feitas de tela, e os cavalos veem através delas. Porém, as moscas, que causam doenças nos olhos, não podem atravessá-las. As máscaras não impedem os cavalos de ver; elas os impedem de ficar cegos!

Frequentemente, pessoas não-cristãs tiram conclusões sobre a Bíblia similares às minhas sobre a máscara. Elas pensam na Bíblia como algo que Deus coloca sobre nossos olhos para nos impedir de ver toda a diversão que poderíamos ter. Sentem comiseração pelos cristãos porque acham que o Senhor nos impede de desfrutar a vida. O que eu não sabia sobre a máscara dos cavalos, elas não sabem sobre a Bíblia. Ela não nos impede de ver tudo que é bom; ela nos impede de sermos infectados por mentiras que causam cegueira espiritual. A Bíblia não nos impede de desfrutar a vida; ela permite apreciarmos o verdadeiro prazer.

A Bíblia não nos impede de conhecer a verdade; ela nos impede de acreditar em mentiras. —JAL

QUANDO VEMOS O MUNDO POR INTERMÉDIO DO FILTRO DA PALAVRA, APRENDEMOS A VERDADE SOBRE AMBOS.

DANDO INSTRUÇÕES

...Eu sou o caminho, e a verdade, e a vida; ninguém vem ao Pai senão por mim.
—João 14:6

10 de Setembro

Leitura: MATEUS 28:16-20

Há pouco tempo, o carro de minha esposa precisou ser rebocado. Ao explicar ao funcionário da empresa de reboque como encontrar nossa casa, eu o instruí a dizer ao motorista para não seguir o sistema de posicionamento global (GPS). Por haver um campo separando a rua da nossa casa e outra rua com o mesmo nome, era necessário instruções especiais. Ele me garantiu que transmitiria as minhas instruções.

De pé na garagem imaginando onde estaria o reboque, o motorista ligou e disse que seguiu seu GPS, mas não conseguiu encontrar o número da minha casa. *Opa.* Repeti as instruções que dera antes, e quase imediatamente o reboque chegou.

Os cristãos têm a responsabilidade de dar instruções precisas sobre como uma pessoa pode chegar ao céu por intermédio de um relacionamento com Cristo (veja João 3:16; 1 Coríntios 15:1-5). Precisamos ajudar as pessoas a ver que seguir o seu próprio "GPS religioso"; como boas obras ou esperar serem indivíduos suficientemente bons, não as levará para o céu. Apesar de respeitarmos as crenças dos outros, precisamos compartilhar o verdadeiro evangelho da morte, do sepultamento e da ressurreição de Cristo.

Jesus o disse melhor: "Eu sou o caminho, e a verdade, e a vida; ninguém vem ao Pai senão por mim" (João 14:6). —HDF

Verdades bíblicas:

Aplicação pessoal:

Pedidos de oração:

Respostas de oração:

A EXPIAÇÃO DE CRISTO É A FONTE DA SALVAÇÃO, NÃO AS NOSSAS REALIZAÇÕES.

11 de Setembro

Leitura: 3 João

Verdades bíblicas:

Aplicação pessoal:

Pedidos de oração:

Respostas de oração:

IMITE O BOM

…não imites o que é mau, senão o que é bom. Aquele que pratica o bem procede de Deus; aquele que pratica o mal jamais viu a Deus.
—3 João 1:11

A maioria das pessoas concordaria que a vida é uma dolorosa mistura de coisas boas e ruins. Essa premissa é válida no contexto do casamento, amizade, família, trabalho e igreja. No entanto, surpreendemo-nos e ficamos desapontados quando o egocentrismo invade o palco numa congregação de pessoas que buscam adorar e servir a Cristo juntas.

Quando o apóstolo João escreveu a seu amigo Gaio, ele elogiou o andar em verdade e a generosa hospitalidade dos membros de sua igreja (3 João 1:3-8). Entretanto, na mesma comunidade, Diótrefes, "…que gosta de exercer a primazia entre eles…" (v.9), criara uma atmosfera de hostilidade.

João prometeu lidar pessoalmente com Diótrefes em sua próxima visita à igreja. Nesse meio tempo, ele incitou a congregação: "Amado, não imites o que é mau, senão o que é bom. Aquele que pratica o bem procede de Deus; aquele que pratica o mal jamais viu a Deus" (v.11). As palavras de João fazem eco à instrução de Paulo aos cristãos de Roma: "Não te deixes vencer do mal, mas vence o mal com o bem" (Romanos 12:21).

Em um conflito acalorado, podemos ser tentados a "combater fogo com fogo". No entanto, João nos incita a afastarmo-nos do que é mau e seguir o que é bom. É esta a atitude que honra o nosso Salvador. —DCM

ASSIM COMO A LUZ VENCE AS TREVAS, A BONDADE PODE VENCER O MAL.

GULOSEIMAS

...Tu és o meu Senhor; outro bem não possuo, senão a ti somente.
—Salmo 16:2

12 de Setembro

Leitura: SALMO 16

Tenho de admitir que adoro doces. De todas as balas que amo, as *Good & Plenty* (balas brancas e *pink* em formato de cápsula) estão quase no topo da lista. A vida é boa quando tenho um punhado desses deliciosos pedaços de alcaçuz cobertos de açúcar!

Há muitas coisas boas na vida. Mas, é como saborear as gostosuras prediletas; o que é bom dura pouco. Até mesmo a melhor das coisas boas pode, na sequência, deixar-nos sentindo vazios e até mesmo arrependidos. Assim, quando o salmista declara: "Digo ao SENHOR: Tu és o meu Senhor; outro bem não possuo, senão a ti somente" (Salmo 16:2), fico intrigado. Todos nós reconhecemos que Deus é bom. Mas, quando foi a última vez que nós o aceitamos como o bem supremo em nossas vidas?

O salmista apenas explica o quão bom Deus verdadeiramente é: Ele é o nosso refúgio (v.1), nosso bondoso doador (v.2), nosso conselheiro e instrutor (v.7), e aquele que torna conhecido "o caminho da vida" e nos enche de alegria em Sua presença (v.11). Isso é o que eu chamo de bom!

Infelizmente, com excessiva frequência deixamos que os "bens menores" eclipsem ou ofusquem a nossa aceitação da eterna bondade de Deus em nossas vidas. A natureza fugaz dos bens menores acabará por desapontar-nos — você pode contar com isso. Somente Deus é verdadeiramente bom! E farto em tudo o que precisamos.
—JMS

Verdades bíblicas:

Aplicação pessoal:

Pedidos de oração:

Respostas de oração:

SÓ DEUS É BOM. NÃO ACEITE IMITAÇÕES.

13 de Setembro

Leitura: JOÃO 14:15-27

Verdades bíblicas:

Aplicação pessoal:

Pedidos de oração:

Respostas de oração:

VOO SOLO

> Não sabeis que sois santuário de Deus e que o Espírito de Deus habita em vós?
> —1 Coríntios 3:16

Os dias 20 e 21 de maio de 1927 marcaram uma mudança na história da aviação, quando o americano Charles Lindbergh fez o primeiro voo solo transatlântico ininterrupto de todos os tempos. Outros voos já haviam cruzado o Oceano Atlântico, mas, nenhum deles com um piloto solitário. Foi um feito histórico. Quando Lindbergh pousou no Aeroporto Le Bourget, em Paris, milhares de admiradores aglomeraram-se em torno dele, aplaudindo seu sucesso. E, ao retornar à América, recebeu honras com desfiles e prêmios celebrando sua coragem e seu espírito individualista.

Embora o voo solo de Lindbergh tenha sido perigoso, viver em nosso mundo decaído pode ser muito mais perigoso. Os seguidores de Cristo, porém, podem sentir-se encorajados e confortados por nunca termos de "voar solo". Na noite antes de Sua crucificação, Jesus prometeu que não nos abandonaria, mas enviaria Seu Espírito para habitar conosco e em nós (João 14:16-17). Mais tarde, o apóstolo Paulo afirmou isso, dizendo: "Não sabeis que sois santuário de Deus e que o Espírito de Deus habita em vós?" (1 Coríntios 3:16).

Num mundo repleto de desespero e tribulação, podemos ficar encorajados. O Espírito Santo habita em nós, proporcionando-nos a paz e o conforto de Jesus (João 14:26-27). Você está agradecido por nunca ter de "voar solo"? —WEC

O ESPÍRITO QUE HABITA EM NÓS GARANTE QUE NUNCA ESTAREMOS SÓS.

UNIÃO FAMILIAR

14 de Setembro

*...esforçando-vos diligentemente
por preservar a unidade do Espírito
no vínculo da paz.*
—Efésios 4:3

Leitura: EFÉSIOS 4:1-16

Meu marido, meus filhos e eu temos uma tradição familiar divertida. Ela acontece quando estamos em casa e alguém grita "abraço familiar!". Habitualmente, nos encontramos na cozinha; eu abraço as crianças e meu marido envolve a todos nós com seus braços. Essa é nossa maneira de expressar amor e desfrutar um breve momento de união familiar.

Embora desfrutemos de abraços grupais ocasionais, nem sempre é fácil manter esse senso de unidade. Afinal de contas, cada pessoa de nossa família é singular. Temos necessidades, capacidades e pontos de vista diferentes — muito semelhante à família de Deus (Efésios 4:11-12).

A despeito de inevitáveis diferenças em relação a outros cristãos, Paulo nos chama a "...preservar a unidade do Espírito no vínculo da paz" (v.3). A harmonia com outros cristãos é importante, pois reflete a unidade entre Jesus e Seu Pai celestial. Jesus orou assim pelos cristãos: "...que todos sejam um [...] como és tu, ó Pai, em mim e eu em ti..." (João 17:21).

Quando surgem problemas na família de Deus, a Bíblia diz que devemos reagir "...com toda a humildade e mansidão, com longanimidade, suportando [...] uns aos outros em amor" (Efésios 4:2). Esta é a maneira de desfrutar a união familiar com pessoas que compartilham os fundamentos da nossa fé. —JBS

Verdades bíblicas:

Aplicação pessoal:

Pedidos de oração:

Respostas de oração:

**NOSSOS CORAÇÕES ESTÃO UNIDOS
PELO AMOR DE CRISTO.**

15 de Setembro

Leitura: 2 Coríntios 1:1-7

Verdades bíblicas:
_____
_____
_____
_____
_____

Aplicação pessoal:
_____
_____
_____
_____
_____

Pedidos de oração:
_____
_____
_____
_____
_____

Respostas de oração:
_____
_____
_____
_____

O QUE NECESSITAMOS

Bendito seja o Deus e Pai de nosso Senhor Jesus Cristo, o Pai de misericórdias e Deus de toda consolação!
—2 Coríntios 1:3

As histórias tristes continuam chegando. O amigo cuja filha adulta deixou o marido e os filhos. Os pais que encontrei recentemente, que perderam seus filhos adolescentes em acidentes de automóvel. Alguém, pilar da igreja, cujos anos de aposentadoria foram marcados por uma série de más notícias médicas. Você conhece as histórias e talvez tenha as suas para acrescentar.

Onde buscar ajuda quando tribulações e dor ameaçam abalar nossa fé e roubar nossa última porção de alegria?

O livro de 2 Coríntios 1:3 pode ser o destino correto, pois é repleto de esperança, auxílio e possibilidades.

Examine o que esse versículo nos diz: Paulo eleva um louvor a Deus em dois momentos (e, lembre-se, Paulo teve mais dificuldades e tribulações do que a maioria de nós poderia suportar). Primeiro, ele simplesmente louva a Deus, que não é apenas o nosso Deus, mas o Deus e Pai do próprio Jesus. Pense no poder e no amor que há por trás disso!

Em seguida, ele nos dá notícias ainda melhores: Nosso Pai celestial é o Deus de misericórdia e compaixão. Ele cuida de nós com infindável e gracioso amor. E ainda tem mais — Ele é, também, o Deus de toda a consolação.

Você precisa de compaixão? Precisa de conforto? Busque a Deus. Ele tem um suprimento infinito e está pronto para despejá-lo sobre você em abundância. É dele que precisamos em tempos de tribulação! —JDB

O CONFORTANTE SUSSURRO DE DEUS AJUDA A ACALMAR O RUÍDO DAS NOSSAS TRIBULAÇÕES.

DO DEVER AO PRAZER

Terei prazer nos teus mandamentos, os quais eu amo.
—Salmo 119:47

16 de Setembro

Leitura: SALMO 119:41-48

Por ter a agenda lotada, às vezes minha esposa só consegue dedicar pouco tempo a cada um de nossos netos, semanalmente. Quando possível, porém, ela altera sua agenda para passar mais tempo com eles — não por dever, mas por amor a eles. Quando a vejo com eles, compreendo o significado da palavra *prazer*.

No Salmo 119, Davi nos fala sobre seu "prazer" na Palavra de Deus. Ele usa a palavra prazer oito vezes (vv.16,24,47,77,92,111,143,174). Ele diz: "Terei prazer nos teus decretos; não me esquecerei da tua palavra [...] Terei prazer nos teus mandamentos, os quais eu amo" (vv.16,47). As palavras do salmista, "terei prazer", indicam que esse é um ato deliberado da sua vontade. Contudo, não lhe constitui um peso ter prazer na Palavra de Deus, porque ele a ama. O relacionamento íntimo de Davi com Deus criou nele um desejo de saber o que seu Amado tinha a dizer.

Da mesma maneira, para nos movermos do dever ao prazer na Palavra de Deus, precisamos fortalecer nosso relacionamento com Ele. Quando recordarmos o quanto Ele nos ama e acalenta, responderemos com amor e teremos prazer em investir tempo com Ele. "Quanto amo a tua lei! É a minha meditação, todo o dia!" (v.97). —CPH

Verdades bíblicas:

Aplicação pessoal:

Pedidos de oração:

Respostas de oração:

SEJA MANHÃ, TARDE OU NOITE, PERMITA QUE A PALAVRA DE DEUS SEJA O SEU PRAZER.

17 de Setembro

Leitura: 1 Samuel 2:12,27-36

Verdades bíblicas:

Aplicação pessoal:

Pedidos de oração:

Respostas de oração:

CORRIJA-OS

Por que [...] honras a teus filhos mais do que a mim, para tu e eles vos engordardes das [...] ofertas do meu povo de Israel?
—1 Samuel 2:29

A terapeuta e mãe Lori Gottlieb diz que os pais obcecados com a felicidade de seus filhos podem, na realidade, contribuir para que estes se tornem adultos infelizes. Estes pais mimam seus filhos, não os preparam para lidar com o mundo real, fazem vista grossa quando seus filhos erram, e negligenciam a necessidade de discipliná-los.

No livro de 1 Samuel lemos que, às vezes, o sumo sacerdote Eli fazia vista grossa. Não sabemos que tipo de pai ele era quando seus filhos eram jovens. Mas, ele fracassou em lidar adequadamente com o comportamento deles, como homens adultos, servindo no templo de Deus. Eles eram egocêntricos, concupiscentes e rebeldes, colocando suas próprias necessidades acima da Palavra de Deus e das necessidades do povo. No início, Eli os repreendeu, mas, eles não quiseram dar-lhe ouvidos. Em vez de removê-los do serviço, ele fez vista grossa e deixou-os continuar em pecado. Como resultado dos pecados de seus filhos e devido a Eli ter honrado seus filhos acima do Senhor (1 Samuel 2:29), o Senhor alertou Eli de que sua família sofreria julgamento (v.34; 4:17-18).

Como pais cristãos, temos a tremenda responsabilidade de disciplinar amorosamente nossos filhos (Provérbios 13:24; 29:17; Hebreus 12:9-11). Ao transmitir-lhes a sabedoria de Deus, temos a bênção de ajudá-los a se transformar em adultos responsáveis e tementes a Deus. —MLW

O FRACASSO EM DISCIPLINAR NOSSOS FILHOS É UM FRACASSO EM AMÁ-LOS.

A ATRAÇÃO DE UMA MENSAGEM

18 de Setembro

...Fala, porque o teu servo ouve.
—1 Samuel 3:10

Leitura: 1 Samuel 3:1-10

Você está sentado na plateia, numa sala escura, assistindo a um concerto, uma peça de teatro ou a um filme, quando, de repente, uma tela de *smartphone* se acende, uma pessoa lê uma mensagem recebida e, talvez, dedica um tempo a respondê-la. Em seu livro *The Shallows: What the Internet Is Doing to Our Brains* [Os Frívolos: O que a Internet está fazendo com nossos cérebros], Nicholas Carr diz que, em nosso mundo conectado, "A percepção de que pode haver uma mensagem esperando por nós" é cada vez mais difícil de resistir.

Samuel era um garoto quando ouviu uma voz chamar seu nome e pensou ser do sacerdote Eli no tabernáculo em que servia ao Senhor (1 Samuel 3:1-7). Quando Eli percebeu que Deus estava chamando Samuel, ele disse ao garoto como responder. Quando Deus chamou seu nome pela terceira vez, Samuel respondeu: "...Fala, porque o teu servo ouve" (v.10). Essa prontidão a ouvir a voz de Deus se tornou o padrão da vida de Samuel "...enquanto por sua palavra o SENHOR se manifestava ali a Samuel" (v.21).

Estamos escutando a voz de Deus em nossas vidas hoje? Somos mais atraídos pela vibração de um *smartphone* do que pela suave e calma voz do Senhor através da Sua Palavra e do Seu Espírito?

Que nós possamos, como Samuel, aprender a discernir a voz de Deus e dizer: "Fala, Senhor. Estou ouvindo". —DCM

Verdades bíblicas:

Aplicação pessoal:

Pedidos de oração:

Respostas de oração:

NÃO PERMITA QUE O RUÍDO DO MUNDO O IMPEÇA DE ESCUTAR A VOZ DO SENHOR.

19 de Setembro

Leitura: DANIEL 3:10-25

Verdades bíblicas:

_____
_____
_____
_____
_____

Aplicação pessoal:

_____
_____
_____
_____
_____
_____

Pedidos de oração:

_____
_____
_____
_____
_____
_____

Respostas de oração:

_____
_____
_____
_____

DENTRO DO FOGO

Se o nosso Deus, a quem servimos, quer livrar-nos, ele nos livrará da fornalha de fogo ardente...
—Daniel 3:17

Envolto em cobertores na picape de meus avós, eu assistia ao incêndio que consumia nossa casa. Meu pai diz que eu dormia profundamente enquanto ele carregava meu irmão, eu e nossos cãezinhos para um lugar seguro. Quando acordei e vi a enorme labareda, já estava em segurança. Eu era demasiadamente curioso e pequeno para ter medo.

Recordo-me de várias coisas daquela noite. Mesmo no interior da picape, o calor era intenso e o fogo era hipnotizante. Também me lembro do temor nas faces de todas as outras pessoas, verificando repetidamente se seus entes queridos estavam seguros. Mais tarde, soube que, em meio ao caos, meu pai correu para dentro do fogo para procurar por meu avô, o que fez com que meu avô (que não estava no interior da casa) corresse para buscar meu pai. A coragem deles afetou a todos os que presenciaram a cena naquela noite.

Lembro-me daquele incêndio sempre que leio a história de Sadraque, Mesaque e Abede-Nego. Quando foram desafiados pelo decreto de prostrar-se diante do rei ou enfrentar a execução (Daniel 3:10-12), esses três encararam bravamente o fogo por aquele a quem eles amavam (vv.16-18). E o Senhor esteve com eles nas chamas (v.25).

Quando as "chamas" da vida nos testarem, que aqueles que observam nossas escolhas possam reconhecer nosso amor uns pelos outros e por nosso Deus. —RKK

A FÉ CRESCE NO SOLO DAS PROVAÇÕES.

PALAVRAS NO ESPAÇO

20 de Setembro

[Cristo...] pelo qual temos ousadia e acesso com confiança, mediante a fé nele.
—Efésios 3:12

Leitura: Efésios 3:8-13

Averdadeira confissão: Quando descobri que o astronauta Rex Walheim levaria uma cópia de *Pão Diário* com ele, para o espaço, na última missão do ônibus espacial Atlantis, fui procurar quais dos devocionais que eu havia escrito ele leria. A ideia de minhas palavras serem lidas no espaço parecia, bem, um tanto surpreendente para esta garota de cidade pequena.

Mal satisfiz minha curiosidade, porém, ocorreu-me outro pensamento. Por que considerar isso uma grande coisa? Minhas palavras são ouvidas nos lugares celestiais sempre que oro. O que me aconteceu para que eu ache natural que o Deus que criou o universo escuta as minhas palavras? Em Cristo, posso aproximar-me de Deus com liberdade e confiança (Efésios 3:12). Por que ficar tão maravilhada por um ser humano ler o que eu escrevi, do que pelo Deus Todo-poderoso ouvir minha oração?

Se essa ideia não for suficiente para despertar-me da complacência, existe esta: O Senhor está usando a igreja para tornar conhecida Sua sabedoria aos "...principados e potestades nos lugares celestiais" (v.10). Imagine. Deus não apenas ouve as nossas orações, mas nos usa, nós os terráqueos, para ensinar o plano de redenção, aos seres celestiais, que Ele cumpriu por meio de Cristo. Isso, sim, é uma grande coisa! —JAL

Verdades bíblicas:

Aplicação pessoal:

Pedidos de oração:

Respostas de oração:

DEUS SEMPRE ESTÁ DISPONÍVEL PARA OUVIR A ORAÇÃO DE SEU FILHO.

21 de Setembro

Leitura: JOSUÉ 1:1-7

Verdades bíblicas:

Aplicação pessoal:

Pedidos de oração:

Respostas de oração:

MUITA ENCRENCA

> ...não te deixarei,
> nem te desampararei.
> —Josué 1:5

Um menino chamado Ricardo começou uma briga com Álvaro no pátio da escola após uma partida de futebol. O professor os apartou e eles foram enviados à diretoria. Mais tarde, Álvaro disse: "E, é claro, como sempre, nós dois nos metemos numa encrenca." Mas, ele compartilhou ter aprendido uma lição: "Deus sempre está conosco, mesmo quando nos metemos em muita encrenca, como esta."

A nação de Israel estava numa grande encrenca. Ainda assim, o Senhor prometeu ao seu novo líder: "...não te deixarei, nem te desampararei" (Josué 1:5). Josué estava assumindo a liderança dos israelitas após a morte de Moisés, imediatamente antes de eles entrarem na Terra Prometida. A encrenca estava no horizonte, com numerosas campanhas militares contra os seus inimigos pela frente (8:3; 9:1-2). Sem a presença de Deus, eles não poderiam começar a adquirir a terra.

Josué tinha grande fé no Senhor, como demonstrou ao espiar a terra de Canaã (Números 14:6-9). Mas, quando assumiu o papel de liderança, Deus recordou-lhe graciosamente que ele poderia ser corajoso por causa de Sua presença. Ele promete a mesma coisa aos Seus filhos nos dias de hoje (Hebreus 13:5-6).

Para os filhos de Deus de todas as idades é uma lição de conforto: O Senhor está sempre conosco. Mesmo quando "nos metemos em muita encrenca, como esta".
—AMC

QUANDO SURGIREM AS ENCRENCAS, CONFIE EM DEUS.

ACABO DE VER JESUS

...levando sempre no corpo o morrer de Jesus, para que também a sua vida se manifeste em nosso corpo.
—2 Coríntios 4:10

22 de Setembro

Leitura: 2 Coríntios 4:1-10

Anos atrás, perdi meu emprego na profissão que escolhi devido às circunstâncias que fugiam ao meu controle. Então, trabalhei em dois empregos que pagavam menos, para tentar equilibrar o orçamento. Ainda assim, era muito difícil ganhar o suficiente para cobrir minhas despesas mensais.

Então, retomei o contato com Joel e Dave, dois amigos do passado. Joel havia se tornado pastor de uma igreja em crescimento num bairro residencial. Dave havia se tornado um missionário no exterior, mas estava visitando os EUA naquela época. Os dois, reconhecendo minha situação precária, me deram dinheiro para ajudar a pagar o aluguel. Fiquei muito emocionado. Ao pensar nas atitudes de meus amigos, disse a mim mesmo: "Acabo de ver Jesus Cristo!"

Assim como vi Jesus em meus amigos, às vezes outros podem vê-lo em nós. Paulo fala sobre "...Cristo em vós, a esperança da glória" (Colossenses 1:27). Ele confessou: "Estou crucificado com Cristo; já não sou eu quem vive, mas Cristo vive em mim" (Gálatas 2:19-20). Ele também compreendeu que circunstâncias diferentes podem ser oportunidades para que "...também a sua vida [de Jesus] se manifeste em nosso corpo" (2 Coríntios 4:10).

Você conhece alguém que esteja enfrentando problemas físicos ou financeiros? Por que não deixar o Cristo que habita em você expressar Seu amor fazendo você suprir a necessidade dessa pessoa? —HDF

Verdades bíblicas:

Aplicação pessoal:

Pedidos de oração:

Respostas de oração:

O VERDADEIRO AMOR É AJUDAR OS OUTROS POR CAUSA DE JESUS, MESMO SEM JAMAIS RECEBER A RETRIBUIÇÃO.

23 de Setembro

Leitura: SALMO 119:89-96

Verdades bíblicas:

Aplicação pessoal:

Pedidos de oração:

Respostas de oração:

DISPONÍVEL AGORA!

Nunca me esquecerei dos teus preceitos, visto que por eles me tens dado vida.
—Salmo 119:93

Os Manuscritos do Mar Morto, descobertos no final dos anos 40 do século 20, contêm as mais antigas cópias conhecidas da Bíblia Hebraica (o Antigo Testamento). Durante décadas, os rolos foram cuidadosamente guardados e seu uso, restrito, frequentemente, a um pequeno grupo de estudiosos. No esforço para preservar os antigos fragmentos e, ao mesmo tempo, ampliar o acesso a eles, a *Autoridade Israelense de Antiguidades*, em parceria com a *Google*, está disponibilizando a todos, na internet, imagens *on-line* em alta resolução dos rolos de dois mil anos atrás.

Essa é uma boa notícia para estudiosos e para alunos curiosos. É também, um lembrete do grande tesouro que possuímos atualmente na própria Bíblia. Ao longo do Salmo 119, o escritor celebra a natureza eterna e a sabedoria transformadora da Palavra de Deus. No cerne da passagem de hoje, o escritor declara: "Nunca me esquecerei dos teus preceitos, visto que por eles me tens dado vida" (v.93).

A maioria de nós teve a Bíblia durante quase toda a vida, mas, quanto tempo cada um investiu em ler e estudá-la? Com qual profundidade meditamos sobre o significado de passagens conhecidas?

Por que não fazer da leitura da Bíblia uma prioridade diária? Peça a Deus para guiar, ensinar e fortalecê-lo por meio de Sua Palavra escrita. Esse maravilhoso recurso é acessível a todos e está disponível agora. —DCM

DEUS FALA POR INTERMÉDIO DE SUA PALAVRA — SEPARE UM MOMENTO PARA OUVI-LO.

COMBATENDO O CIÚME

24 de Setembro

Porquanto, havendo entre vós ciúmes e contendas, não é assim que sois carnais e andais segundo o homem?
—1 Coríntios 3:3

Leitura: 1 Coríntios 3:1-10

Conta-se a história de dois lojistas fortemente rivais. Diariamente, eles acompanhavam os negócios um do outro. Se um deles recebia um cliente, sorria triunfantemente para seu rival.

Certa noite, um anjo apareceu a um dos lojistas em sonho e disse: "Eu lhe darei o que quer que você me peça, mas, aquilo que você receber, seu concorrente receberá em dobro. Qual é o seu desejo?" O homem franziu o cenho e respondeu: "Deixe-me cego de um olho." Isso é ciúme do pior tipo!

A emoção autodestrutiva do ciúme teve o potencial de provocar divisão na igreja de Corinto. Estes cristãos haviam recebido o evangelho, mas não tinham permitido que o Espírito Santo transformasse seus corações. Como decorrência, sentiram ciúmes uns dos outros, dividindo a comunidade. Paulo identificou o ciúme deles como um sinal de imaturidade e mundanismo (1 Coríntios 3:3). Estes cristãos não estavam agindo como pessoas transformadas pelo evangelho.

O nosso contentamento e gratidão pelo que temos é um dos mais claros indicadores de que o Espírito Santo está operando em nossas vidas. Portanto, em vez de sentirmos ciúmes, somos capazes de genuinamente celebrar os dons e as bênçãos dos outros. —MLW

Verdades bíblicas:

Aplicação pessoal:

Pedidos de oração:

Respostas de oração:

A GRATIDÃO A DEUS É O REMÉDIO PARA O CIÚME.

25 de Setembro

Leitura: 1 Pedro 4:12-16

Verdades bíblicas:

Aplicação pessoal:

Pedidos de oração:

Respostas de oração:

PARA SUA GLÓRIA

…não estranheis o fogo ardente que surge no meio de vós […], alegrai-vos […] na revelação de sua glória… —1 Pedro 4:12-13

Você pode aprender muito ao caminhar com outras pessoas em tempos de dificuldade. Isso foi o que ocorreu conosco quando nossos amigos Samuel e Carol percorreram a jornada do câncer de Samuel. Durante um ano, vigiamos e oramos, enquanto ele se submetia ao tratamento e à dor. E, justamente quando parecia que ele estava a salvo, um novo diagnóstico relatou mais câncer.

O desapontamento foi óbvio. O segundo ano se pareceria muito com o primeiro, pois Samuel teria de passar novamente por quimioterapia e sofrer novamente com os enjoos e efeitos colaterais.

Mas, quando Sam nos falou sobre suas expectativas com mais meses de tratamentos, disse algo que todos podemos aprender: "Queremos ter certeza de que, por meio de tudo, Deus receba a glória e que reflitamos Seu amor pelos outros." Imagine só! Enquanto enfrentava outro ano de dor e provações, a primeira prioridade de Samuel era demonstrar o amor de Deus por meio daquela experiência. Ele tinha expectativas sobre o momento da "revelação de sua [Deus] glória" (1 Pedro 4:13).

Carol escreveu aos amigos: "Tem sido um ano de provações, mas Deus sempre nos tem conduzido com Sua misericórdia e graça. Que nunca afastemos os nossos olhos dele e de Seu amor por nós."

Quais as montanhas que você enfrenta? Como Samuel e Carol, você também pode depender da graça de Deus para prosseguir. Ore também para que você possa refletir Seu amor. —JDB

AS CRESCENTES PROVAÇÕES APENAS FAZEM A LÂMPADA DA GRAÇA BRILHAR AINDA MAIS.

CAPTURE O MOMENTO

26 de Setembro

Portanto, vede prudentemente como andais, não como néscios, e sim como sábios, remindo o tempo…
—Efésios 5:15-16

Leitura: EFÉSIOS 5:8-21

Minha mulher, Martie, é uma grande compradora. Quando vai comprar comida, ela lê todos os rótulos em busca dos dados nutricionais e considera o melhor negócio com base no preço por unidade. Mas, seu melhor truque é verificar a data de vencimento. Ela não pega a primeira caixa de leite que vê, mas a que tem o maior prazo de validade, de modo a trazer para casa o leite mais fresco do mercado.

De certo modo, nossas vidas são marcadas por "prazos de validade" — exceto o fato de nenhum de nós saber a data exata em que o coração expirará ou dará seu último suspiro neste planeta. Dada essa realidade, não deveríamos esforçar-nos mais para capturar os momentos com que fomos agraciados? Capturar o momento significa que faremos coisas como amar mais profundamente, perdoar mais rápido, escutar com mais cuidado e falar com mais bondade.

Paulo dá este bom conselho: "Portanto, vede prudentemente como andais, não como néscios, e sim como sábios, remindo o tempo, porque os dias são maus" (Efésios 5:15-16). Ele também nos instrui a andar "…como filhos da luz […] provando sempre o que é agradável ao Senhor" (vv.8-10).

Como nenhum de nós sabe a sua "data de validade", devemos capturar as oportunidades de iluminar o nosso mundo com o amor de Cristo hoje! —JMS

Verdades bíblicas:

Aplicação pessoal:

Pedidos de oração:

Respostas de oração:

VIVA CADA UM DOS SEUS DIAS COMO SE FOSSE O ÚLTIMO.

27 de Setembro

Leitura: Atos 1:1-8

Verdades bíblicas:

Aplicação pessoal:

Pedidos de oração:

Respostas de oração:

ATÉ O FIM

...sereis minhas testemunhas tanto em Jerusalém como em toda a Judeia e Samaria e até aos confins da terra.
—Atos 1:8

Era o meu primeiro dia de aula no Instituto Bíblico de Moscou, onde eu lecionava para pastores russos. Comecei perguntando aos alunos seus nomes e onde eles serviam, mas, um aluno chocou-me ao declarar com arrojo: "De todos os pastores, eu sou o mais fiel à Grande Comissão!" Fiquei momentaneamente surpreso até que, sorrindo, ele continuou: "A Grande Comissão diz que devemos levar o evangelho aos confins da terra. Eu pastoreio ao norte do Círculo Polar Ártico, numa vila apelidada 'Fim da Terra'!" Todos riram e nós continuamos a sessão.

As palavras daquele pastor, que ministrava na Península de Yamal (que significa "fim do mundo"), têm grande significado. Em sua mensagem final aos Seus discípulos, Jesus disse: "...sereis minhas testemunhas tanto em Jerusalém como em toda a Judeia e Samaria e até aos confins da terra" (Atos 1:8). Cada canto do nosso mundo, não importa quão remoto seja, deve ser tocado pela mensagem da cruz. O Salvador morreu pelo mundo — e isso inclui povos próximos e distantes.

Cada um de nós tem a oportunidade de levar o evangelho a pessoas em nosso "fim da terra". Não importa onde você estiver, conte a alguém sobre o amor de Cristo. A quem você pode anunciá-lo hoje? —WEC

QUALQUER LUGAR PODE SER O LUGAR CERTO PARA TESTEMUNHAR DE CRISTO.

DIA DESCONHECIDO

28 de Setembro

Mas a respeito daquele dia e hora ninguém sabe, nem os anjos dos céus, nem o Filho, senão o Pai.
—Mateus 24:36

Leitura: MATEUS 24:1-8

Para muitos londrinos, pareceu que Jesus voltaria em 1666. Entusiastas de profecias somaram mil anos desde o nascimento de Cristo a 666, o número do Anticristo, obtendo o 1666.

O mundo parecia estar à beira da destruição quando, em 1665, uma praga ceifou as vidas de 100 mil pessoas em Londres. Em seguida, em setembro de 1666, um incêndio destruiu dezenas de milhares de edifícios. Alguns questionavam: *A Bíblia não previu catástrofes ao final do mundo?* (veja Mateus 24:1-8). Contudo, o ano de 1666 passou e a vida continuou aparentemente igual.

Mesmo nos dias atuais, existem aqueles que predisseram o fim do mundo. Uma data é predita, a mídia cobre o frenesi e, então, aquele dia transcorre sem qualquer evento.

Na sabedoria de Deus, o verdadeiro momento da volta de Cristo não nos foi dado a conhecer. Jesus disse: "Mas a respeito daquele dia e hora ninguém sabe, nem os anjos dos céus, nem o Filho, senão o Pai" (Mateus 24:36). Esse aspecto de "a qualquer momento" da volta de Jesus ajuda a manter os cristãos motivados no serviço cristão e em seu crescimento espiritual constantemente — não apenas ao aproximar-se uma certa data (25:1-13; 1 João 3:2-3). Tenha a certeza de que Cristo voltará. E, enquanto nós aguardamos esse dia, nossas vidas devem ser marcadas por viver em "…santo procedimento e piedade" (2 Pedro 3:11). —HDF

Verdades bíblicas:

Aplicação pessoal:

Pedidos de oração:

Respostas de oração:

NENHUMA DOUTRINA ESTÁ MAIS INTIMAMENTE LIGADA À VIDA COTIDIANA DO QUE A DA VOLTA DO SENHOR.

29 de Setembro

Leitura: João 14:1-11

Verdades bíblicas:

Aplicação pessoal:

Pedidos de oração:

Respostas de oração:

VERDADE EM UM TÁXI

...Eu sou o caminho, e a verdade, e a vida.
—João 14:6

Certo dia, enquanto estava no centro da minha cidade, chamei um táxi. Ao entrar, percebi várias propagandas de um guru da Nova Era afixadas no assento à minha frente. O motorista afirmou que esse místico era o "divino" dos nossos tempos. Ele acreditava que Deus designara diversos líderes para todas as eras e que Jesus havia sido meramente, o designado para o Seu tempo.

É claro que tive de discordar. Enquanto conversávamos, mencionei as palavras de Jesus: "Eu sou o caminho, e a verdade, e a vida; ninguém vem ao Pai senão por mim" (João 14:6). Contrariamente à crença do taxista, Jesus não fora apenas um de uma série de líderes religiosos iluminados — Ele é o *único* caminho para conhecer a Deus, e somente através dele podemos chegar ao céu.

Como o "Filho do Deus vivo" (Mateus 16:16), Jesus não simplesmente declarou ser a autoridade espiritual definitiva. Ele o provou com Sua morte e ressurreição. Cristo ofereceu "...para sempre, um único sacrifício pelos pecados" (Hebreus 10:12).

Jesus disse a respeito de si mesmo: "...estou no Pai, e o Pai, em mim" (João 14:11). Portanto, não necessitamos investigar qualquer novo caminho de salvação. É melhor aprendermos tudo o que pudermos sobre Cristo; Ele é o único que pode proporcionar a certeza espiritual. —JBS

IMPOSTORES ESPIRITUAIS SÓ NOS LEVARÃO A UM PASSEIO, MAS JESUS NOS LEVARÁ PARA O CÉU.

PONTO DE PARTIDA

30 de Setembro

...Está escrito: Não só de pão viverá o homem, mas de toda palavra que procede da boca de Deus.
—Mateus 4:4

Leitura: SALMO 119:97-104

Verdades bíblicas:

Aplicação pessoal:

Pedidos de oração:

Respostas de oração:

Se você partir de nossa casa em Boise, Idaho, EUA e dirigir para o sul, verá um platô vulcânico que se eleva da vegetação no lado leste da estrada. Esse é o ponto de partida para o levantamento cartográfico do estado de Idaho.

Em 1867, quatro anos após Idaho ser organizado como território, Lafayette Cartee, o Cartógrafo Geral dos EUA, comissionou Peter Bell para efetuar o levantamento do novo território. Bell pegou uma marreta e enterrou um pilar de bronze numa pequena protuberância no topo daquele platô, declarando-o o ponto inicial a partir do qual ele iniciou seu levantamento.

O levantamento estabeleceu a linguagem da descrição das terras em Idaho: os municípios são designados a norte e sul do ponto inicial; as extensões são designadas a leste e oeste. Com tais descrições, você sempre sabe exatamente onde está.

Podemos ler muitos livros, mas a Palavra de Deus é o nosso "ponto inicial", o ponto fixo de referência. John Wesley fez leituras generalizadas, mas sempre se referia a si mesmo como "um homem de um só livro". Nada pode comparar-se ao Livro dos livros, a Palavra de Deus. Ao permitirmos que a Bíblia seja nosso guia por toda a vida, podemos dizer com o salmista: "Quão doces são as tuas palavras ao meu paladar! Mais que o mel à minha boca!" (Salmo 119:103). —DHR

A BÍBLIA É COMO UMA BÚSSOLA: SEGUINDO-A, VOCÊ ESTARÁ NA DIREÇÃO CERTA.

Notas

1 de Outubro

Leitura: FILIPENSES 4:6-9

Verdades bíblicas:

Aplicação pessoal:

Pedidos de oração:

Respostas de oração:

ÁLAMOS BALOUÇANTES

*Ora, o Senhor da paz, ele mesmo,
vos dê continuamente a paz
em todas as circunstâncias...*
—2 Tessalonicenses 3:16

Durante minha visita à Península Superior de Michigan, duas árvores chamaram minha atenção. Embora as folhas das árvores circunjacentes não se movessem, essas árvores se agitavam à mais leve sensação de uma brisa. Mostrei-as à minha mulher, que me contou que elas eram chamadas álamos balouçantes. Fiquei impactado com o efeito visual dessas folhas agitadas. Embora todas as outras árvores estivessem calmas e firmes, as folhas dos álamos balouçantes se agitavam, mesmo sob a mais leve brisa.

Às vezes, sinto-me como um álamo balouçante. As pessoas à minha volta parecem se mover pela vida sem problemas ou preocupações, aparentemente firmes e seguras, enquanto até mesmo o mais leve problema é capaz de perturbar meu coração. Vejo os outros e maravilho-me com sua calma, e me pergunto por que a minha própria vida consegue ser tão facilmente preenchida com turbulência. Felizmente, as Escrituras me lembram de que a calma genuína e estabilizadora pode ser encontrada na presença de Deus. Paulo escreveu: "Ora, o Senhor da paz, ele mesmo, vos dê continuamente a paz em todas as circunstâncias. O Senhor seja com todos vós" (2 Tessalonicenses 3:16).

Deus não só oferece paz, Ele mesmo é o Senhor da paz.

Quando adentramos as estações perturbadoras da vida, é bom saber que a verdadeira paz está disponível no Deus de toda a paz.
—WEC

PAZ É MAIS DO QUE A AUSÊNCIA DE CONFLITO;
PAZ É A PRESENÇA DE DEUS.

CONTENTE-SE

...aprendi a viver contente em toda e qualquer situação.
—Filipenses 4:11

2 de Outubro

Leitura: FILIPENSES 4:10-20

Verdades bíblicas:

O contentamento é difícil de ser atingido. Até mesmo o apóstolo Paulo, um herói da fé, teve de aprender a estar contente (Filipenses 4:11). Esse não era um traço natural do seu caráter.

Paulo escrever que estava contente em qualquer situação é verdadeiramente assombroso. Ao escrever isso, ele estava encarcerado em Roma. Acusado de sedição, traição e outros crimes graves, ele havia apelado ao mais alto tribunal: o próprio César. Sem dispor de outro recurso legal e amigos influentes, ele teve de esperar para que seu caso fosse atendido. Pode parecer que Paulo tinha o direito de ser uma pessoa impaciente e infeliz. Pelo contrário, ele escreveu aos filipenses para dizer que havia aprendido a estar contente.

Aplicação pessoal:

De que maneira ele aprendeu isto? Um passo por vez, até satisfazer-se mesmo em ambientes desconfortáveis. Ele aprendeu a aceitar o que quer que lhe acontecesse (v.12) e a receber com gratidão qualquer ajuda que seus amigos cristãos pudessem lhe oferecer (vv.14-18). E, o mais importante, ele reconheceu que Deus estava suprindo todas as suas necessidades (v.19).

Pedidos de oração:

O contentamento não é natural para qualquer um de nós. Nosso espírito competitivo nos faz comparar, reclamar e cobiçar. Poucos de nós estão numa situação semelhante à de Paulo, mas, todos nós enfrentamos dificuldades nas quais podemos aprender a confiar em Deus e estar contentes. —CPH

Respostas de oração:

CONTENTAMENTO NÃO É POSSUIR TUDO, MAS DAR GRAÇAS POR TUDO QUE SE POSSUI.

3 de Outubro

Leitura: DEUTERONÔMIO 30:15-20

Verdades bíblicas:

Aplicação pessoal:

Pedidos de oração:

Respostas de oração:

O CUSTO DE VIVER

...amando o SENHOR, teu Deus, dando ouvidos à sua voz [...] para que habites na terra...
—Deuteronômio 30:20

Quando era jovem, eu pensava que o custo de viver na casa de meus pais era muito alto. Olhando para trás, rio-me de quão ridículo era reclamar. Meus pais nunca me cobraram um centavo por viver em casa. O único "custo" era a obediência. Eu apenas tinha de obedecer a regras como limpar o que sujava, ser educada, dizer a verdade, e ir à igreja. As regras não eram difíceis, mas mesmo assim eu tinha dificuldade em obedecê-las. Contudo, meus pais não me expulsavam por minha desobediência. Eles apenas continuavam me lembrando de que as regras eram para me proteger, não para me ferir, e às vezes eles tornavam as regras mais estritas para proteger-me de mim mesma.

O custo de viver na Terra Prometida era o mesmo: obediência. Em sua fala final à nação, Moisés lembrou o povo de que as bênçãos que Deus desejava dar-lhes dependiam de sua obediência (Deuteronômio 30:16). Anteriormente, ele lhes havia dito que uma boa vida seria determinada por obediência: "Guarda e cumpre todas estas palavras que te ordeno, para que bem te suceda a ti..." (12:28).

Algumas pessoas pensam que a Bíblia tem regras demais. Eu gostaria que elas pudessem ver que os mandamentos de Deus são para o nosso bem; eles nos permitem viver em paz uns com os outros. Obediência é simplesmente o "custo" de ser parte da família de Deus neste glorioso globo que Ele criou e nos permite chamar de lar. —JAL

A BÍBLIA NÃO É UM FARDO, MAS UM GUIA PARA UM VIVER PLENO DE ALEGRIA.

SINCRONISMO É TUDO

4 de Outubro

...todas as coisas cooperam para o bem daqueles [...] que são chamados segundo o seu propósito.
—Romanos 8:28

Leitura: SALMO 37:3-11

Passaram-se alguns meses até eu perceber que aquele encontro que eu imaginava ter ocorrido por coincidência havia sido devido a um bom sincronismo de meu futuro marido.

Da galeria da igreja, ele me viu, deduziu por qual das portas eu sairia, desceu correndo e chegou segundos antes de mim. Quando ele, casualmente, segurou a porta e iniciou uma conversa, eu não me dei conta do fato de seu convite "de improviso" para jantar ter sido premeditado. Foi um sincronismo perfeito.

O sincronismo perfeito é uma coisa rara — pelo menos, para os seres humanos. Mas, Deus tem propósitos e planos específicos para nós, e Seu sincronismo é sempre perfeito.

Observamos esse sincronismo na vida destes personagens da Bíblia: o servo de Abraão orou por uma esposa para Isaque. Deus respondeu a sua oração trazendo a jovem até ele (Gênesis 24). José foi vendido como escravo, falsamente acusado, e jogado na prisão. Mas, finalmente, Deus o usou para preservar as vidas de muitas pessoas durante uma carestia (45:5-8; 50:20). E nos maravilhamos com a coragem de Ester quando Mordecai a fez recordar: "...quem sabe se para conjuntura como esta é que foste elevada a rainha?" (Ester 4:14).

Você está desapontado com o ritmo dos planos de Deus? "Confia no SENHOR" (Salmo 37:3). Deus abrirá as portas no tempo perfeito. —CHK

Verdades bíblicas:

Aplicação pessoal:

Pedidos de oração:

Respostas de oração:

O SINCRONISMO DE DEUS É PERFEITO — O TEMPO TODO!

5 de Outubro

Leitura: 1 Coríntios 10:1-13

Verdades bíblicas:

Aplicação pessoal:

Pedidos de oração:

Respostas de oração:

OS MENOS PODEROSOS

Aquele, pois, que pensa estar em pé veja que não caia.
—1 Coríntios 10:12

Uma lista incomum, denominada *As 100 Pessoas Menos Poderosas do Mundo*, apareceu na publicação americana *on-line* chamada "24/7 *Wall St*". Dentre os selecionados estavam executivos, atletas, políticos e celebridades com uma característica em comum — eles tinham sido poderosos. Alguns foram vítimas de circunstâncias, outros tomaram más decisões de negócios, enquanto outros perderam sua influência em decorrência de falha moral.

No livro de 1 Coríntios 10, Paulo tira uma sombria lição da história do Antigo Testamento. As pessoas que Moisés levou da escravidão no Egito para a liberdade na Terra Prometida sempre viravam as costas para Deus, que as havia livrado (vv.1-5). Idolatria, imoralidade e murmuração estavam entre as coisas que as derrubavam (vv.6-10). Paulo destaca o colapso delas como um exemplo para nós e alerta: "Aquele, pois, que pensa estar em pé veja que não caia" (v.12).

Todo seguidor de Jesus pode permanecer firme na promessa de Deus: "…juntamente com a tentação, vos proverá livramento, de sorte que a possais suportar" (v.13). Todos nós temos poder para influenciar outras pessoas em assuntos de fé. Como é trágico desperdiçá-lo por ceder a uma tentação que Deus nos capacitou para resistir!
—DCM

A MELHOR MANEIRA DE ESCAPAR DA TENTAÇÃO É CORRER PARA DEUS.

ABAIXE SUAS MÃOS

6 de Outubro

Aquietai-vos e sabei que eu sou Deus…
—Salmo 46:10

Leitura: SALMO 46

Você pensaria que eu tenho as impressões digitais de minha mãe embutidas em meu joelho, devido às vezes em que ela apertou minha perna na igreja e sussurrou muito claramente: "Fique quieto". Como qualquer menino, eu não conseguia ficar quieto em lugares como a igreja. Assim, durante anos, quando eu lia "Aquietai-vos e sabei que eu sou Deus…" (Salmo 46:10), pensava nisso em termos de não ser impaciente.

Mas, a palavra hebraica para aquietar significa *cessar a luta*. É o conceito de descansar suas mãos e permitir que Deus intervenha em sua situação, sem a sua interferência. Essa imagem literária é interessante, uma vez que, frequentemente, usamos as nossas mãos para afastar coisas de nosso caminho, para nos proteger ou para revidar. Quando abaixamos as mãos, isso nos faz sentir indefesos e vulneráveis — a menos que possamos confiar que "Deus é o nosso refúgio e fortaleza, socorro bem presente nas tribulações" (v.1) e que "O SENHOR dos Exércitos está conosco; o Deus de Jacó é o nosso refúgio" (v.7). Em outras palavras, pare de debater-se e espere que Deus faça a Sua obra!

Diante de todas as circunstâncias da vida, podemos conhecer a paz por confiar na presença e no poder de Deus em meio à tribulação enquanto esperamos, pacientemente e em oração, por Seu livramento. Por isso, descanse suas mãos, porque as mãos de Deus estão ocupadas por você!
—JMS

Verdades bíblicas:

Aplicação pessoal:

Pedidos de oração:

Respostas de oração:

QUANDO COLOCAMOS NOSSOS PROBLEMAS NAS MÃOS DE DEUS, ELE COLOCA A SUA PAZ EM NOSSOS CORAÇÕES.

7 de Outubro

Leitura: JOÃO 15:8-17

Verdades bíblicas:

Aplicação pessoal:

Pedidos de oração:

Respostas de oração:

AINDA DANDO FRUTOS

Nisto é glorificado meu Pai, em que deis muito fruto...
—João 15:8

Às vezes, a colheita é tardia. Às vezes, você planta sementes de esperança sem realmente perceber. Às vezes, o fruto da sua vida vem de uma maneira e num tempo que você jamais esperaria.

Minha filha Melissa aceitara o dom da salvação de Deus em tenra idade. Mas, ela nunca se viu como uma grande cristã cujo exemplo pudesse transformar vidas. Ela era apenas uma estudante de Ensino Médio tentando dar conta de emprego, escola, esportes e de valorizar as amizades — apenas uma garota tentando viver conforme a vontade de Deus.

Contudo, em 2002, quando Ele a acolheu no céu com apenas 17 anos, sua fé em Cristo e sua vida fiel foram interrompidas. Sem prévio aviso. Sem tempo para acertar pendências com outras pessoas. Sem novas oportunidades para "dar muito fruto" (João 15:8).

Melissa tentou viver de uma maneira agradável a Deus — e sua vida ainda está dando fruto. Ainda recentemente, ouvi falar de um jovem que aceitou Jesus como Salvador num acampamento esportivo após um treinador contar a história de Melissa.

Todos nós estamos escrevendo uma história com nossas vidas — uma história que afeta outras pessoas agora e no futuro. Estamos vivendo para agradar a Deus? Não sabemos quando o Senhor nos chamará para o Lar celestial. Por isso, vivamos todos os dias de olho na colheita. —JDB

UMA COLHEITA FRUTÍFERA DEMANDA UMA VIDA FIEL.

AJUDANDO NOS OBSTÁCULOS

Melhor é serem dois do que um [...] Porque se caírem, um levanta o companheiro...
—Eclesiastes 4:9-10

8 de Outubro

Leitura: Atos 15:36-41
2 Timóteo 4:11

Quando minha filha Debbie era uma garotinha, ela estudava balé. Um dos exercícios de dança envolvia saltar sobre um colchonete enrolado. Em sua primeira tentativa, Debbie acabou caindo fora desse obstáculo. Durante um momento, ela ficou sentada no chão atônita e, depois, começou a chorar. Imediatamente, corri para ajudá-la a levantar-se e lhe disse palavras suaves para acalmá-la. Então, segurando sua mão, corri com ela até ela ter sucesso no salto. Debbie necessitou do meu encorajamento para superar aquele obstáculo.

Ao trabalhar com Paulo em sua primeira viagem missionária, João Marcos também se viu frente a um grande obstáculo: As coisas ficaram difíceis na viagem e ele desistiu. Quando Barnabé tentou convocar Marcos para a segunda viagem de Paulo, criou-se um conflito. Barnabé quis dar-lhe uma segunda chance, mas Paulo o viu como um risco. Finalmente, eles se separaram e Barnabé levou Marcos consigo em sua viagem (Atos 15:36-39).

A Bíblia não fala sobre a reação de João Marcos quando Barnabé o ajudou a ultrapassar seu obstáculo ministerial. Contudo, ele deve tê-lo superado com sucesso, porque, posteriormente, Paulo escreveu que João Marcos lhe era "útil para o ministério" (2 Timóteo 4:11).

Ao vermos um cristão lutando com aparente fracasso, devemos prestar-lhe ajuda. Você é capaz de lembrar de alguém que precisa de ajuda para superar um obstáculo? —HDF

Verdades bíblicas:

Aplicação pessoal:

Pedidos de oração:

Respostas de oração:

A BONDADE REANIMA QUANDO OS PROBLEMAS DESANIMAM.

9 de Outubro

Leitura: Jó 1:13-22

Verdades bíblicas:

Aplicação pessoal:

Pedidos de oração:

Respostas de oração:

AINDA NAS MÃOS DE DEUS

*Em tudo isto Jó não pecou,
nem atribuiu a Deus falta alguma.*
—Jó 1:22

Durante meu primeiro ano de seminário, escutei uma nova amiga descrever sua vida. Abandonada por seu marido, ela estava criando sozinha os seus dois filhos pequenos. Ganhando pouco mais de um salário mínimo, tinha pouca chance de escapar da pobreza e dos perigos que ela contou haverem em seu bairro.

Como pai, fiquei tocado por sua preocupação com os filhos e perguntei: "De que maneira você lida com tudo isso?". Ela pareceu surpresa por minha pergunta e respondeu: "Estamos fazendo tudo que podemos, e eu preciso deixá-los nas mãos de Deus." Sua confiança em Deus em meio às provações lembrou-me da confiança de Jó (1:6-22).

Um ano depois, ela me telefonou e perguntou se eu poderia encontrá-la na capela funerária. Seu filho havia sido morto por uma bala perdida quando um carro passou com pessoas atirando. Pedi a Deus por palavras para confortá-la e pela sabedoria de não tentar explicar o inexplicável.

Em pé junto a ela naquele dia, porém, maravilhei-me enquanto ela repetidamente confortava outras pessoas — com sua confiança em Deus inabalada por aquele terrível golpe. Virando-se para mim ao sairmos, suas últimas palavras foram um pungente lembrete da profundidade de sua fé: "Meu filho ainda está nas mãos de Deus." Como Jó, ela "…não pecou, nem atribuiu a Deus falta alguma" (v.22).

Nós também podemos desenvolver uma fé inabalável caminhando diariamente com o Senhor. —RKK

NADA PODE ABALAR OS QUE ESTÃO FIRMADOS NAS MÃOS DE DEUS.

JESUS ESTÁ PRÓXIMO

10 de Outubro

*...Na verdade, o S*ENHOR *está neste lugar, e eu não o sabia.*
—Gênesis 28:16

Leitura: GÊNESIS 28:10-22

Samuel, de quatro anos, terminou de jantar e pediu licença para sair da mesa, pois queria ir brincar fora de casa. Mas, ele era muito novo para ficar fora sozinho; então, sua mãe disse: "Não. Você não pode sair sozinho. Você precisa esperar que eu termine para poder ir com você." Ele, rapidamente, respondeu: "Mas, mamãe, Jesus está comigo!"

Samuel aprendera com seus pais que o Senhor está sempre ao seu lado. Em nossa leitura da Bíblia, vemos que Jacó também aprendera essa lição. Seu pai Isaque o abençoara e lhe dissera para encontrar uma esposa dentre os parentes de sua mãe (Gênesis 28:1-4). Ele seguiu essa orientação e viajou para Padã-Arã.

Enquanto Jacó dormia, o Senhor lhe apareceu em sonho e disse: "Eis que eu estou contigo, e te guardarei por onde quer que fores [...] porque te não desampararei..." (v.15). Ao acordar, ele tinha certeza de ter ouvido a voz de Deus e disse: "Na verdade, o SENHOR está neste lugar..." (v.16). Confiante da presença de Deus, ele se comprometeu a segui-lo em sua vida (vv.20-21).

Se recebemos Jesus como nosso Salvador (João 1:12), podemos estar confiantes e nos confortar sabendo que Ele está sempre presente conosco (Hebreus 13:5). Como fez Jacó, que a nossa resposta ao Seu amor seja uma devoção sincera. —AMC

Verdades bíblicas:

Aplicação pessoal:

Pedidos de oração:

Respostas de oração:

NOSSO DEUS AMOROSO ESTÁ SEMPRE PERTO — PARA SEMPRE AO NOSSO LADO.

11 de Outubro

Leitura: 2 Crônicas 14:1-11

Verdades bíblicas:

Aplicação pessoal:

Pedidos de oração:

Respostas de oração:

APAVORAR-SE OU ORAR?

...ajuda-nos, pois, Senhor, nosso Deus, porque em ti confiamos e no teu nome viemos contra esta multidão...
—2 Crônicas 14:11

Uma mulher de 85 anos, solitária num convento, ficou presa num elevador durante três dias e quatro noites. Felizmente, ela tinha uma jarra de água, alguns talos de aipo e um pouco de xarope para tosse. Após tentar, sem sucesso, abrir as portas do elevador e conseguir sinal de telefonia celular, ela decidiu recorrer a Deus em oração. "Era entrar em pânico ou orar", disse ela depois à CNN. Em sua angústia, ela confiou em Deus e esperou até ser resgatada.

Asa também se deparou com as opções de entrar em pânico ou orar (2 Crônicas 14). Ele foi atacado por um exército etíope de um milhão de homens. Mas, ao enfrentar essa enorme força bélica, em vez de confiar em estratégia militar ou acovardar-se por temor, ele recorreu ao Senhor em urgente oração. Numa poderosa e humilde oração, Asa confessou sua total dependência dele, pediu ajuda e apelou ao Senhor para proteger Seu próprio nome: "...ajuda-nos, pois, Senhor, nosso Deus, porque em ti confiamos e no teu nome viemos contra esta multidão..." (v.11). O Senhor respondeu a oração de Asa e este foi vitorioso sobre o exército etíope.

Quando enfrentamos "saias justas", recursos parcos, um grande exército de problemas, ou soluções aparentemente sem saída, não entremos em pânico, mas voltemo-nos a Deus, que luta por Seu povo e lhe concede vitória. —MLW

A ORAÇÃO É A PONTE ENTRE O PÂNICO E A PAZ.

UMA IGREJA OPERANTE

12 de Outubro

Damos, sempre, graças a Deus por todos vós [...] e, sem cessar, recordando-nos [...] da operosidade da vossa fé...
—1 Tessalonicenses 1:2-3

Leitura: Apocalipse 2:1-7

Verdades bíblicas:

Aplicação pessoal:

Pedidos de oração:

Respostas de oração:

Minha mulher, Shirley, e eu fizemos um cruzeiro pelos fiordes da Noruega na comemoração de nosso 50º aniversário de casamento. Viajando em direção ao norte, paramos em numerosas cidadelas e vilas, frequentemente visitando igrejas. Dentre elas havia uma igreja do século 12 que nossa guia descreveu orgulhosamente como "uma igreja ainda operante". Perguntei-lhe: "O que você quer dizer com isso?". Ela se referiu aos dias da igreja estatal, quando os pastores indicados pelo estado simplesmente recebiam seu salário, mas nenhum ia aos cultos. Mas, esta igreja vinha realizando fielmente cultos de adoração e servindo ativamente ao Senhor há quase mil anos!

Imediatamente pensei nas sete igrejas do livro de Apocalipse 2 e 3, para as quais Jesus disse: "Conheço as tuas obras..." (2:2,9,13,19; 3:1,8,15). Além disso, a igreja de Tessalônica foi recomendada pelo apóstolo Paulo pela "...operosidade da vossa fé, da abnegação do vosso amor e da firmeza da vossa esperança em nosso Senhor Jesus Cristo" (1 Tessalonicenses 1:3).

Também pensei em minha igreja em meu país. Durante mais de 130 anos ela tem sido fiel em anunciar o evangelho e cuidar de sua congregação e comunidade. Ela é, verdadeiramente, uma "igreja operante". Que privilégio temos se fazemos parte de um corpo local de cristãos no qual podemos crescer e servir ao nosso Senhor!
—DCE

A IGREJA É UM CORPO VIVO E PRECISA TER PEÇAS QUE FUNCIONEM.

13 de Outubro

Leitura: Marcos 4:1-20

Verdades bíblicas:

Aplicação pessoal:

Pedidos de oração:

Respostas de oração:

PALÁCIO DO MILHO

E, ao semear, uma parte caiu à beira do caminho, e vieram as aves e a comeram.
—Marcos 4:4

As paredes do *Mitchell Corn Palace* (Palácio Mitchell do Milho) exibem lindos murais a cada ano. As cenas incluem pássaros em voo, carroções avançando para o oeste, tendas de índios nativos dos EUA e paisagens rurais. Existe, contudo, uma peculiaridade sobre esses murais — eles são feitos de milho, sementes e capins. Os murais externos são substituídos anualmente por um novo tema, em parte porque os pássaros famintos se alimentam deles.

Jesus contou uma parábola sobre pássaros e sementes: "Ouvi: Eis que saiu o semeador a semear. E, ao semear, uma parte caiu à beira do caminho, e vieram as aves e a comeram" (Marcos 4:3-4). Outra parte caiu em solo rochoso e cheio de espinhos, não permitindo que dessem fruto (vv.5-7). Mas, outra parte caiu em boa terra e rendeu uma colheita abundante (v.8).

Jesus explicou que, quando as pessoas à beira do caminho ouvem a Palavra de Deus, "…logo vem Satanás e tira a palavra semeada neles" (v.15). O diabo odeia o evangelho e procura impedir as pessoas de crerem nele. Com frequência, ele sutilmente incentiva os ouvintes a procrastinarem uma tomada de decisão ou a esquecerem o que ouviram. Para fazer frente a isso, em nosso testemunho devemos orar para que o Senhor da colheita faça a Palavra enraizar-se em corações receptivos. —HDF

NÓS PLANTAMOS A SEMENTE; DEUS DÁ A COLHEITA.

LIÇÕES DE UMA CERCA

Todo aquele, pois, que ouve estas minhas palavras e as pratica será comparado a um homem prudente que edificou a sua casa sobre a rocha. —Mateus 7:24

14 de Outubro

Leitura: MATEUS 7:21-29

Quando uma parte da cerca de nossa casa foi derrubada por uma ventania de março, minha primeira reação foi culpar o homem que a construíra para mim apenas alguns meses antes. Refletindo melhor sobre o assunto, concluí que a culpa era minha. Quando a cerca estava quase completa, eu lhe disse que não havia necessidade de substituir quatro pilares da cerca antiga por outros novos de concreto. "Apenas fixe a cerca nova aos pilares antigos", eu disse. "Será suficiente." E foi — até chegarem os ventos.

Jesus contou uma poderosa história para enfatizar a importância de edificarmos nossas vidas no sólido alicerce da obediência à Sua Palavra. "Todo aquele, pois, que ouve estas minhas palavras e as pratica será comparado a um homem prudente que edificou a sua casa sobre a rocha; e caiu a chuva, transbordaram os rios, sopraram os ventos e deram com ímpeto contra aquela casa, que não caiu, porque fora edificada sobre a rocha. E todo aquele que ouve estas minhas palavras e não as pratica será comparado a um homem insensato que edificou a sua casa sobre a areia" (Mateus 7:24-26). Quando o vento e a chuva bateram contra as casas, somente aquela edificada sobre a rocha permaneceu em pé.

Escutar a Palavra de Deus é essencial, mas, fazer o que Ele diz é a chave para resistir às tempestades da vida. Nunca é tarde demais para começar a edificar sobre a Rocha. —DCM

Verdades bíblicas:

Aplicação pessoal:

Pedidos de oração:

Respostas de oração:

QUANDO O MUNDO À SUA VOLTA ESTÁ DESMORONANDO, DEUS É A ROCHA EM QUE VOCÊ PODE FIRMAR-SE.

15 de Outubro

Leitura: SALMO 23

Verdades bíblicas:

_____
_____
_____
_____
_____
_____

Aplicação pessoal:

_____
_____
_____
_____
_____
_____

Pedidos de oração:

_____
_____
_____
_____
_____
_____

Respostas de oração:

_____
_____
_____
_____
_____
_____

ESCOLTA ATRAVÉS DO VALE

Onde está, ó morte, a tua vitória?
Onde está, ó morte, o teu aguilhão?
—1 Coríntios 15:55

Ouvi pessoas dizerem: "Não tenho medo da morte porque tenho certeza que vou para o céu; é o processo da morte que me apavora!" Sim, como cristãos, temos a expectativa de irmos ao céu, mas podemos ter medo de morrer. Não precisamos ter vergonha de admitir isso. É natural ter medo da dor que acompanha a morte, da separação de nossos entes queridos, de possivelmente empobrecermos nossas famílias, e do arrependimento sobre oportunidades terrenas perdidas.

Por que os cristãos não precisam ter medo da morte? Porque Jesus foi elevado do túmulo, e nós que estamos em Cristo também seremos elevados. Por esse motivo, no livro de 1 Coríntios 15:56-57, Paulo proclamou: "O aguilhão da morte é o pecado, e a força do pecado é a lei. Graças a Deus, que nos dá a vitória por intermédio de nosso Senhor Jesus Cristo."

O processo de morte, em si, é apenas uma escolta que nos abre as portas para a eternidade com Deus. Ao andarmos "pelo vale da sombra da morte", podemos ter essa confiança provinda da Palavra de Deus: "...tu estás comigo; o teu bordão e o teu cajado me consolam" (Salmo 23:4). A imagem, aqui, é do Senhor chegando-se a nós, dando conforto e direção ao escoltar-nos através do vale tenebroso em direção à "Casa do SENHOR". Ali, habitaremos com Ele "...na Casa do SENHOR para todo o sempre (v.6). —AL

A MORTE É A ÚLTIMA SOMBRA ANTES DA ALVORADA DO CÉU.

NEM MAIS, NEM MENOS

16 de Outubro

Procura apresentar-te a Deus aprovado, como obreiro que não tem de que se envergonhar, que maneja bem a palavra da verdade.
—2 Timóteo 2:15

Leitura: 2 Timóteo 2:14-26

Recentemente, estava lendo sobre quão fácil é transmitir erroneamente a mensagem da Bíblia. Podemos tentar fazê-la apoiar aquilo que já cremos ser verdade, em vez de permitir que ela nos transmita a mensagem pretendida por Deus. Algumas pessoas usam a Bíblia para defender um lado de uma questão, enquanto outras a utilizam para atacar essa mesma questão. Todas elas citam as Escrituras para apoiar seus pontos de vista, mas é impossível todas estarem certas.

Ao citarmos a Palavra de Deus, é importante termos o compromisso de dizer nada mais e nada menos do que as Escrituras realmente dizem. Se usamos mal a Palavra, nós a deturpamos e, isso, em última análise, deturpa o caráter de Deus. Por essa razão, Paulo desafiou Timóteo: "Procura apresentar-te a Deus aprovado, como obreiro que não tem de que se envergonhar, que maneja bem a palavra da verdade" (2 Timóteo 2:15). Uma prioridade-chave para os obreiros de Cristo aprovados que não têm de que se envergonhar, é interpretar com precisão ("manejar bem") a Palavra de Deus. Ao estudarmos, podemos depender do Espírito, que a inspirou, para dar-nos entendimento e sabedoria.

Por meio de nossas palavras e ações, temos a oportunidade de representar a Palavra de Deus de maneiras que reflitam genuinamente o desejo de Deus. Esse é um dos maiores privilégios da vida cristã.
—WEC

Verdades bíblicas:

Aplicação pessoal:

Pedidos de oração:

Respostas de oração:

PALAVRA DE DEUS — MANUSEIE COM CUIDADO.

17 de Outubro

Leitura: GÊNESIS 1

Verdades bíblicas:

Aplicação pessoal:

Pedidos de oração:

Respostas de oração:

ANTES DO INÍCIO

...e, agora, glorifica-me, ó Pai, contigo mesmo, com a glória que eu tive junto de ti, antes que houvesse mundo.
—João 17:5

Quando meu filho era adolescente, ele me fez uma daquelas perguntas que fazem você ganhar duramente seu salário de pai. "Pai," perguntou Estêvão, "se Deus existe desde a eternidade passada, o que Ele fazia antes de criar o universo?"

Então, o que estava acontecendo nos éons (período de tempo imensurável) antes de Deus criar "...os céus e a terra"? (Gênesis 1:1). Bem, sabemos que existia *sabedoria* antes da própria criação, que provinha do caráter de Deus. A sabedoria, personificada no livro de Provérbios 8:23, disse: "Desde a eternidade fui estabelecida, desde o princípio, antes do começo da terra."

Também sabemos que o plano de graça da salvação de Deus estava sendo criado antes de o mundo ser estabelecido em seu lugar. No livro de 2 Timóteo 1:9, lemos que a graça "...nos foi dada em Cristo Jesus, antes dos tempos eternos". Semelhantemente, o livro de Tito 1:2 diz que a vida eterna foi prometida "...antes dos tempos eternos". Também sabemos que Jesus foi glorificado e amado na presença de Deus "...antes que houvesse mundo" (João 17:5; veja também v.24).

Esses minúsculos vislumbres de Deus antes de Ele ter criado a terra nos ajudam a ver um pouco da essência e magnitude de nosso tremendo e eterno Deus. Vemos Sua majestade e grandiosidade. Surpreendente, não? Adoramos um Deus que existe desde antes do início... e além. —JDB

O MUNDO CRIADO É APENAS UM PEQUENO PARÊNTESE NA ETERNIDADE. —SIR THOMAS BROWNE

O QUE DEUS TEM FEITO?

Porventura, não me é lícito fazer o que quero do que é meu?...
—Mateus 20:15

18 de Outubro

Leitura: MATEUS 20:1-16

Encontrei um homem absolutamente convencido de que Deus não poderia perdoá-lo pelas coisas que fizera. Um senhor mais idoso começou a apascentá-lo e, um ano mais tarde, fiquei deliciado ao ver que o homem mais jovem havia não somente aceitado Jesus como seu Salvador, mas também estava consumindo as Escrituras com voracidade. Três anos depois, porém, ao conversar com ele, percebi que o seu entusiasmo fora substituído por murmuração: "Não consigo entender como Deus pode deixar pessoas más prosperarem enquanto tantos de Seus filhos (incluindo a si mesmo, ele poderia ter dito) estão lutando para equilibrar o orçamento." A murmuração corroeu a alegria de sua fé.

Como tantos de nós, ele esquecera o quanto ele havia necessitado da graça de Cristo. A gratidão que sentira ao receber o Senhor estava, agora, perdida. Esta atitude nos faz lembrarmo-nos dos trabalhadores da vinha na parábola de Jesus (Mateus 20:1-16). Seu foco mudou para o que estava acontecendo com, e para as outras pessoas (vv.10-12).

Embora Deus não nos deva nada, Ele nos dá gratuitamente a salvação que Ele promete quando aceitamos a Cristo. Então, Ele estende Sua generosidade enviando o Seu Espírito para ajudar-nos nesta vida enquanto nos preparamos para o gozo da eternidade com Ele. A aparente injustiça da vida exige que mantenhamos nossos olhos nele e em Sua Palavra — não em outras pessoas. —RKK

Verdades bíblicas:

Aplicação pessoal:

Pedidos de oração:

Respostas de oração:

TUDO QUE VOCÊ PRECISA SABER PARA CONTENTAR-SE É ISSO: DEUS É BOM.

19 de Outubro

Leitura: Tito 3:1-8

Verdades bíblicas:

Aplicação pessoal:

Pedidos de oração:

Respostas de oração:

MARCHAS NÃO UTILIZADAS

...estejam prontos para toda boa obra.
—Tito 3:1

Minha primeira bicicleta tinha uma única marcha. Quer eu andasse rápida ou lentamente, subindo ou descendo ladeiras, aquela marcha fazia tudo. Minha bicicleta seguinte tinha três marchas: uma para superfícies planas, outra para subir ladeiras e outra ainda para descê-las. Minha terceira bicicleta tinha dez marchas, permitindo-me uma gama ainda maior de opções. Embora minha última bicicleta tivesse várias marchas à escolha, eu não usava todas sempre que andava nela. Algumas eram mais adequadas para partir e subir ladeiras, outras eram reservadas para ganhar velocidade, e outras ainda eram melhores para andar tranquilamente. Mas, a questão sobre as marchas é: Embora eu não as usasse todo o tempo, isso não significava que eu nunca precisaria delas.

O mesmo pode ser válido para os nossos dons e capacidades espirituais. Em épocas nas quais sinto não estar sendo utilizado para fazer certas coisas que antes fazia, em vez de sentir-me inútil e não reconhecido, agradeço a Deus pela *marcha* que estou sendo capaz de utilizar. Uma habilidade não ser necessária neste momento não significa que ela nunca o será.

Nossos dons espirituais são necessários de diferentes maneiras em diferentes momentos. As necessidades e as circunstâncias mudam de maneiras imprevisíveis. O apóstolo Paulo lembrou a Tito "...estejam prontos para toda boa obra" (Tito 3:1). Que isso também possa ser verdadeiro para nós. —JAL

MANTENHA SUAS FERRAMENTAS PRONTAS — DEUS ENCONTRARÁ TRABALHO PARA VOCÊ.

OBSERVANDO E AGUARDANDO

Porque assim me disse o Senhor: Olhando da minha morada, estarei calmo.
—Isaías 18:4

No livro de Isaías 18, parece que o mundo todo é posto em batalha contra o povo de Deus. Contudo, qual é a reação do Todo-poderoso? "Olhando da minha morada, estarei calmo..." (v.4). Sua quietude pode parecer ter sido uma aceitação da conspiração contra o Seu povo. Mas, não era. A reação de Deus foi Seu lembrete de que Ele age no Seu tempo — no momento exato e segundo a Sua vontade.

Penso em Jesus esperando quatro dias enquanto Lázaro jazia no túmulo (João 11:39). Ele não sabia? Ele não se importava? É claro que sim! Ele estava esperando pelo momento certo de agir e ensinar as lições que desejava ensinar.

A Bíblia registra as *demoras* de Deus, muitas das quais parecem, no momento, inexplicáveis a partir do nosso ponto de vista. Mas, todas as demoras fluem das profundezas de Sua sabedoria e amor. Se a aceitarmos, a demora pode, no mínimo, produzir as virtudes mais calmas — humildade, paciência, perseverança e persistência — qualidades frequentemente aprendidas por último.

Você está angustiado? O Senhor parece distante e apartado? Ele não está indiferente ao seu apuro e não fica impassível diante dos seus apelos. Ele espera enquanto Seus propósitos são atingidos. E, no momento certo, Ele intercederá. Deus nunca tem pressa, mas Ele é sempre pontual. —DHR

20 de Outubro

Leitura: Isaías 18:1-5

Verdades bíblicas:

Aplicação pessoal:

Pedidos de oração:

Respostas de oração:

VALE A PENA ESPERAR POR DEUS; SEU TEMPO É SEMPRE O MELHOR.

21 de Outubro

Leitura: GÁLATAS 6:1-10

Verdades bíblicas:

Aplicação pessoal:

Pedidos de oração:

Respostas de oração:

DIA DE COLHEITA

*...aquilo que o homem semear,
isso também ceifará.*
—Gálatas 6:7

Certa tarde de outono, passei de carro por um campo no qual um fazendeiro estacionara um enorme maquinário ao lado da estrada. Uma placa amarela dizia: "Estamos em colheita." Ao dar uma olhada no campo, reconheci instantaneamente o que o fazendeiro plantara vários meses antes — minúsculas sementes de milho. Sabia disso porque ele estava se preparando para conduzir sua colheitadeira através de hectares de pés de milho maduros.

Embora possa parecer óbvio que plantar milho leva a colher milho, às vezes negamos a relação entre semear e colher em nossas vidas espirituais. O apóstolo Paulo escreveu: "Não vos enganeis [...]: pois aquilo que o homem semear, isso também ceifará" (Gálatas 6:7). Viver para agradar a nossa carne resulta em corrupção, expressa na forma de desejar o que não é nosso, egocentrismo e até abuso de substâncias químicas (5:19-21). Caminhar com o Espírito produz paz, bondade e domínio próprio (5:22-23). Pela graça de Deus, podemos escolher "semear para o Espírito" e colher vida eterna (6:8).

Suponha que Jesus declarasse hoje como o *dia de colheita* em nossas vidas e nos pedisse para ajuntarmos o resultado de nossas escolhas diárias de todo o último ano. O que teríamos para lhe mostrar? —JBS

AS SEMENTES QUE PLANTAMOS HOJE DETERMINAM O TIPO DE FRUTO QUE COLHEREMOS AMANHÃ.

DÊ GRAÇAS

Em tudo, dai graças, porque esta é a vontade de Deus em Cristo Jesus para convosco.
—1 Tessalonicenses 5:18

22 de Outubro

Leitura: 1 Tessalonicenses 5:16-19

Durante o inverno não temos muitos dias ensolarados em Lansing, Michigan, EUA. Mas, no ano passado, Deus nos abençoou com um desses dias lindos e parecia que quase todas as pessoas estavam agradecendo a Deus, exceto eu. Ao sair de meu escritório, um homem disse: "Que lindo dia temos hoje. É um presente de Deus!" — ao que eu repliquei: "Sim, mas vai nevar esta semana." Que ingratidão!

Em suas cartas, o apóstolo Paulo ajudou seus leitores a desenvolver uma teologia de gratidão. Ele escreveu sobre o ato de dar graças, com maior frequência do que qualquer outro autor do Novo Testamento. A partir das tantas vezes que ele utilizou a palavra graça, aprendemos algumas lições sobre ação de graças.

A ação de graças era sempre dirigida a Deus e nunca a pessoas. As pessoas eram presentes de Deus, e Paulo agradecia a Deus por seu crescimento, amor e fé (1 Coríntios 1:4; 1 Tessalonicenses 1:2).

A gratidão por tudo é dada por intermédio de Jesus (Colossenses 3:15,17). Paulo cria que os seguidores de Jesus podiam ser gratos por tudo porque Deus é soberano e está fazendo tudo pelo bem dos cristãos (1 Tessalonicenses 5:18).

Que possamos, intencionalmente, ter consciência dos presentes de Deus à nossa volta e responder com gratidão. Nossa reação aos presentes de Deus deve naturalmente expressar: "Graças ao Senhor".
—MLW

Verdades bíblicas:

Aplicação pessoal:

Pedidos de oração:

Respostas de oração:

A GRATIDÃO É UMA REAÇÃO NATURAL À GRAÇA DE DEUS.

23 de Outubro

Leitura: LAMENTAÇÕES 3:13-26

Verdades bíblicas:

Aplicação pessoal:

Pedidos de oração:

Respostas de oração:

CONFIAR NO AMOR

As misericórdias do Senhor são a causa de não sermos consumidos, porque as suas misericórdias não têm fim.
—Lamentações 3:22

Talvez a mais dolorosa declaração que uma pessoa possa ouvir é: "Não o amo mais." Essas palavras terminam relacionamentos, partem corações e despedaçam sonhos. Frequentemente, pessoas que foram traídas se resguardam contra a dor futura decidindo-se a não confiar novamente no amor de alguém. Essa convicção pré-estabelecida pode até incluir o amor de Deus.

O que é notável sobre o amor de Deus por nós é a Sua promessa de que nunca terá fim. O profeta Jeremias enfrentou circunstâncias devastadoras que o deixaram emocionalmente esgotado (Lamentações 3:13-20). Seu próprio povo rejeitou seus repetidos apelos para responderem ao amor de Deus e segui-lo. Num momento de depressão, Jeremias disse: "…já pereceu […] a minha esperança no Senhor" (v.18).

Contudo, em seu momento mais sombrio, Jeremias considerou o infalível amor de Deus e escreveu: "As misericórdias do Senhor são a causa de não sermos consumidos, porque as suas misericórdias não têm fim; renovam-se cada manhã. Grande é a tua fidelidade. A minha porção é o Senhor, diz a minha alma; portanto, esperarei nele" (Lamentações 3:22-24). Uma pessoa pode fazer o voto de amar-nos para sempre, mas não manter essa promessa; o amor de Deus, porém, permanece firme e seguro. "…o Senhor, vosso Deus, é quem vai convosco; não vos deixará, nem vos desamparará" (Deuteronômio 31:6). Esse é um amor no qual podemos confiar. —DCM

O AMOR DE DEUS NUNCA FALHA.

ELOQUENTE, MAS HUMILDE

24 de Outubro

[Deus] Guia os humildes na justiça e ensina aos mansos o seu caminho.
—Salmo 25:9

Leitura: Atos 18:24-28

Admiro as pessoas capazes de articular suas crenças e persuadir outras com sua retórica. Alguns chamam a isso "o dom da loquacidade" ou "ter jeito com as palavras". Outros chamam "eloquência".

Apolo tinha esse dom. Lemos que ele era "eloquente e poderoso nas Escrituras" (Atos 18:24). Mas, embora ensinasse com precisão a respeito de Cristo, ele pregava somente sobre o batismo de João, que era um batismo de arrependimento do pecado (v.25; 19:4).

Apolo tinha conhecimento dos ensinamentos de Jesus, mas pode não ter sabido de Sua morte e ressurreição e que o Espírito já viera (Atos 2). Seu ensino era incompleto, porque ele não sabia sobre estar cheio do Espírito para ter poder diariamente.

Então, Priscila e Áquila — um casal amigo de Paulo — convidaram Apolo à sua casa para corrigir seu ensino. Embora tivesse muita cultura e conhecesse bem as Escrituras, Apolo aceitou com humildade a instrução que eles lhe deram. Como resultado, Apolo foi capaz de continuar seu ministério, mas com novo entendimento.

O Salmo 25:9 nos lembra que Deus "Guia os humildes na justiça e ensina aos mansos o seu caminho." Se tivermos um espírito de humildade, poderemos ser ensinados por Deus e ser usados para tocar as vidas de outras pessoas. —CHK

Verdades bíblicas:

Aplicação pessoal:

Pedidos de oração:

Respostas de oração:

O LUGAR DA HUMILDADE É O LUGAR DE PODER.

25 de Outubro

Leitura: Salmo 145:1-13

Verdades bíblicas:

Aplicação pessoal:

Pedidos de oração:

Respostas de oração:

VISLUMBRE DA GLÓRIA

Meditarei no glorioso esplendor da tua majestade e nas tuas maravilhas.
—Salmo 145:5

Todo verão, milhares de espectadores de um programa matinal votam para escolher "O lugar mais bonito do país." Gostei muito quando anunciaram o vencedor do ano anterior, pois era um local em meu estado natal. Admito que não esperava que o lugar vencedor estivesse tão próximo do local onde moro. Isso me fez recordar a ocasião em que minha mulher e eu visitamos as cataratas de Niágara, [na fronteira entre EUA e Canadá]. Um homem que estava próximo percebeu nosso comportamento de turistas e, espirituosamente, disse: "Nada de mais, vejo isso todo dia."

Com que facilidade nos acostumamos às nossas adjacências e ficamos enfadados com coisas familiares — até lugares e experiências que, um dia, nos deleitaram. Embora a glória de Deus seja claramente exibida em toda a nossa volta, às vezes as ocupações cotidianas bloqueiam a nossa visão. Consideramos natural Sua maravilhosa obra em nossas vidas. Perdemos a maravilha da cruz. Esquecemos o privilégio de sermos Seus filhos. Negligenciamos o prazer da Sua presença e perdemos a beleza da Sua criação.

Amo a declaração do salmista: "Meditarei no glorioso esplendor da tua majestade e nas tuas maravilhas" (Salmo 145:5). Dediquemos tempo ainda hoje para meditar nas "maravilhosas obras" de Deus e ter um novo vislumbre de Sua glória! —JMS

SE AS COISAS CRIADAS SÃO TÃO ADORÁVEIS, QUÃO LINDO DEVE SER QUEM AS FEZ! —ANTÔNIO DE PÁDUA

ATÉ ELA?

...não foi também justificada por obras a meretriz Raabe...?
—Tiago 2:25

26 de Outubro

Leitura: JOSUÉ 2:1-14

Imagine percorrer sua árvore genealógica e encontrar essa descrição de sua ancestral: "Prostituta, abrigou em sua casa inimigos do governo. Quando confrontada pelas autoridades, ela mentiu a respeito do fato."

O que você faria a respeito dela? Esconderia sua história de todos os que perguntassem sobre sua família? Ou lhe daria destaque e louvor nas legendas de seu histórico familiar?

Apresento-lhe Raabe. Se o que lemos sobre ela no livro de Josué 2 fosse tudo o que soubéssemos, poderíamos amontoá-la com todos os outros renegados e maus exemplos da Bíblia. Mas, sua história não termina aí. O livro de Mateus 1:5-6 revela que ela foi a tetravó do rei Davi — e pertence à linhagem do nosso Salvador, Jesus. Ainda mais, Hebreus 11:31 cita Raabe como uma mulher de fé, que foi poupada da queda de Jericó (veja Josué 6:17). E, em Tiago 2:25, suas obras de resgate foram [da]das como evidência de sua justa fé.

O amor de Deus é surpreendente nesse [s]entido. Ele pode escolher pessoas com [m]á reputação, transformar suas vidas e [t]orná-las exemplos de Seu amor e perdão. [S]e você pensa que é mau demais para ser [p]erdoado, ou se conhece outra pessoa que [s]e sinta assim, leia sobre Raabe e alegre-[s]e. Se Deus pôde transformá-la num [f]arol de justiça, existe esperança para [t]odos nós. —JDB

Verdades bíblicas:

Aplicação pessoal:

Pedidos de oração:

Respostas de oração:

SEJAM OS NOSSOS PECADOS GRANDES OU PEQUENOS, JESUS É CAPAZ DE PERDOÁ-LOS TODOS.

27 de Outubro

Leitura: Jeremias 17:5-10

Verdades bíblicas:

Aplicação pessoal:

Pedidos de oração:

Respostas de oração:

TITANIC II

> ...Maldito o homem que confia no homem, faz da carne mortal o seu braço e aparta o seu coração do Senhor.
> —Jeremias 17:5

Mark Wilkinson comprou um barco de aproximadamente 5 metros para pesca e recreação. Aparentemente, ele não era supersticioso, pois batizou seu barco de Titanic II, como o navio de luxo que bateu numa geleira e afundou em 1912. A viagem inaugural do Titanic II a partir de um porto em Dorset, na Inglaterra, ia bem. Mas, quando Wilkinson voltava, o barco começou a encher-se de água. Logo, ele estava agarrado a um balaústre, aguardando o resgate. Registra-se que Wilkinson disse: "É um pouco embaraçoso, e fiquei farto de as pessoas me perguntarem se eu havia batido numa geleira." Isso foi acompanhado por uma testemunha ocular, que disse: "Não era um barco muito grande — acho que um cubo de gelo poderia tê-lo afundado!"

A história do Titanic II é um bocado irônica. Mas, ela também me faz pensar no Titanic original e no perigo da confiança mal direcionada. Os construtores daquele transatlântico estavam absolutamente confiantes de que o seu navio era inafundável. Mas, como estavam enganados! Jeremias nos lembra: "Maldito o homem que confia no homem, faz da carne mortal o seu braço e aparta o seu coração do Senhor" (Jeremias 17:5).

Todos nós somos propensos a buscar segurança em pessoas ou coisas. Com muita frequência, necessitamos ser lembrados de abandonar essas falsas confianças e nos voltarmos para Deus. Você está depositando sua confiança em algo que não seja Ele? —HDF

AQUELES QUE DEPOSITAM SUA CONFIANÇA EM DEUS NUNCA SERÃO DESAPONTADOS.

À DISTÂNCIA

...Na verdade, o Senhor está neste lugar, e eu não o sabia.
—Gênesis 28:16

28 de Outubro

Leitura: Atos 17:22-31

Uma canção popular do passado, chamada "À distância", imagina um mundo de harmonia e paz. Ela diz: "Deus nos observa à distância." Deveras, Deus nos observa, mas não à distância. Ele está presente no quarto com você, bem à sua frente, olhando-o com amor irrestrito em Seus olhos.

Penso no exemplo do Irmão Lawrence, que passou longos anos trabalhando numa cozinha lavando panelas e frigideiras e fazendo reparos nas sandálias de outros monges. Ele escreveu: "Tanto quanto pude, coloquei-me diante dele como adorador, fixando minha mente em Sua santa presença."

Essa tarefa também nos pertence. Mas nós nos esquecemos e, às vezes, precisamos de lembretes da Sua presença. Preguei um velho prego feito à mão na prateleira sobre minha escrivaninha para lembrar-me de que o Jesus crucificado e ressurreto está sempre presente. Nossa tarefa é lembrarmo-nos de ter o Senhor "...sempre à minha presença..." (Salmo 16:8) — saber que Ele está conosco até "a consumação do século" (Mateus 28:20) e que Ele "...não está longe de cada um de nós" (Atos 17:27).

Lembrar-se pode ser tão simples quanto recordar que o Senhor prometeu estar com você ao longo de todo o dia e dizer-lhe: "Bom dia", "Obrigado", "Socorro!" ou "Eu o amo". —DHR

Verdades bíblicas:

Aplicação pessoal:

Pedidos de oração:

Respostas de oração:

NINGUÉM É CAPAZ DE CHEGAR TÃO PERTO, QUE DEUS NÃO ESTEJA AINDA MAIS PERTO.

29 de Outubro

Leitura: MATEUS 9:27-38

Verdades bíblicas:

Aplicação pessoal:

Pedidos de oração:

Respostas de oração:

FAZENDO DIFERENÇA

…[Jesus] compadeceu-se delas…
—Mateus 9:36

A história de Elizabeth era comovente, para dizer o mínimo. Após uma experiência terrivelmente humilhante no local onde estava, ela tomou um ônibus para outro estado, para fugir de seu constrangimento. Chorando descontroladamente, ela quase não percebeu que o ônibus fizera uma parada no caminho. Um passageiro sentado atrás dela, um total desconhecido, começou a sair do ônibus quando, de repente parou, virou-se e foi até Elizabeth. Ele viu suas lágrimas e lhe entregou sua Bíblia, dizendo pensar que ela poderia precisar. Ele estava certo. Ela não necessitava somente da Bíblia, mas também do Cristo sobre quem a Bíblia fala. Elizabeth o recebeu como resultado desse simples ato de compaixão de um estranho que lhe presenteara.

Jesus é o nosso exemplo de compaixão. No livro de Mateus 9, lemos: "Vendo ele as multidões, compadeceu-se delas, porque estavam aflitas e exaustas como ovelhas que não têm pastor" (v.36). Nosso Senhor não apenas percebeu a dor e o sofrimento de pessoas quebrantadas, mas também respondeu desafiando Seus seguidores a orarem para que o Pai enviasse trabalhadores que pudessem reagir contra os sofrimentos e necessidades deste mundo moribundo (v.38).

Ao seguirmos o exemplo de Cristo, um coração cheio de compaixão por pessoas sem pastor pode compelir-nos a fazer diferença nas vidas de outras pessoas. —WEC

**UM MUNDO EM DESESPERO
PRECISA DE CRISTÃOS QUE SE IMPORTAM.**

FIQUE FIRME

...resplandeceis como luzeiros no mundo, preservando a palavra da vida...
—Filipenses 2:15-16

30 de Outubro

Leitura: 1 Reis 11:1-13

Enquanto esperava para entrar à direita num cruzamento com tráfego intenso, uma ambulância apareceu no topo de uma colina, vindo velozmente em minha direção. Alguém atrás buzinou para mim, incitando-me a entrar numa rua transversal. Eu sabia que a probabilidade de a ambulância parar era pequena e que fazer a conversão seria desastroso. Então, mantive meu pé no pedal de freio e permaneci onde estava.

Espiritualmente falando, precisamos "ficar onde estamos" e permanecer fiéis a Deus, a despeito da pressão dos outros. O rei Salomão teve de aprender isso pela maneira mais difícil. Ele começou seu reinado pedindo a Deus por sabedoria (1 Reis 3:9), e sua oração na consagração do templo revelou sua lealdade (8:23,61). Mas, ele não manteve o seu compromisso. Casou-se com muitas mulheres estrangeiras, que acabaram influenciando-o a adorar outros deuses. No final de sua vida, seu coração "...não perseverou em seguir ao Senhor..." (11:1-6; Neemias 13:26).

Hoje, tanto quanto na antiguidade, as pessoas podem incitar-nos a afastar a nossa lealdade de Deus e da Sua verdade. Contudo, com a ajuda de Deus, podemos preservar a palavra da vida (Filipenses 2:16). Se você se sente pressionado a entrar numa perigosa intersecção de crenças, estude a Palavra de Deus, vista Sua armadura (Efésios 6:10-18) e peça ajuda ao Espírito Santo (1 Coríntios 2:10-12). Então, fique firme com os seus companheiros de caminhada e seguidores de Cristo. —JBS

Verdades bíblicas:

Aplicação pessoal:

Pedidos de oração:

Respostas de oração:

PARA EVITAR SER CONDUZIDO AO ERRO, FIRME-SE NA VERDADE.

31 de Outubro

Leitura: Salmo 32:1-11

Verdades bíblicas:
_____
_____
_____
_____
_____

Aplicação pessoal:
_____
_____
_____
_____
_____
_____
_____

Pedidos de oração:
_____
_____
_____
_____
_____
_____

Respostas de oração:
_____
_____
_____
_____

ALGO A OCULTAR

...Disse: confessarei ao Senhor as minhas transgressões; e tu perdoaste a iniquidade do meu pecado.
—Salmo 32:5

Se você tem algo a ocultar, quem sabe, Mike Slattery pode ter a solução. Vários anos atrás, uma operadora de telefonia celular quis colocar uma antena em sua propriedade e disfarçá-la de pinheiro. Mike teve uma ideia melhor e construiu um falso celeiro com painéis de vinil, que permitiam a passagem das ondas de rádio. Ele transformou esse conceito em uma empresa de construção de estruturas para ocultar antenas por motivos de estética e segurança. De acordo com o jornal *The Gazette*, Colorado Springs, EUA, (A Gazeta) Slattery está convencido de que muitos de seus vizinhos ainda não têm ideia do que existe dentro de seu celeiro.

A maioria de nós tenta esconder alguma coisa. Pode ser algo tão inofensivo quanto uma bagunça num porão, ou tão tóxico quanto as falhas morais e espirituais que tentamos esconder dos outros, de nós mesmos e até de Deus.

No Salmo 32, Davi descreveu a futilidade de tentar esconder o seu pecado (vv.3-4) e o alívio de abrir sua alma ao Senhor: "Confessei-te o meu pecado e a minha iniquidade não mais ocultei. Disse: confessarei ao Senhor as minhas transgressões; e tu perdoaste a iniquidade do meu pecado" (v.5).

Confessar os nossos pecados a Deus e abandoná-los traz um novo senso de liberdade às nossas almas e a percepção de que nada temos a ocultar. —DCM

SEMPRE QUE ESTAMOS PRONTOS PARA REVELAR NOSSOS PECADOS, DEUS ESTÁ PRONTO PARA COBRI-LOS.

Novembro

1 de Novembro

Leitura: SALMO 22:1-8,19-26

Verdades bíblicas:

Aplicação pessoal:

Pedidos de oração:

Respostas de oração:

DESAMPARADO?

...louvarão o S<small>ENHOR</small> os que o buscam. Viva para sempre o vosso coração.
—Salmo 22:26

Você sabe qual é o salmo mais frequentemente citado no Novo Testamento? Você pode ter imaginado o familiar e amado Salmo 23, mas na verdade é o Salmo 22. Ele começa com as pungentes e comoventes palavras de Davi citadas por Jesus na cruz: "...Deus meu, Deus meu, por que me desamparaste?" (Mateus 27:46; Marcos 15:34).

Imagine em que situação Davi devia encontrar-se para clamar a Deus dessa maneira. Perceba que ele se sentiu desamparado e abandonado: "Por que se acham longe de minha salvação as palavras de meu bramido?" (Salmo 22:1). Ele também se sentiu ignorado: "Deus meu, clamo de dia, e não me respondes..." (v.2).

Você já se sentiu assim? Já olhou para os céus e imaginou por que parecia que Deus o tinha abandonado ou o ignorava? Bem-vindo ao mundo de Davi. Mas, a cada grito lamurioso de Davi é mencionada uma característica de Deus que o resgata do abatimento. Nesse processo, Davi descobre que Deus é santo (v.3), confiável (vv.4-5), libertador e salvador (vv.8,20,21); e também descobre Sua força (v.19).

Você se sente desamparado? Busque o Senhor. Imite Seu caráter. E "...Viva para sempre o vosso coração" (Salmo 22:26).
—JDB

MESMO QUANDO NÃO SENTIMOS A PRESENÇA DE DEUS, SEU AMOROSO CUIDADO NOS ENVOLVE.

TOQUE DE DESPERTAR

Sede sóbrios e vigilantes.
O diabo, vosso adversário, anda em derredor,
como leão que ruge
procurando alguém para devorar.
—1 Pedro 5:8

2 de Novembro

Leitura: 1 Pedro 5:1-9

Verdades bíblicas:

Aplicação pessoal:

Pedidos de oração:

Respostas de oração:

Bem cedo numa manhã de outono, enquanto dirigia no escuro para ir ao trabalho, fui surpreendido por uma fugaz mancha marrom no facho dos faróis e, em seguida, o som de algo atingindo a frente do meu carro. Eu atingira um cervo a 110 quilômetros por hora! Fora apenas um golpe de raspão, sem qualquer dano em meu carro (ou no cervo, pelo que pude ver), mas aquilo me abalou de verdade. Eu dirigia do meu jeito habitual, em *modo automático*, no percurso que me era familiar até o escritório, mas, com certeza, o choque do incidente despertou minha atenção. Estava, agora, totalmente alerta e tentando acalmar um coração acelerado. Foi um toque de despertar extremamente desagradável.

O apóstolo Pedro nos oferece um tipo diferente de toque de despertar — necessário, porém desagradável. Ele nos alerta para uma batalha espiritual que travamos com um poderoso inimigo, e diz: "Sede sóbrios e vigilantes. O diabo, vosso adversário, anda em derredor, como leão que ruge procurando alguém para devorar" (1 Pedro 5:8). Este é um chamado para acordar, ver o perigo e estar alerta ao seu ataque!

Somente quando estivermos conscientes do perigo que se nos apresenta todo dia, conscientemente buscaremos a ajuda que necessitamos. E só se estivermos alertas, nos apoiaremos na força do nosso Senhor, que é maior do que o nosso inimigo espiritual. —WEC

A VIDA DO CRISTÃO É UM CAMPO DE BATALHA.

3 de Novembro

Leitura: João 6:44-59

Verdades bíblicas:

Aplicação pessoal:

Pedidos de oração:

Respostas de oração:

A VERDADE SOBRE MAPAS

Aquele, porém, que odeia a seu irmão [...] não sabe para onde vai...
—1 João 2:11

O GPS é a maneira mais moderna de os viajantes encontrarem o melhor caminho até seu destino, mas meu marido e eu ainda navegamos à moda antiga — com mapas. Como Jay é, habitualmente, quem dirige, o papel de leitor de mapas fica a meu cargo. Em geral, não tenho dificuldade para orientar-me, mas parece que tenho quando tento navegar com o carro em movimento. Mesmo sabendo aonde queremos chegar, não consigo descobrir a melhor maneira de ir até lá se não pararmos para descobrir onde estamos. Preciso obter minhas coordenadas.

Pode acontecer o mesmo em nossa vida espiritual. Ao tentarmos descobrir o caminho que Deus quer que sigamos, precisamos parar e obter nossas coordenadas espirituais. Se não pararmos, tendemos a chegar em lugares, situações ou relacionamentos indesejados.

Ao ajudar Seus discípulos a navegarem na vida e encontrarem seu caminho através das armadilhas e tentações do mundo, Jesus frequentemente dizia "parem", não murmurem, não julguem segundo as aparências, não sejam incrédulos, mas creiam (João 6:43; 7:24; 20:27). Para seguirmos Jesus, frequentemente precisamos parar de fazer algo que está errado. Ao dependermos de Sua direção, aprenderemos a seguir o caminho que Ele diz ser o certo. —JAL

O CAMINHO DE DEUS É A DIREÇÃO CERTA.

SEIS PALAVRAS

4 de Novembro

*...uma coisa sei:
eu era cego e agora vejo.*
—João 9:25

Leitura: João 9:1-11,24,25

Ao longo dos últimos cinco anos, o nome e a face de Dan Smith têm aparecido em folhetos distribuídos em quiosques de cafés, lavanderias e pequenos negócios de toda a cidade de Nova Iorque, EUA. O *slogan* contido nos folhetos diz: Dan Smith ensina a tocar violão. O resultado é que o sr. Smith está totalmente ocupado, ensinando seus alunos a tocarem violão. Muitos alunos entusiasmados colocam seus folhetos em novos lugares. É sua maneira de dizerem "Dan Smith ensinou-me a tocar violão. Ele também pode ensinar você."

As páginas da Bíblia são repletas de relatos de pessoas e sobre o que Deus lhes fez. Um dos mais vívidos aparece no livro de João 9, em que Jesus encontrou um homem cego de nascença e, milagrosamente, capacitou-o a ver (vv.1-7). Após questionamentos repetitivos por céticos líderes religiosos locais, o homem só pôde dizer: "...uma coisa sei: eu era cego e agora vejo" (v.25).

Se você tivesse seis palavras para expressar o que Cristo fez por você e pode fazer por outros, o que você diria? Talvez, "Jesus Cristo perdoará os seus pecados", ou "...lhe dará esperança", ou "...salvará sua alma". Quando Jesus transformou nossas vidas, reafirmamos Seu poder de fazer por outros o que Ele fez por nós.

"Eu era cego e agora vejo." —DCM

Verdades bíblicas:

Aplicação pessoal:

Pedidos de oração:

Respostas de oração:

SOMOS AS "CARTAS DE RECOMENDAÇÃO" DE CRISTO A TODOS OS QUE LEEM NOSSAS VIDAS.

5 de Novembro

Leitura: COLOSSENSES 3:18–4:1

Verdades bíblicas:

Aplicação pessoal:

Pedidos de oração:

Respostas de oração:

JUSTO E CORRETO

Senhores, tratai os servos com justiça e com equidade, certos de que também vós tendes Senhor no céu.
—Colossenses 4:1

No século 19, as condições de trabalho na Inglaterra eram péssimas. Homens, mulheres e crianças trabalhavam em fábricas perigosas durante o dia e, à noite, moravam em cortiços miseráveis e sujos. Muitos donos de fábricas davam pouca importância ao bem-estar de seus empregados.

Mas, certos proprietários de uma empresa de chocolates eram diferentes. Eles eram Quacres (*Quakers*) por convicção e empresários por dom, e esforçavam-se em melhorar as condições de trabalho de seus 200 funcionários. Para tanto, construíram uma fábrica avançadíssima, com vestiários aquecidos, cozinha e áreas de lazer. E, para cuidar das necessidades espirituais dos funcionários, o dia de trabalho iniciava com estudo bíblico.

Paulo nos aconselha: "Senhores, tratai os servos com justiça e com equidade, certos de que também vós tendes Senhor no céu (Colossenses 4:1)." Certamente, esses senhores buscavam dar aos seus empregados algo justo e correto. Mas, sua orientação celestial motivou-os a dar um passo a mais e atender às necessidades físicas e espirituais.

Embora possamos não ser donos de empresa, temos contato regular com várias pessoas. Como cristãos, é importante sermos éticos em nossos negócios. Também podemos, com a capacitação de Deus, cuidar do bem-estar alheio por meio de oração, encorajamento e atendimento às necessidades físicas (Gálatas 6:10). —HDF

DEUS NOS ABENÇOA PARA QUE POSSAMOS ABENÇOAR AOS OUTROS.

O ROMANCE

...A Noemi nasceu um filho. E lhe chamaram Obede. Este é o pai de Jessé, pai de Davi.
—Rute 4:17

6 de Novembro

Leitura: RUTE 3:1-11

Nos tempos bíblicos, as viúvas frequentemente enfrentavam uma vida de pobreza. Essa é a situação em que Rute e sua sogra, Noemi, se encontravam após perderem seus maridos. Mas, Deus tinha um plano para proporcionar-lhes segurança ao envolver Rute como parte integral de um plano muito maior.

Boaz, um rico latifundiário, sabia da existência de Rute e a admirava (Rute 2:5-12), mas ficou surpreso, uma noite, ao acordar e vê-la deitada a seus pés (3:8). Ela lhe pediu para estender a sua capa sobre si, para indicar que, como parente próximo, ele estava disposto a ser seu resgatador (v.9). Mais do que um pedido de proteção; Rute o pedia em casamento. Boaz concordou em casar-se com ela (vv.11-13; 4:13).

Não é exatamente uma típica história romântica. Não obstante, a decisão de Rute de seguir as instruções de Noemi (3:3-6) estabeleceu uma série de acontecimentos que a colocaram no plano de redenção de Deus! Do casamento de Rute com Boaz nasceu um filho, Obede, que veio a ser avô do rei Davi (4:17). Gerações depois, dessa família nasceu José, que se tornou o "pai legal" do filho de Maria (Mateus 1:16-17; Lucas 2:4-5) — nosso Redentor, Jesus.

Rute confiou em Deus e seguiu as instruções de Noemi, mesmo não conseguindo vislumbrar o fim da história. Nós também podemos confiar na provisão de Deus quando a vida é incerta. —CHK

Verdades bíblicas:

Aplicação pessoal:

Pedidos de oração:

Respostas de oração:

O MEDO ATRAPALHA A FÉ, MAS A CONFIANÇA A ESTIMULA.

7 de Novembro

Leitura: SALMO 119:9-16

Verdades bíblicas:

_____
_____
_____
_____
_____

Aplicação pessoal:

_____
_____
_____
_____
_____

Pedidos de oração:

_____
_____
_____
_____
_____

Respostas de oração:

_____
_____
_____

DA CABEÇA AO CORAÇÃO

Guardo no coração as tuas palavras, para não pecar contra ti.
—Salmos 119:11

Quando eu era criança, minha professora de piano era uma defensora da memorização. Ser capaz de tocar uma peça sem erro não era suficiente, e eu tinha de tocar várias peças impecavelmente, de memória. Seu raciocínio era não querer que, quando solicitados a tocar, seus alunos dissessem: "Desculpe, não trouxe essa música."

Como criança, também memorizei passagens da Bíblia, incluindo o Salmo 119:11. Devido à minha compreensão limitada, acreditava que a simples memorização me afastaria do pecado. Dediquei-me a memorizar versículos e até ganhei, como prêmio, um livro de histórias da Bíblia.

Embora memorizar a Bíblia seja um bom hábito a ser desenvolvido, não é a memorização que nos impede de pecar. Como descobri logo após meus esforços vitoriosos, ter as palavras das Escrituras em minha mente fez pouca diferença em meu comportamento. Na verdade, em vez de vitória sobre o pecado, o conhecimento isolado gerou sentimentos de culpa.

Finalmente, percebi que a Palavra de Deus tinha de disseminar-se por todo o meu ser. Eu precisava internalizar as Escrituras, escondê-las "em meu coração" da maneira como um músico faz com uma peça de música. Eu tinha de viver a Bíblia tanto quanto pudesse citá-la. À medida que a Palavra de Deus se dissemina das nossas mentes aos nossos corações, o pecado perde seu poder sobre nós. —JAL

PERMITA QUE A PALAVRA DE DEUS PREENCHA SUA MEMÓRIA, DIRIJA SEU CORAÇÃO E GUIE SUA VIDA.

O LEGADO

8 de Novembro

Revesti-vos, pois, como eleitos de Deus, santos e amados, de ternos afetos de misericórdia, de bondade, de humildade…
—Colossenses 3:12

Leitura: COLOSSENSES 3:8-17

Um dia, minha mulher telefonou-me no trabalho e disse: "Alguma coisa está acontecendo na casa dos vizinhos. Tem um monte de carros lá." Devido à profissão de meu vizinho, temi o pior e, logo, meus temores se comprovaram. Ele era policial e acabara de ser morto no cumprimento do dever, tentando impedir a fuga de dois ladrões de bancos. Nossa comunidade ficou aturdida.

Trevor não teve tempo para preparar-se para sua morte. Contudo, estava pronto. Sua fé em Cristo era firme e sua reputação como um homem notável estava intacta. Em seu funeral, que contou com a presença de centenas de colegas policiais, um investigador disse: "Além de um policial dedicado, ele foi, acima de tudo, um marido amoroso e um pai dedicado para seus filhos." O tema de todas as homenagens prestadas centrou-se em sua grande personalidade e seu amor e cuidado pela família.

A vida dele exemplificara as palavras de Colossenses 3:12-13, "Revesti-vos, pois, [...] de misericórdia, de bondade, de humildade, de mansidão, de longanimidade. Suportai-vos uns aos outros, perdoai-vos mutuamente…". Esses traços deixam um legado inspirador.

Não sabemos quando Deus nos chamará para o lar celestial, mas com certeza sabemos que: Cada dia é uma oportunidade de deixar um testemunho digno da nossa fé.
—JDB

Verdades bíblicas:

Aplicação pessoal:

Pedidos de oração:

Respostas de oração:

CADA DIA AGREGAMOS O BOM OU O MAU AO NOSSO LEGADO.

9 de Novembro

Leitura: 1 João 4:7-11

Verdades bíblicas:

_____
_____
_____
_____
_____
_____

Aplicação pessoal:

_____
_____
_____
_____
_____
_____

Pedidos de oração:

_____
_____
_____
_____
_____
_____

Respostas de oração:

_____
_____
_____
_____
_____
_____

UMA FRAGRÂNCIA

Amados, se Deus de tal maneira nos amou, devemos nós também amar uns aos outros.
—1 João 4:11

Kátia entrou nervosamente na festa do grupo de jovens da igreja, para a qual Linda a convidara. Sem ir à igreja desde pequena não sabia o que esperar de um jantar de Dia dos Namorados (e/ou amigos) com a maioria das pessoas sendo desconhecidas. Mas, seu coração começou a se acalmar ao encontrar, em seu prato, cartões escritos para ela pela maioria das pessoas presentes. Elas tinham escrito cartões umas as outras, mas o coração de Kátia foi tocado por terem feito cartões a ela também, uma simples visitante naquele grupo.

Kátia sentiu-se tão bem acolhida que aceitou o convite de Linda para assistir a um culto. Ali, ouviu sobre o amor de Deus por ela apesar de sua pecaminosidade e aceitou o perdão de Jesus. O grupo de jovens lhe dera uma fragrância do amor de Deus, e Deus abriu seu coração para confiar nele.

"Amados, se Deus de tal maneira nos amou, devemos nós também amar uns aos outros", disse o apóstolo João (1 João 4:11). Esse é um amor por nossos irmãos e irmãs em Cristo, bem como por aqueles que ainda não o conhecem. Ray Stedman escreveu: "à medida que o amor de Deus resplandece em nossos corações, tornamo-nos mais abertos aos outros, permitindo que a fragrância do amor se espalhe e atraia as pessoas à nossa volta." O grupo de jovens fez isso por Kátia.

Hoje, Deus pode espalhar a fragrância de Seu amor por meio de nós. —AMC

UMA VIDA SUBMISSA A DEUS É UMA FRAGRÂNCIA QUE ATRAI OS OUTROS PARA CRISTO.

DIANTE DO MEDO

10 de Novembro

*Mas Jesus imediatamente lhes disse:
Tende bom ânimo! Sou eu. Não temais!*
—Mateus 14:27

Leitura: MATEUS 14:22-33

Nunca esquecerei o medo que tinha, quando criança, de que as roupas jogadas em minha cadeira se transformassem numa sombria figura semelhante a um dragão após a luz do meu quarto apagar-se. Minha experiência precoce de insônia por medo me faz recordar que, quando os problemas batem à porta da vida, o medo não é nosso amigo. Ele nos incapacita a avançar e nos impede de fazer a coisa certa — a menos que nossos olhos estejam fixos em Jesus.

Quando os discípulos enfrentaram o mar furioso que ameaçava varrê-los do barco, Jesus, caminhando sobre a água, assegurou-lhes: "...Sou eu. Não temais!" (Mateus 14:27). E, aos Seus seguidores amedrontados, trancados num aposento após a Sua crucificação, Jesus apareceu e perguntou: "...Por que estais perturbados? E por que sobem dúvidas ao vosso coração?" (Lucas 24:38). Reconhecendo a inevitabilidade das provações, Ele disse: "...No mundo, passais por aflições; mas tende bom ânimo; eu venci o mundo" (João 16:33). A questão é clara. Confiar em Sua presença e poder é o antídoto para o medo.

Como diz um conhecido hino, "Fixa teus olhos no Mestre, confia no bom Salvador; fruirás na luta terrestre, maravilhas do Seu doce amor" (HASD 360). Podemos descansar pacificamente no conhecimento de que Deus está conosco. —JMS

Verdades bíblicas:

Aplicação pessoal:

Pedidos de oração:

Respostas de oração:

CONFIE NA PRESENÇA E NO PODER DE JESUS EM MEIO ÀS TEMPESTADES DA VIDA.

11 de Novembro

Leitura: APOCALIPSE 2:8-11

Verdades bíblicas:

Aplicação pessoal:

Pedidos de oração:

Respostas de oração:

FIEL ATÉ A MORTE

Não temas as coisas que tens de sofrer. [...] Sê fiel até à morte, e dar-te-ei a coroa da vida.
—Apocalipse 2:10

A Galeria de Arte *Walker*, na cidade de Liverpool, Inglaterra, tem uma pintura de um soldado romano fielmente montando guarda na antiga Pompeia. A pintura foi inspirada por uma descoberta arqueológica, em Pompeia, de um soldado romano fardado e equipado, envolto em pó vulcânico. A erupção vulcânica do Monte Vesúvio no ano 79 d.C. cobriu aquela cidade com lava, capturando um momento daquelas pessoas, suas vidas e sua cultura. A pintura *Faithful Unto Death* (Fiel Até a Morte) é um testemunho da contínua vigília do sentinela, mesmo com seu mundo sendo ferozmente engolfado pela morte.

A igreja de Esmirna — uma congregação do primeiro século que sofreu perseguição por causa de Cristo — foi desafiada a ser fiel até a morte. Seu comprometimento espiritual não passara despercebido pelo Mestre (Apocalipse 2:9). E, para o sofrimento ainda por vir, Jesus ofereceu este encorajamento: "Não temas as coisas que tens de sofrer. Eis que o diabo está para lançar em prisão alguns dentre vós, para serdes postos à prova [...]. Sê fiel até à morte, e dar-te-ei a coroa da vida" (v.10).

O Senhor compreende o que estamos passando agora e o que enfrentaremos no futuro. Embora haja sofrimento neste mundo, Ele promete vida eterna a Seus filhos. Em Sua força, podemos ser fiéis até a morte (Filipenses 4:12-13). —WEC

NOSSA FÉ PODE SER TESTADA PARA QUE POSSAMOS CONFIAR EM SUA FIDELIDADE.

SOB RISCO PELO SALVADOR

12 de Novembro

...honrai sempre a homens como esse; visto que, por causa da obra de Cristo, chegou ele às portas da morte...
—Filipenses 2:29-30

Leitura: FILIPENSES 2:25-30

Durante o treinamento básico, Desmond Doss irritou seu instrutor e seus colegas soldados. Pacifista por convicção, ele se recusou a levar uma arma para a batalha, fazendo seus pares duvidarem de sua coragem. Treinado como médico, o jovem cristão não se amedrontava frente ao combate. Mas, seu objetivo era salvar vidas.

As dúvidas a respeito deste médico mudariam, porém, quando a sua unidade militar enfrentou o combate. Durante a Batalha de Okinawa, na Segunda Guerra Mundial, ele rastejou sob fogo de metralhadora para levar os feridos até um lugar seguro. Ele orava: "Senhor, dá-me a força para salvar apenas mais um soldado ferido." Finalmente, ele trouxe morro abaixo mais de 70 homens feridos, para receberem cuidados médicos adicionais. Por seus esforços, Desmond Doss foi condecorado com a Medalha de Honra — a maior honraria que seu país podia conceder.

As Escrituras contam sobre outro cristão que correu grandes riscos pessoais para ajudar outros. A respeito de Epafrodito, Paulo escreveu: "...honrai sempre a homens como esse; visto que, por causa da obra de Cristo, chegou ele às portas da morte e se dispôs a dar a própria vida" (Filipenses 2:29-30).

Hoje, no mundo todo, muitos cristãos arriscam suas vidas pela causa de Cristo. Oremos para que o nosso Deus os proteja enquanto eles o servem sob circunstâncias ameaçadoras. —HDF

Verdades bíblicas:

Aplicação pessoal:

Pedidos de oração:

Respostas de oração:

CORAGEM NÃO É TER FORÇAS PARA CONTINUAR — É CONTINUAR QUANDO NÃO SE TEM FORÇAS.

13 de Novembro

Leitura: GÊNESIS 3:1-7

Verdades bíblicas:
_____
_____
_____
_____
_____

Aplicação pessoal:
_____
_____
_____
_____
_____
_____

Pedidos de oração:
_____
_____
_____
_____
_____

Respostas de oração:
_____
_____
_____
_____

VOCÊ DISSE NÃO?

Mas da árvore do conhecimento do bem e do mal não comerás…
—Gênesis 2:17

"Muito bem, as regras são essas", disse Martin. "Você pode fazer o que quiser, onde quiser, sempre que quiser, até que alguém lhe diga não."

Essas foram as instruções que recebemos em nossa primeira visita à casa de nossos amigos à beira do lago. Martin e sua esposa, Linda, que gostam de receber amigos, dão aos seus hóspedes muita liberdade para se divertirem. Quando vimos o veleiro próximo ao bote a remo junto ao barco inflável, sabíamos que a tarde seria de diversão.

Martin nos disse 'não' apenas uma vez — quando viu que estávamos a ponto de alimentar os cisnes que nadavam perto de nós. Ele sabia que, se as aves fossem alimentadas uma vez, se tornariam agressivas se não fossem alimentadas novamente.

Adão e Eva viviam no mais lindo local e tinham também muita liberdade. Contudo, quando Deus disse não, eles resistiram (Gênesis 3). Ele lhes disse para não comerem de certa árvore, mas eles pensaram que sabiam mais do que Deus.

Adão e Eva teriam sido bons companheiros de muitos de nós. Às vezes, não conseguimos compreender por que nosso Pai celestial diz não. Quando isso acontece, Ele pode nos ajudar a ajustar o nosso pensamento. Precisamos perceber que, mesmo quando Ele nos nega algo, está dizendo aos nossos corações: "Você pode confiar em mim. Eu sei o que é melhor."
—CHK

DEUS PODE NEGAR NOSSO PEDIDO, MAS NUNCA FRUSTRARÁ NOSSA CONFIANÇA.

SEM ONDE ESCONDER-SE

14 de Novembro

...Àquele que nos ama, e, pelo seu sangue, nos libertou dos nossos pecados.
—Apocalipse 1:5

Leitura: GÊNESIS 3:6-13, 22-24

Senti cheiro de algo queimando e, por isso, corri para a cozinha. Não havia nada no fogão ou no forno. Fui farejando pela casa toda, de aposento em aposento, até o andar de baixo. Meu nariz levou-me ao meu escritório e, então, à escrivaninha. Olhei debaixo dela e ali, observando-me com grandes olhos pedindo ajuda, estava Maggie, nossa cadela muito "fragrante". O cheiro que parecia de queimado no andar de cima tinha, agora, o distinto odor de gambá. Maggie fora até o canto mais afastado de nossa casa para fugir do mau cheiro, mas não podia fugir de si mesma.

O dilema de Maggie me fez recordar as muitas vezes em que tentei fugir de circunstâncias desagradáveis e descobrir que o problema não estava na situação em que me encontrava, mas em mim mesma. Desde que Adão e Eva se esconderam após pecarem (Gênesis 3:8), todos nós temos seguido seu exemplo. Fugimos de situações pensando que podemos fugir do desagradável — somente para descobrir que o desagradável somos nós.

A única maneira de fugir de nós mesmos é parar de nos escondermos, reconhecer nossos descaminhos e permitir que Jesus nos purifique (Apocalipse 1:5). Sou grata porque, quando pecamos, Jesus está disposto a nos dar um novo recomeço. —JAL

Verdades bíblicas:

Aplicação pessoal:

Pedidos de oração:

Respostas de oração:

A CONTAMINAÇÃO DO PECADO
EXIGE UMA LIMPEZA FEITA PELO SALVADOR.

15 de Novembro

Leitura: ÊXODO 34:1-8

Verdades bíblicas:

Aplicação pessoal:

Pedidos de oração:

Respostas de oração:

A DESCRIÇÃO DE DEUS

...Senhor, Senhor Deus compassivo, clemente e longânimo e grande em misericórdia e fidelidade.
—Êxodo 34:6

As orações das crianças pequenas nos mostram o que elas pensam de Deus. Aqui estão duas que li recentemente:

"Querido Deus, o que significa ser um Deus 'zeloso'? Eu pensava que o Senhor tivesse tudo."

"Eu não achava que alaranjado combinava com lilás, até ver o pôr-do-sol que o Senhor fez na terça-feira. Ficou legal."

Estas crianças estão certas em pensar em Deus como o dono e criador de tudo, aquele que pode pintar lindos pores-do-sol. Mas, como Deus descreve-se a si mesmo?

Moisés precisava de uma resposta a essa pergunta quando estava prestes a liderar os israelitas no deserto. Ele precisava ter a certeza da presença e liderança de Deus, então lhe pediu que se revelasse a si mesmo (Êxodo 33:13,18). Em resposta, Deus desceu numa nuvem e disse: "...Senhor Senhor Deus compassivo, clemente e longânimo e grande em misericórdia e fidelidade; [...] que não inocenta o culpado" (34:5-7). Ele é bom; Ele é justo.

Nós também podemos conhecer esse Deus e ter a segurança de Sua presença. Ele revelou-se em Sua criação e em Sua Palavra. Ao lhe pedirmos para revelar-se a nós, aprenderemos que Ele é ainda mais que o dono e criador de todas as coisas.
—AMC

NUM MUNDO DE SUPERLATIVOS, DEUS É O MAIOR.

CADA DIA

16 de Novembro

...o pão nosso de cada dia dá-nos hoje.
—Mateus 6:11

Leitura: MATEUS 6:5-15

No ano de 1924, um garoto chamado João Wooden, que adorava jogar basquetebol, terminou a oitava série em uma pequena escola rural. Seu pai, rico em amor, mas sem dinheiro suficiente para um presente de formatura, lhe deu um cartão em que escrevera seu próprio credo de sete itens e incentivou-o a começar a segui-los diariamente. Três deles eram: Beba profundamente de bons livros, especialmente da Bíblia. Faça de cada dia sua própria obra de arte. Ore pedindo orientação e dê graças pelas bênçãos todos os dias.

Jesus, na oração que frequentemente chamamos de a Oração do Senhor (Mateus 6:9-13), nos ensinou a nos aproximar do nosso Pai celestial diariamente; e isto não é algo para ser dito uma vez e esquecido. Por meio da oração, oferecemos louvor a Deus (v.9); buscamos Seu reino e Sua vontade (v.10); confiamos em Sua provisão (v.11); e pedimos por Seu perdão, poder e livramento (vv.12-13).

Ao longo de toda a sua vida, João buscou a força do Senhor para viver cada dia para Ele. Ele se tornou tricampeão de basquetebol universitário norte-americano e um dos maiores técnicos universitários de todos os tempos. Quando morreu aos 99 anos, o técnico João Wooden foi homenageado principalmente por seu caráter, sua fé e pelas muitas vidas que influenciou.

Pela graça de Deus, que nós possamos fazer de cada dia a nossa obra de arte para Ele. —DCM

Verdades bíblicas:

Aplicação pessoal:

Pedidos de oração:

Respostas de oração:

ENVOLVER-SE COM CRISTO É UM CHAMADO DIÁRIO.

17 de Novembro

Leitura: Salmo 139:1-10

Verdades bíblicas:

Aplicação pessoal:

Pedidos de oração:

Respostas de oração:

OLHO NO CÉU

O Senhor te guiará continuamente...
—Isaías 58:11

Criar um sistema pelo qual um "olho no céu" possa ajudar a guiar carros, aviões e barcos o tempo todo é complicado. Por exemplo, o Sistema de Posicionamento Global (*GPS*) que a maioria das pessoas conhece funciona porque existem sempre 24 a 32 satélites orbitando a Terra a uma altitude de 20 quilômetros. Esses satélites precisam manter velocidade e altitude constantes para fornecer uma orientação precisa.

O complicado *GPS* de hoje é apenas uma minúscula analogia do que Deus pode fazer. Deus prometeu à nação de Israel: "O Senhor te guiará continuamente..." (Isaías 58:11). O salmista estava ciente de não haver qualquer lugar em que pudesse ir sem Deus saber onde ele estava (Salmo 139:7-8). Muito antes do *GPS*, Deus se assentava "...sobre a redondeza da terra..." (Isaías 40:22) e via tudo.

Saber que alguém o controla onde quer que você esteja pode amedrontar quem está tentando fugir. Mas para o cristão isso traz grande alegria e confiança. Onde quer que estivesse, o salmista estava confiante de que a mão de Deus o guiaria (Salmo 139:10).

Deus prometeu guiar e liderar você hoje. Ele é o melhor Guia que você poderia ter e deseja guiá-lo pelos caminhos certos.
—CPH

PARA EVITAR ERRAR O CAMINHO, SIGA A ORIENTAÇÃO DE DEUS.

RÓTULOS DE ADVERTÊNCIA

18 de Novembro

*...as repreensões da disciplina
são o caminho da vida.*
—Provérbios 6:23

Leitura: PROVÉRBIOS 6:16-22

Rótulos de advertência estão em toda parte nos dias de hoje — dos novos eletrodomésticos aos brinquedos. Até as bulas de medicamentos incluem páginas de letra miúda sobre tudo que poderia dar errado.

A Palavra de Deus é repleta de rótulos de advertência, alertando-nos para coisas nocivas à nossa saúde espiritual. Quando lemos "Seis coisas o Senhor aborrece, e a sétima a sua alma abomina" (Provérbios 6:16), isso atrai nossa atenção como um sinal de advertência. A lista que se segue (vv.17-19) alerta contra tendências destrutivas, como orgulho e desonestidade — pecados que arruínam relacionamentos terrenos e entristecem nosso Pai celestial. O texto ainda afirma que "...as repreensões da disciplina são o caminho da vida" (v.23). Em outras palavras, as advertências de Deus não têm a intenção de tirar a diversão da vida, mas de proteger e preservá-la.

Sempre me lembrarei de quando eu ainda era criança e estava em pé com meu amigo Beto na calçada após o culto. Subitamente, eu o vi correr em direção à rua muito movimentada e ouvi a mãe dele gritar "Pare!". Foi uma advertência para protegê-lo, não para tolher sua liberdade.

Com demasiada frequência, temos ignorado as advertências de Deus para pararmos de correr na direção errada e sofrido as consequências disso. Lembremo-nos de que existe liberdade em dar ouvido às Suas advertências. Elas são para o nosso bem.
—JMS

Verdades bíblicas:

Aplicação pessoal:

Pedidos de oração:

Respostas de oração:

A PALAVRA DE DEUS ESTÁ REPLETA DE ADVERTÊNCIAS AMOROSAS PARA PROTEGER E PRESERVAR-NOS.

19 de Novembro

Leitura: ROMANOS 3:19-28

Verdades bíblicas:

Aplicação pessoal:

Pedidos de oração:

Respostas de oração:

FRACASSANDO

...todos pecaram e carecem da glória de Deus.
—Romanos 3:23

Nos EUA, o salto de motocicleta foi um dos modismos na década de 1970. Essa tendência atingiu seu ponto mais alto (e baixo) em 8 de setembro de 1974. Milhares de espectadores se reuniram num desfiladeiro no estado de Idaho, para ver se Evel Knievel conseguiria saltar sobre o abismo numa "moto aérea" projetada especialmente para esse salto. No final, porém, a tentativa foi malsucedida. Knievel só conseguiu atravessar parte da distância antes de seu paraquedas abrir-se e ele cair no desfiladeiro. Alguns espectadores perguntaram: "Até que distância ele conseguiu ir?" Mas, essa não era a questão. Ele não conseguiu fazer toda a travessia, portanto fracassou em atingir sua meta.

Esta cena é uma boa ilustração do pecado, sobre o qual a Bíblia fala em Romanos 3:23, onde Paulo declarou: "...pois todos pecaram e carecem da glória de Deus". Nenhum de nós é capaz de construir uma ponte sobre o desfiladeiro existente entre Deus e nós mesmos por nossos próprios esforços, mas o Salvador veio para fazer exatamente isso em nosso favor. Cristo preencheu de maneira perfeita os padrões de Deus, depois entregou Sua vida na cruz para pagar por nossos fracassos e transgressões. Onde poderíamos apenas fracassar, a obra de Cristo, oferecida em amor, cumpriu tudo que era necessário.

Nossa resposta é confiar nele e receber este inigualável dom da salvação. —WEC

A CRUZ DE CRISTO CRUZA O DESFILADEIRO QUE NUNCA CONSEGUIRÍAMOS ATRAVESSAR SOZINHOS.

NÃO ABANDONADO

20 de Novembro

> Até quando, SENHOR? Esquecer-te-ás de mim para sempre? Até quando ocultarás de mim o rosto?
> —Salmo 13:1

Leitura: SALMO 13

Certa mãe procurava um livro numa biblioteca local com sua balbuciante filha de quatro meses, quando um senhor idoso lhe disse rudemente para aquietar seu bebê ou ele o faria. A mãe respondeu: "Lamento muito pelo que possa ter ocorrido em sua vida para perturbar-se com um bebê feliz, mas não direi a meu bebê para calar-se e também não deixarei que o senhor o faça." O homem abaixou a cabeça, desculpou-se e contou-lhe a história de como, há mais de 50 anos, seu filho morrera em decorrência da síndrome da Morte Súbita Infantil. Ele reprimira seu pesar e raiva todos aqueles anos.

No Salmo 13, Davi expressou seu pesar. Ele se dirigiu a Deus usando uma linguagem crua e honesta: "Até quando, SENHOR? Esquecer-te-ás de mim para sempre? Até quando ocultarás de mim o rosto?" (v.1). Estas perguntas refletiam medo de abandono. A linguagem de angústia de Davi deu lugar a um pedido de ajuda e reafirmação de sua fé no amor de Deus por ele (vv.3-6). A confiança e a coragem acompanharam o grito de angústia.

Todos nós enfrentamos noites escuras na alma quando nos questionamos se Deus nos abandonou. Como ocorreu com Davi, nossa dor pode dar lugar à alegria quando nos aproximamos de Deus honestamente, pedimos ajuda e reafirmamos nossa confiança num Deus cujo amor por nós nunca vacilará ou mudará. —MLW

Verdades bíblicas:

Aplicação pessoal:

Pedidos de oração:

Respostas de oração:

DEUS NUNCA NOS DEIXARÁ, NEM ABANDONARÁ.

21 de Novembro

OS SURDOS OUVEM

...como ouvirão, se não há quem pregue?
—Romanos 10:14

Leitura: Romanos 10:1-14

Verdades bíblicas:

Aplicação pessoal:

Pedidos de oração:

Respostas de oração:

Ao graduar-se no seminário em 1814, Thomas Gallaudet planejava tornar-se um pregador. Contudo, seu chamado para o ministério tomou um rumo diferente ao encontrar Alice, de nove anos, uma menina surda de seu bairro. Gallaudet começou a comunicar-se com ela escrevendo palavras com um graveto na terra.

Ajudar Alice motivou-o a ajudar também outras pessoas. Após consultar peritos europeus e norte-americanos em educação de surdos, ele aperfeiçoou um sistema amplamente conhecido nos dias de hoje, como "linguagem de sinais" (as mãos de uma pessoa transmitem a mensagem). Finalmente, ele estabeleceu a *American School for the Deaf* (Escola Americana para os Surdos).

A escola de Gallaudet para deficientes auditivos continha um currículo cristão que compartilhava o evangelho e incluía o ensino bíblico. Ele respondera ao chamado para pregar — mas, para um grupo muito especial de pessoas. A linguagem de sinais era a sua maneira de comunicar o evangelho.

Como Gallaudet, nós também deveríamos compartilhar a Palavra de Deus com pessoas em maneiras que elas possam compreender. Caso contrário, "...como crerão naquele de quem nada ouviram? E como ouvirão se não há quem pregue?" (Romanos 10:14). De que maneira Deus deseja que você alcance as pessoas à sua volta? —HDF

**NÃO SONEGUE DO MUNDO
A MELHOR NOVIDADE QUE JÁ SURGIU.**

CARRO DOS LIVROS

22 de Novembro

...para o conhecer, e o poder da sua ressurreição, [...] conformando-me com ele na sua morte.
—Filipenses 3:10

Leitura: FILIPENSES 3:7-14

Antes das engenhocas eletrônicas e distrações atuais, os longos dias de verão de minha infância eram iluminados, a cada semana, quando chegava o carro do livro. Ele era um ônibus forrado de prateleiras abarrotadas de livros, que eram transportados da biblioteca regional aos bairros, para que as pessoas sem acesso ao transporte pudessem ler. Devido ao carro do livro, passei muitos dias felizes de verão lendo livros que, de outra maneira, seriam inacessíveis. Até hoje, sou grato pelo amor aos livros que o carro do livro desenvolveu em mim.

Alguns estudiosos da Bíblia dizem que o apóstolo Paulo amava os livros e estudou-os até o fim de sua vida. Em sua última carta, ele escreveu: "Quando vieres, traze a capa que deixei em Trôade, em casa de Carpo, bem como os livros, especialmente os pergaminhos" (2 Timóteo 4:13). Os livros que ele pedia poderiam muito bem ter sido o Antigo Testamento e/ou alguns de seus próprios escritos.

Estou certo de que a busca de Paulo por conhecimento ultrapassava a curiosidade intelectual ou o entretenimento. A busca por Cristo impulsionava Paulo. Seu objetivo: "Para o conhecer, e o poder da sua ressurreição, e a comunhão dos seus sofrimentos, conformando-me com ele na sua morte" (Filipenses 3:10). Oro para que essa mesma busca nos impulsione nos dias de hoje. —WEC

Verdades bíblicas:

Aplicação pessoal:

Pedidos de oração:

Respostas de oração:

**CONHECER A CRISTO
É O MAIOR DE TODOS OS CONHECIMENTOS.**

23 de Novembro

O DESAFIO DAS RIQUEZAS

Leitura: 1 Timóteo 6:6-10, 17-19

> *Exorta aos ricos […] que não […] depositem a sua esperança na instabilidade da riqueza, mas em Deus…*
> —1 Timóteo 6:17

Verdades bíblicas:

Aplicação pessoal:

Pedidos de oração:

Respostas de oração:

Quando nossa família morava no Quênia, na década de 1980, demos carona a uma jovem de Nairóbi que ia visitar seus pais, que viviam perto do Lago Vitória. No caminho, paramos na cidade de Kisumu para deixar nossa bagagem no hotel onde ficaríamos após levá-la ao seu destino. Quando nossa amiga viu nosso quarto de hotel, que considerávamos de tamanho médio com duas camas, ela disse: "Tudo isto só para vocês cinco?" O que nós considerávamos comum, ela vira como luxuoso. As riquezas são relativas, e alguns de nós que vivemos em nações prósperas temos a tendência de reclamar de um padrão de vida que outros apreciariam alegremente.

Dentre os seguidores de Cristo em Éfeso, alguns tinham mais dinheiro que outros. A Timóteo, pastor deles, Paulo escreveu: "Exorta aos ricos do presente século que não sejam orgulhosos, nem depositem a sua esperança na instabilidade da riqueza, mas em Deus, que tudo nos proporciona ricamente para nosso aprazimento" (1 Timóteo 6:17). Paulo instou-os a serem "…ricos de boas obras, generosos em dar e prontos a repartir" (v.18).

Nossa tendência natural é de nos apegarmos ao que temos, em vez de darmos liberalmente aos necessitados. O desafio das riquezas é viver com corações gratos a Deus e mãos abertas aos outros. —DCM

VIVEMOS COM O QUE GANHAMOS; TRANSFORMAMOS VIDAS COM O QUE DAMOS.

SURPREENDIDO POR DEUS

24 de Novembro

...é poderoso para fazer infinitamente mais do que tudo quanto pedimos ou pensamos, conforme o seu poder que opera em nós.
—Efésios 3:20

Leitura: EFÉSIOS 3:14-21

Verdades bíblicas:

Aplicação pessoal:

Pedidos de oração:

Respostas de oração:

Após dez anos alugando uma casa num local charmoso, descobrimos que o nosso locador necessitou vendê-la repentinamente. Pedi a Deus para mudar as circunstâncias e possibilitar que minha mulher e eu permanecêssemos nesse lugar que considerávamos nosso lar, onde víramos nossos filhos crescerem. Mas, Deus disse não.

Quando se trata das minhas necessidades, preocupo-me de estar pedindo algo errado ou de não ser digno do meu pedido. Mas, o não de Deus não precisa abalar nossa fé quando estamos fundamentados — gosto de dizer circundados — por Seu amor. Em Efésios 3, Paulo compreendeu que aqueles que conhecem intimamente o amor de Cristo (vv.16-17) podem confiar que Deus tem um motivo amoroso para dizer não.

Pouco depois de ouvir o "não" de Deus sobre o meu pedido, amigos da igreja se ofereceram para alugar-nos uma casa que estavam desocupando. Nossa nova morada — tem eletrodomésticos novos, encanamentos novos, fiação elétrica nova e um dormitório extra — de frente para o mar, com uma cena idílica de navios, veleiros e sons que nos lembram diariamente que Deus é maior do que qualquer problema que enfrentamos. Nosso Pai amoroso usou amigos carinhosos para dar-nos mais do que pedíramos.

Se Deus nos dá mais do que imaginamos ou muito menos do que desejamos, podemos confiar que Seus planos são muito melhores do que os nossos. —RKK

QUANDO DEUS DIZ NÃO AO NOSSO PEDIDO, PODEMOS ESTAR CERTOS DE QUE É PARA MELHOR.

25 de Novembro

QUANDO O MEDO SE INFILTRA

Leitura: SALMO 56

Verdades bíblicas:

Aplicação pessoal:

Pedidos de oração:

Respostas de oração:

> *Em me vindo o temor,*
> *hei de confiar em ti [Deus].*
> —Salmo 56:3

Quando minha filha exclamou "Mamãe, um inseto!", olhei para onde ela apontava e vi a maior aranha que já encontrara fora de uma *pet shop*. A aranha e eu sabíamos que ela não poderia ficar em nossa casa. Mesmo assim, ao encará-la, descobri que não conseguia mais avançar nem um passo para acabar com o impasse. Meu pulso acelerou-se. Engoli seco e encorajei-me. Ainda assim, o medo me paralisou.

O medo é poderoso; ele pode substituir o pensamento lógico e produzir comportamento irracional. Felizmente, nós, cristãos, não precisamos deixar que o medo de alguma coisa — pessoas, situações ou até aranhas — governem nossas ações. Podemos declarar: "Em me vindo o temor, hei de confiar em ti [Deus]" (Salmo 56:3).

Adotar esta postura contra o medo é consistente com a instrução bíblica: "Confia no SENHOR de todo o teu coração e não te estribes no teu próprio entendimento" (Provérbios 3:5). Nosso próprio entendimento pode levar-nos a superestimar o objeto do nosso medo e subestimar o poder de Deus. Quando estamos com medo, podemos confiar no entendimento de Deus (Isaías 40:28) e confiar em Seu amor por nós que "…lança fora o medo" (1 João 4:18). Na próxima vez em que o medo se infiltrar em sua vida, não entre em pânico. Podemos confiar em Deus até em meio às trevas. —JBS

A CONFIANÇA NA FIDELIDADE DE DEUS DISSIPA NOSSO MEDO.

O AMOR ABRE CAMINHOS
26 de Novembro

O amor jamais acaba...
—1 Coríntios 13:8

Leitura: 1 Coríntios 13:4-13

Anos atrás, vi um desenho animado que mostrava um senhor de idade azedo e descontente em pé, à porta de seu apartamento, vestido de pijama e roupão amarrotados. Ele trancara a porta para a noite, usando quatro fechaduras, duas trancas e uma corrente. Depois, percebeu, preso sob a porta, um pequeno envelope branco com um grande adesivo em formato de coração. Era um cartão de dia dos namorados e/ou amigos. O amor encontrara um caminho.

Somente o amor pode transformar o coração de uma pessoa. Em seu livro *Os Irmãos Karamazov*, o autor russo Dostoievsky conta a história de Ivan, um cínico endurecido, e sua resistência ao amor de Deus. Numa ocasião, seu irmão Alyosha, homem de profunda fé desconcertado com a resistência de seu irmão, curva-se e beija Ivan. Este simples ato de amor pôs em chamas o coração de Ivan.

Talvez você tenha um amigo ou uma amiga que esteja resistindo ao amor de Deus. Demonstre Seu amor a ele ou ela, como Deus demonstrou amor a nós ao trazer a salvação ao mundo por meio de Jesus. Despeje sobre os outros o tipo de amor descrito em 1 Coríntios 13 — um amor paciente, benigno, humilde e altruísta.

O amor autêntico é um dom de Deus que podemos dar continuamente. —DHR

Verdades bíblicas:

Aplicação pessoal:

Pedidos de oração:

Respostas de oração:

DEUS DESPEJA SEU AMOR EM NOSSOS CORAÇÕES PARA QUE FLUA EM DIREÇÃO AOS OUTROS.

27 de Novembro

Leitura: 1 Tessalonicenses 3:12–4:10

Verdades bíblicas:

Aplicação pessoal:

Pedidos de oração:

Respostas de oração:

MAIS E MAIS

E o Senhor vos faça crescer e aumentar no amor uns para com os outros e para com todos, como também nós para convosco.
—1 Tessalonicenses 3:12

Um grito de guerra frequentemente ouvido nos dias de hoje neste mundo cheio de dificuldades econômicas é "Menos e menos". Os governos devem equilibrar os orçamentos. As pessoas são orientadas a usar menos energia e diminuir o consumo dos recursos limitados. É um bom conselho, e todos nós deveríamos dar ouvido. No reino da fé, porém, não existe falta de amor, graça e força. Portanto, como seguidores de Cristo, somos compelidos a demonstrar cada vez mais o Seu amor em nossas vidas.

Em sua primeira carta aos cristãos de Tessalônica, Paulo os estimulou a progredir "cada vez mais" num estilo de vida agradável a Deus (1 Tessalonicenses 4:1) e os exortou a demonstrarem amor uns pelos outros e a "progredir cada vez mais" em amor fraterno (v.10).

Tal amor sempre crescente só é possível porque provém dos ilimitados recursos de Deus, não do nosso próprio decrescente suprimento. A poetisa Annie Johnson Flint escreveu:
Amor sem limites, poder sem fronteiras, que graça infinita, inefável tem Deus!
E desses tesouros guardados em Cristo
Em grande medida dará sempre
aos Seus (CS 397).

O apóstolo Paulo expressou seu desejo aos cristãos: "E o Senhor vos faça crescer e aumentar no amor uns para com os outros e para com todos, como também nós para convosco" (1 Tessalonicenses 3:12).

Quanto devemos amar a Deus e aos outros? Mais e mais! —DCM

NOSSA LIMITADA CAPACIDADE DE AMAR NÃO ALTERA O ILIMITADO PODER DE DEUS DE AMAR POR MEIO DE NÓS

DEUS GENEROSO
28 de Novembro

Fartam-se da abundância da tua casa, e na torrente das tuas delícias lhes dás de beber.
—Salmo 36:8

Leitura: SALMO 36:5-12

Recentemente, entrei num saguão de hotel onde estava o maior arranjo de flores naturais que já vi. Era uma explosão de cores, perfeitamente montado, e sua fragrância era incrível. Ele me fez interromper o meu caminho e parar durante um momento para admirar sua beleza, fazendo-me pensar que algo na abundância captura os nossos corações. Pense na convidativa beleza de uma tigela transbordante de coloridas frutas, ou num balcão coberto com três ou quatro tortas prontas para o deleite após uma refeição beneficente do Dia de Ação de Graças.

A alegria da abundância me lembra da generosidade de Deus. Ele faz nosso cálice transbordar (Salmo 23:5); Ele "...é poderoso para fazer infinitamente mais do que tudo quanto pedimos ou pensamos..." (Efésios 3:20); Sua graça é suficiente para qualquer dificuldade que a vida nos apresente (2 Coríntios 12:9); e é Ele quem mata o novilho cevado e pede a melhor roupa quando o pródigo retorna (Lucas 15:20-24).

Não é de admirar que o salmista se regozije: "Como é preciosa, ó Deus, a tua benignidade! Por isso, os filhos dos homens se acolhem à sombra das tuas asas. Fartam-se da abundância da tua casa..." (Salmo 36:7-8). Nosso Deus é abundantemente bom. Transbordemos de louvor por suas muitas bênçãos. —JMS

Verdades bíblicas:

Aplicação pessoal:

Pedidos de oração:

Respostas de oração:

LOUVE CONTINUAMENTE A DEUS, DE QUEM FLUEM TODAS AS BÊNÇÃOS.

29 de Novembro

UMA VIDA DE HONRA

Leitura: SALMO 112:1-10

...Bem-aventurado o homem que teme ao SENHOR e se compraz nos seus mandamentos. —Salmo 112:1

Verdades bíblicas:

Aplicação pessoal:

Pedidos de oração:

Respostas de oração:

Meus irmãos e eu comemoramos o 90º aniversário de nosso pai, em 2010. Abrimos nossa casa às pessoas, com alimento especial e comunhão. Na sala de estar, a família e os amigos usaram banjo, violão, bandolim, violino, contrabaixo acústico e tambor irlandês para tocar e cantar a tarde toda. Foi preparado um grande bolo com a seguinte mensagem no glacê: "Aleluia! Bem-aventurado o homem que teme ao SENHOR — Salmo 112:1. Feliz 90º aniversário, Hal."

Mais tarde, ao examinar o Salmo 112, fiquei impressionado como ele parecia descrever meu pai — que caminhara com Deus durante mais de 50 anos e agora está com Ele. Papai teve sua própria porção de mágoas e falhas, mas sua fé inabalável resultou em muitas bênçãos. Esse salmo nos diz que as bênçãos recairão sobre o homem que tem um temor reverente a Deus e se delicia em Seus mandamentos. Em resposta a esta crescente integridade e fé, Deus estenderá a bênção não somente àquele que crê, mas também aos seus filhos (v.2).

Este salmo nos desafia a manifestar uma reverência íntima por Deus e a tomar decisões contínuas de nos deliciarmos em seguir os Seus mandamentos. Se fizermos isso, ao revisarmos o que já vivemos — independentemente do número de anos — saberemos que Deus nos ajudou a viver uma vida de honra. —HDF

SE VOCÊ HONRAR DEUS EM SEU CORAÇÃO, ELE SERÁ HONRADO POR SUA VIDA.

NOSSA ORAÇÃO: O DESEJO DE DEUS

30 de Novembro

...três vezes pedi ao Senhor que o afastasse [o espinho na carne] de mim.
—2 Coríntios 12:8

Leitura: 2 Coríntios 12:7-10

O pedido de oração escrito a mão partia o coração por sua aparente impossibilidade: "Por favor, orem — tenho esclerose múltipla, fraqueza muscular, dificuldade de deglutição, dor crescente, visão decrescente." O corpo da mulher estava se decompondo e eu podia notar desespero em seu pedido de intercessão.

Então, veio a esperança — a força que triunfa sobre a lesão e degradação física: "...o nosso abençoado Salvador está no total controle. A vontade dele é de suma importância para mim."

Essa pessoa pode ter necessitado de minhas orações, mas eu necessitava de algo que ela tinha: a inabalável confiança em Deus. Ela parecia apresentar um perfeito retrato da verdade que Deus ensinou a Paulo quando este pediu por alívio de sua dificuldade — aquilo que ele chamava seu "espinho na carne" (2 Coríntios 12:7). Sua busca por alívio acabou sendo não apenas uma aparente impossibilidade; seu pedido foi simplesmente rejeitado por seu Pai celestial. A luta contínua de Paulo, que evidenciava claramente a vontade de Deus, foi uma valiosa lição. Por meio de sua fraqueza, a graça de Deus pôde ser demonstrada e o poder de Deus foi "aperfeiçoado" (v.9).

Quando expusermos nossos corações a Deus, preocupemo-nos ainda mais em buscar a Sua vontade do que em receber a resposta que desejamos. É daí que vêm a graça e o poder. —JDB

Verdades bíblicas:

Aplicação pessoal:

Pedidos de oração:

Respostas de oração:

NÃO ORAMOS PARA REALIZAR NOSSA VONTADE NO CÉU, MAS PARA QUE A VONTADE DE DEUS SE REALIZE NA TERRA.

Notas

1 de Dezembro

Leitura: Isaías 49:8-18

Verdades bíblicas:

Aplicação pessoal:

Pedidos de oração:

Respostas de oração:

NÓS IMPORTAMOS PARA DEUS?

…No tempo aceitável, eu te ouvi e te socorri no dia da salvação…
—*Isaías 49:8*

"Quando contemplo os teus céus…", escreveu o salmista, "…que é o homem, que dele te lembres?…" (Salmo 8:3-4). O Antigo Testamento gira em torno desta pergunta. Estafando-se no Egito, os escravos hebreus tinham dificuldade em crer nas garantias de Moisés, de que o próprio Deus se preocuparia com eles. O autor de Eclesiastes construiu a pergunta de maneira mais cínica: *"Algo importa?"*

Eu mesmo tinha essa dúvida quando fui convidado a fazer uma palestra sobre o tema "…nas palmas das minhas mãos te gravei…" (Isaías 49:16).

Deus fez essa comovente declaração às pessoas que passavam por um momento frágil em sua história quando Isaías profetizou que elas seriam levadas cativas à Babilônia. Ouvindo isso, as pessoas se lamentaram: "…O Senhor me desamparou, o Senhor se esqueceu de mim" (Isaías 49:14). Em resposta a essa lamentação, Deus fez uma série de promessas — os Cânticos do Servo (Isaías 42–53) — no qual Ele estabelece o cenário da esperança pelo livramento de inimigos hostis. Ele antecipa a encarnação e a morte sacrificial do Servo.

Nós importamos para Deus? O Natal é um memorial da resposta de Deus: "…eis que a virgem conceberá e dará à luz um filho e lhe chamará Emanuel" (Isaías 7:14).
—PY

A VINDA DE JESUS É A PROVA DEFINITIVA E INCONTESTÁVEL DE QUE DEUS SE IMPORTA CONOSCO. —BARCLAY

FALTA-NOS ESPERANÇA

*Bendito o homem que confia no Senhor
e cuja esperança é o Senhor.*
—Jeremias 17:7

2 de Dezembro

Leitura: COLOSSENSES 1:3-14

Adão e Eva não careciam de esperança porque tinham tudo que necessitavam. E eles tinham todos os motivos para pensar que a vida prosseguiria tão agradavelmente quanto começara — com todas as boas coisas que Deus lhes dera para desfrutarem. Mas, eles colocaram tudo em risco pela única coisa que a serpente disse que Deus lhes negara: o conhecimento do bem e do mal (Gênesis 2:17; 3:5). Assim, quando a serpente veio com essa oferta, Eva entregou-se rapidamente e Adão foi igualmente rápido em segui-la (3:6). Eles obtiveram o que desejavam: conhecimento. Mas, perderam o que possuíam: inocência. Com a perda da inocência veio a necessidade de esperança — esperança de que sua culpa e vergonha pudessem ser removidas, e a bondade restaurada.

O Natal é a temporada da esperança. As crianças esperam pelo mais recente brinquedo ou jogo. Famílias esperam que todos possam estar em casa para os feriados. Mas, a esperança que o Natal comemora é muito maior que nossas expectativas das festas. Jesus, o bem precioso de todas as nações (Ageu 2:7), chegou! "Ele nos libertou do império das trevas...", nos deu a redenção, a remissão dos pecados (Colossenses 1:13-14). Ele até nos possibilitou sermos sábios sobre o bem e inocentes sobre o mal (Romanos 16:19). Cristo em nós nos dá a esperança da glória.

Louve a Deus pela esperança do Natal!
—JAL

Verdades bíblicas:

Aplicação pessoal:

Pedidos de oração:

Respostas de oração:

PARA O CRISTÃO, A ESPERANÇA É UMA CERTEZA — PORQUE SEU FUNDAMENTO É CRISTO.

3 de Dezembro

Leitura: EFÉSIOS 2:1-10

Verdades bíblicas:

_____
_____
_____
_____
_____
_____

Aplicação pessoal:

_____
_____
_____
_____
_____
_____

Pedidos de oração:

_____
_____
_____
_____
_____
_____

Respostas de oração:

_____
_____
_____
_____

O ESPÍRITO DA ÉPOCA

Ele vos deu vida, estando vós mortos nos vossos delitos e pecados, nos quais andastes outrora, segundo o curso deste mundo...
—Efésios 2:1-2

Cada época tem seus próprios pensamentos, ideias e valores que influenciam a cultura; o "espírito da época". É o tipo de consenso que cresce a cada dia e moralmente nos embala para dormir, fazendo-nos aceitar pouco a pouco os mais novos valores da sociedade.

O apóstolo Paulo denominou essa atmosfera corruptora o "curso deste mundo". Ao descrever as vidas dos cristãos de Éfeso antes de eles encontrarem Cristo, afirmou que eles estavam mortos em "delitos e pecados" e andavam "segundo o curso deste mundo" (Efésios 2:1-2). Esta é a pressão que o mundo exerce — um sistema de valores e ideias satanicamente inspirado que cultiva um estilo de vida independente de Deus.

Jesus deseja que vivamos no mundo (João 17:15) e nessa condição é quase impossível escapar da influência mundana. Mas, Ele nos deu Sua Palavra para permear de tal maneira nosso pensamento, que não temos de nos conformar aos valores do mundo (Romanos 12:1-2). Em vez disso, Deus nos ajuda a caminhar em Sua luz (Efésios 5:8), no Espírito (Gálatas 5:25), em amor (Efésios 5:2), em verdade (3 João 4) e em Cristo (Colossenses 2:6).

À medida que andamos no poder de Deus e dedicamos tempo em Sua Palavra, Ele nos dá a força para vivermos segundo valores do reino e não do espírito da época. —HDF

APESAR DOS CRISTÃOS VIVEREM NESTE MUNDO, SUA FIDELIDADE É COM O CÉU.

DE MÃOS ABERTAS

…abrirás de todo a mão [ao necessitado]…
—Deuteronômio 15:8

4 de Dezembro

Leitura: DEUTERONÔMIO 15:7-11

Um homem sem-teto investe parte do seu tempo em nossa biblioteca local. Uma tarde, enquanto eu lá estava, escrevendo, fiz uma pausa para o almoço. Após terminar a primeira metade de um sanduíche de peru e queijo suíço, veio-me à mente uma imagem do rosto daquele homem. Alguns minutos depois, ofereci-lhe a parte intocada de meu almoço. Ele aceitou.

Esse breve encontro me fez perceber que, com tudo que Deus me deu, eu precisava fazer mais para ajudar os menos afortunados. Mais tarde, ao pensar sobre isso, li as instruções de Moisés sobre prover aos necessitados. Ele disse aos israelitas: "Não […] fecharás as mãos a teu irmão pobre; antes, lhe abrirás de todo a mão…" (Deuteronômio 15:7-8). A mão aberta simboliza a maneira como Deus desejava que Sua nação concedesse provisão às pessoas empobrecidas — com disposição e liberalidade. Sem desculpas, sem limitações (v.9). Deus lhes havia dado, e desejava que eles dessem quantidade generosa o suficiente para suprir o que lhes faltava, ou seja; quanto lhes bastasse à sua necessidade (v.8).

Quando oferecemos ajuda aos pobres, com as mãos abertas, Deus nos abençoa por nossa bondade (Salmo 41:1-3; Provérbios 19:17). Com a Sua direção, considere de que maneira você poderia "fartar a alma aflita" (Isaías 58:10) e dar liberalmente para ajudar a outros em nome de Jesus. —JBS

Verdades bíblicas:

Aplicação pessoal:

Pedidos de oração:

Respostas de oração:

VOCÊ PODE DAR SEM AMAR,
MAS NÃO PODE AMAR SEM DAR.

5 de Dezembro

Leitura: JOÃO 4:27-39

Verdades bíblicas:

Aplicação pessoal:

Pedidos de oração:

Respostas de oração:

BARREIRAS E BÊNÇÃOS

Muitos [...] creram nele, em virtude do testemunho da mulher, que anunciara: Ele me disse tudo quanto tenho feito.
—João 4:39

O que Jesus viu ao olhar para a mulher ao lado do poço no livro de João 4? Ele viu alguém que desejava aceitação e necessitava desesperadamente saber que era amada. Acima de tudo, Ele viu alguém que precisava daquilo que somente Ele poderia conceder — um novo coração.

Não foi por acaso que todos os discípulos haviam ido à cidade para comprar alimento. Certamente, eles tentariam alertar Jesus a não conversar com esta pessoa — mulher, samaritana e de má reputação.

Não sendo, porém, um seguidor de protocolos, Jesus usou este encontro para abençoá-la com a verdade da "água viva" (João 4:10). Em apenas uma conversa, Ele derrubou barreiras de antigas hostilidades, de preconceitos de gênero, de divisões étnicas e raciais. E esta mulher se tornou a primeira dentre muitos samaritanos a confessar que Jesus era o Messias (vv.39-42).

Ao contar a outros sobre seu encontro com um Homem que sabia tudo "...quanto tenho feito", ela já praticava o princípio de "semear e colher" que Jesus ensinava a Seus seguidores (João 4:35-38). Muitos creram naquele dia; tempos depois, Filipe, Pedro, João e outros pregariam em Samaria e levariam muitos mais a Cristo (Atos 8:5-14; 15:3).

Quando contamos a outros sobre nosso próprio "encontro" com Jesus, nós os abençoamos com água viva. —CHK

A FÉ QUE VALE A PENA TER É UMA FÉ QUE VALE A PENA COMPARTILHAR.

INCENTIVO IMPROVÁVEL

6 de Dezembro

[Os juízos do Senhor] São mais desejáveis do que ouro…
—Salmo 19:10

Leitura: Salmo 19:7-11

Você está procurando encorajamento? Necessita de um pequeno reforço hoje, em meio a todas as más notícias que está recebendo? O salmista Davi pode elevar seu espírito de uma maneira inesperada por intermédio de algumas palavras que, frequentemente, consideramos negativas.

Ao lermos o Salmo 19, descobrimos uma pequena lista de maneiras pelas quais a claramente definida "lei", ou padrões de vida, do Senhor pode trazer resultados positivos. Este é um incentivo improvável, pois algumas pessoas consideram os padrões divinos como algo restritivo que nos priva da felicidade.

Aqui estão algumas palavras que o salmista usou para os padrões de Deus: "lei do Senhor" (v.7), "testemunho" (v.7), "preceitos" (v.8), "mandamento" (v.8), "temor do Senhor" (v.9), e "juízos" (v.9). Estas palavras soam ameaçadoras, fazendo muitas pessoas desejarem evitar ou rejeitá-las.

Mas, perceba o que essas coisas trazem ao coração que crê e obedece: conversão da alma, sabedoria, alegria do coração, pureza de vida, iluminação dos olhos, permanência, verdade e justiça (vv.7-9). Esse é um grande encorajamento! Não admira que, a respeito da lei de Deus, Davi tenha dito o que Ele nos deu: "São mais desejáveis do que ouro […] e são mais doces do que o mel…" (v.10). —JDB

Verdades bíblicas:

Aplicação pessoal:

Pedidos de oração:

Respostas de oração:

**A OBEDIÊNCIA À PALAVRA DE DEUS
É A MAIOR LIBERDADE DO CRISTÃO.**

7 de Dezembro

Leitura: 1 Timóteo 4:9-16

Verdades bíblicas:

_____
_____
_____
_____
_____

Aplicação pessoal:

_____
_____
_____
_____
_____

Pedidos de oração:

_____
_____
_____
_____
_____

Respostas de oração:

_____
_____
_____
_____
_____

APENAS GAROTOS

Ninguém despreze a tua mocidade; pelo contrário, torna-te padrão dos fiéis…
—1 Timóteo 4:12

Após o Ensino Médio, Darrell Blizzard deixou o orfanato onde crescera para alistar-se nas tropas aeronáuticas do exército dos EUA. A Segunda Guerra Mundial estava no auge, e ele encarou responsabilidades habitualmente atribuídas a homens mais velhos e experientes. Anos depois, ele contou a um repórter que um arado com junta de quatro mulas fora a maior coisa que ele dirigira antes de pilotar um bombardeiro de quatro motores, o B-17. Perto dos seus 90 anos, disse: "Éramos apenas garotos pilotando aquelas coisas."

Na Bíblia, há registros de muitos jovens que seguiram a Deus corajosamente. Numa situação de liderança espiritual corrupta, "Samuel ministrava perante o Senhor, sendo ainda menino…" (1 Samuel 2:18). Davi enfrentou o gigante Golias apesar de lhe terem dito: "…Contra o filisteu não poderás ir para pelejar com ele; pois tu és ainda moço…" (17:33). Maria, a mãe de Jesus, era, provavelmente, muito jovem ao saber que daria luz ao Filho de Deus. Ela respondeu à proclamação do anjo dizendo: "…que se cumpra em mim conforme a tua palavra…" (Lucas 1:38). Paulo disse ao jovem Timóteo: "Ninguém despreze a tua mocidade; pelo contrário, torna-te padrão dos fiéis…" (1 Timóteo 4:12).

Deus valoriza cada um em Sua família. Em Sua força, o jovem pode ser ousado na fé, e os mais velhos podem encorajar aqueles que são "apenas garotos". —DCM

O ENCORAJAMENTO AOS JOVENS NUNCA DEVERIA ENVELHECER.

VAI! VAI!

Ora, o Senhor conduza o vosso coração ao amor de Deus e à constância de Cristo.
—2 Tessalonicenses 3:5

8 de Dezembro

Leitura: 2 Tessalonicenses 2:13–3:5

Do lado oposto do cruzamento, observei um carro hesitar quando o semáforo ficou verde. Então, do nada, uma voz começou a gritar: "Vai! Vai! Anda logo!" O motorista parecia assustado com os gritos furiosos e estava um pouco confuso sobre a origem da voz. Então, eu vi — o carro atrás dele estava equipado com um alto-falante que lhe permitia gritar com os outros motoristas! Finalmente, o motorista hesitante se recuperou e moveu seu veículo. Fiquei chocado com a rudeza e impaciência do motorista furioso.

Às vezes, as pessoas pensam que Deus é assim — irritado, impaciente e pronto para gritar com elas por meio de algum megafone divino. Elas temem que Deus esteja olhando por sobre seus ombros, pronto para punir cada ação errada.

Na verdade, as ações de Deus em relação a Seus filhos, mesmo que vacilemos em nosso caminhar ao longo da vida, provêm de Seu paciente amor. O apóstolo Paulo desejava que os tessalonicenses compreendessem isto e orou: "Ora, o Senhor conduza o vosso coração ao amor de Deus e à constância de Cristo" (2 Tessalonicenses 3:5).

Deus está agindo em nossas vidas e cumprirá Seus propósitos. Pode haver momentos em que Deus incite e discipline amorosamente Seus filhos, mas Ele não gritará conosco impacientemente. —WEC

Verdades bíblicas:

Aplicação pessoal:

Pedidos de oração:

Respostas de oração:

A GRAÇA DE DEUS É INFINITO AMOR EXPRESSANDO-SE POR MEIO DE INFINITA BONDADE.

9 de Dezembro

Leitura: LUCAS 2:1-7

Verdades bíblicas:

Aplicação pessoal:

Pedidos de oração:

Respostas de oração:

POR AMOR

...e ela [Maria] deu à luz o seu filho primogênito, enfaixou-o e o deitou numa manjedoura...
—Lucas 2:7

Recebi alguns belos presentes de Natal ano passado — calças para esquiar, uma pulseira e um leitor de livros eletrônicos. Mas, o presente que mais gostei foram os momentos que passei com as pessoas: brincar com nove sobrinhos-netos de outro estado; receber uma sobrinha, seu marido e sua filha de 18 meses em nosso culto de véspera de Natal; visitar um colega de trabalho aposentado e sua esposa que estavam com problemas de saúde; celebrar as festas com amigos antigos; ler a história do Natal com entes queridos. Todos estes foram presentes especiais pelo amor que compartilhamos.

Por amor, Deus Pai enviou um presente a este mundo dois mil anos atrás. Jesus foi envolvido em panos e deitado numa manjedoura (Lucas 2:7). Os pastores sabiam que Ele era um presente extraordinário porque um anjo lhes anunciou Seu nascimento no meio da noite, enquanto eles estavam nos campos (vv.8-14). Eles se apressaram para vê-lo e, depois, não puderam fazer outra coisa senão compartilhar com outros a notícia desse Presente (vv.16-17). Ainda assim, depois muitos o rejeitaram e Ele foi crucificado e sepultado por nossos pecados. Mas, Ele levantou-se do túmulo e agora oferece salvação a todos os que o recebem.

Obrigado, Deus, pelo Presente que o Senhor nos deu, por amor. —AMC

**O PRESENTE DE DEUS PARA O MUNDO
É O SALVADOR QUE NOS DÁ A VIDA.**

QUAL CAMINHO?

10 de Dezembro

*...os caminhos do S*enhor *são retos,
e os justos andarão neles...*
—Oseias 14:9

Leitura: Oseias 14

Pedir informações não é algo que mais gosto de fazer. Sempre sinto que, se ficar num local tempo suficiente, acabarei encontrando meu caminho. Por outro lado, minha mulher, Martie, é sempre rápida para pedir informações e mal pode acreditar em minha teimosia para admitir que não faço a menor ideia do local para o qual estou indo. No final, ela é a mais sábia. Ela chega ao seu destino rapidamente e sem angústia, enquanto eu acabo me perdendo.

Pensar que somos suficientemente inteligentes para navegar pela vida por nossa própria conta contraria a advertência das Escrituras que nos diz: "Há caminho que parece direito ao homem, mas afinal são caminhos de morte" (Provérbios 16:25). Quando estamos numa encruzilhada, precisamos parar e consultar os caminhos do Senhor, "...porque os caminhos do Senhor são retos..." (Oseias 14:9).

A vida é uma jornada direcional. É vitalmente importante saber como dirigir nossas vidas com sucesso em direção a relacionamentos abençoados e pacíficos, atos significativos de amor e serviço, uma experiência plena em Deus, e a muitos outros destinos de vital importância.

Pedir orientação a Deus não é apenas uma boa ideia — é crítico. "Confia no Senhor de todo o teu coração [...] e ele endireitará as tuas veredas" (Provérbios 3:5-6). —JMS

Verdades bíblicas:

Aplicação pessoal:

Pedidos de oração:

Respostas de oração:

**PEÇA ORIENTAÇÃO A DEUS,
PORQUE ELE CONHECE O CAMINHO.**

11 de Dezembro

Leitura: MATEUS 26:36-46

Verdades bíblicas:

_____
_____
_____
_____
_____

Aplicação pessoal:

_____
_____
_____
_____
_____

Pedidos de oração:

_____
_____
_____
_____
_____

Respostas de oração:

_____
_____
_____
_____
_____

TRAIÇÕES EMOCIONAIS

[Jesus] ...achou-os dormindo; e disse [...] nem uma hora pudestes vós vigiar comigo?
—Mateus 26:40

Alguns anos atrás, meu amigo e eu estávamos lendo juntos Mateus 26, que fala sobre Jesus no Jardim do Getsêmani. "Eu sei o seguinte:", disse ele durante a leitura, "se eu estivesse com Jesus no Getsêmani, teria vigiado. De maneira alguma eu adormeceria!" Indignado, continuou: "Como é que alguém consegue dormir depois de ouvir Jesus falar sobre toda a Sua tribulação? Ele estava praticamente implorando!" (v.38).

Sabendo que nossas famílias sofriam com nossas longas jornadas de trabalho, pensei em voz alta para meu amigo ouvir: "Quantas vezes nossos filhos procuraram por nós na multidão de suas atividades escolares, esperando ver-nos? Nossos filhos enfrentam tribulações sozinhos porque estamos longe ou ocupados? Nossas famílias e amigos têm uma intensa necessidade da nossa atenção pessoal. Até mesmo Jesus pediu a Seus discípulos para vigiarem e orarem com Ele" (vv.40-45).

Equilibrar as demandas da vida com as necessidades daqueles que amamos e servimos não é algo simples, mas falhar nisso é traição emocional. Ao pensarmos sobre os discípulos desapontando Jesus no Jardim, temos a chance de considerar as maneiras como podemos, hoje, demonstrar nosso cuidado por nossos entes queridos e seus interesses. Ajude-nos, Senhor, a amar os outros profundamente. —RKK

UMA MEDIDA DO NOSSO AMOR POR CRISTO É A NOSSA SENSIBILIDADE ÀS NECESSIDADES DOS OUTROS.

A TRILHA DE LÁGRIMAS

12 de Dezembro

E [Deus] lhes enxugará dos olhos toda lágrima, e a morte já não existirá, já não haverá luto, nem pranto…
—Apocalipse 21:4

Leitura: Apocalipse 21:1-7

Um acontecimento muito severo e trágico na história dos EUA foi a migração forçada de milhares de povos nativos no início do século 19. Tribos de índios norte-americanos, que celebraram tratados com a florescente população branca e lutaram lado a lado com ela, foram expulsos das terras de seus ancestrais. No inverno de 1838, milhares de índios *Cherokees* foram forçados a embarcar numa brutal marcha de 1.600 quilômetros em direção ao oeste, conhecida como a *Trilha de Lágrimas*. Esta injustiça causou a morte de milhares de pessoas, muitas das quais tinham pouca ou nenhuma vestimenta, calçados ou suprimentos para tal jornada.

O mundo continua repleto de injustiça, dor e sofrimento. Nos dias de hoje, muitos podem sentir-se como se estivessem deixando uma trilha de lágrimas — lágrimas que passam despercebidas, e pesar não confortado. Mas, nosso Senhor vê nossas lágrimas e conforta nossos corações abatidos (2 Coríntios 1:3-5). Ele também declara a esperança de um tempo futuro não marcado pelas manchas de pecado ou de injustiça. Nesse dia e lugar, Deus "…lhes enxugará dos olhos toda lágrima, e a morte já não existirá, já não haverá luto, nem pranto, nem dor, porque as primeiras coisas passaram" (Apocalipse 21:4).

O Deus que oferece libertar-nos das lágrimas futuras é o único que pode confortar totalmente nossas lágrimas agora.
—WEC

Verdades bíblicas:

Aplicação pessoal:

Pedidos de oração:

Respostas de oração:

QUANDO DEUS PERMITE PROVAÇÕES, ELE TAMBÉM SUPRE O CONFORTO.

13 de Dezembro

Leitura: 1 João 2:12–17

Verdades bíblicas:

Aplicação pessoal:

Pedidos de oração:

Respostas de oração:

O CÍRCULO DO SÁBIO

Pais, eu vos escrevo, porque conheceis aquele que existe desde o princípio...
—1 João 2:13

Quando eu servia no presbitério de uma igreja, um presbítero, Roberto Smith, que era mais velho que a maioria de nós, frequentemente nos fazia buscar direção na Palavra de Deus.

Em certa ocasião, discutíamos sobre a falta de líderes na igreja e já tínhamos passado uma hora ou mais analisando diversas soluções. Um dos conselheiros silenciou durante toda a discussão. Finalmente, ele disse tranquilamente: "Senhores, nós nos esquecemos da solução de Jesus para o nosso problema de liderança. Antes de fazermos alguma coisa, precisamos primeiramente rogar '...ao Senhor da seara que mande trabalhadores'" (Lucas 10:2). Sentimo-nos humilhados e passamos o restante de nosso tempo orando para que Deus levantasse obreiros e os enviasse ao campo.

C. S. Lewis disse: "Depois de ser sábio, a segunda melhor coisa é viver num círculo de sábios." Provérbios 1:5 afirma: "Ouça o sábio e cresça em prudência...". O comentário de Smith é apenas um exemplo do valor de homens e mulheres sábios que conhecem "...aquele que existe desde o princípio" (1 João 2:13-14) e cujas mentes estão repletas da Palavra de Deus.

Ouçamos o conselho daqueles que viveram na presença do Senhor e são maduros em Sua sabedoria. Eles são um dom de Deus para nós e nossas igrejas. —DHR

O VERDADEIRO SÁBIO ADQUIRE SABEDORIA A PARTIR DA EXPERIÊNCIA DOS OUTROS.

EU INVENTEI

14 de Dezembro

Onde estavas tu, quando eu lançava os fundamentos da terra? Dize-mo, se tens entendimento.
—Jó 38:4

Leitura: Jó 38:4-18

Willard S. Boyle, ganhador do *Prêmio Nobel* de Física, foi o coinventor do "olho eletrônico" por detrás das câmeras digitais e do telescópio *Hubble*. Ele queria comprar uma nova câmera digital e visitou uma loja em Halifax, Nova Escócia, Canadá. O vendedor tentou explicar-lhe sobre a complexidade da câmera, mas parou por sentir que era complicado demais para ele compreender. Em seguida, Boyle o interrompeu abruptamente dizendo: "Não precisa explicar. Eu a inventei."

Após Deus permitir a Satanás testar Jó tirando sua família, sua saúde e seus bens (Jó 1–2), Jó lamentou o dia em que nascera (Jó 3). Nos capítulos seguintes, Jó perguntou por que Deus lhe permitiria enfrentar tanto sofrimento. Então, com franqueza divina, Deus lembrou Jó de que Ele "inventara" a vida e criara o mundo (Jó 38–41). Deus convidou-o a repensar o que Jó dissera. Ao chamar a atenção para Seu soberano poder e para a profundidade de Sua sabedoria demonstrada em todos os cantos da terra (38:4-41), Deus expôs a imensidão da ignorância de Jó.

Se formos tentados a dizer a Deus como a vida deveria funcionar, lembremo-nos de que Ele a inventou! Que Ele possa nos ajudar a reconhecer humildemente nossa ignorância e a confiarmos nele — o Criador do universo. —MLW

Verdades bíblicas:

Aplicação pessoal:

Pedidos de oração:

Respostas de oração:

COMPREENDER DEUS É IMPOSSÍVEL, MAS ADORÁ-LO É VITAL.

15 de Dezembro

Leitura: 2 Pedro 3:1-13

Verdades bíblicas:

_____
_____
_____
_____
_____

Aplicação pessoal:

_____
_____
_____
_____
_____
_____
_____

Pedidos de oração:

_____
_____
_____
_____
_____

Respostas de oração:

_____
_____
_____
_____
_____

VINTE E SETE POR CENTO

Visto que todas essas coisas hão de ser assim desfeitas, deveis ser tais como os que vivem em santo procedimento e piedade.
—2 Pedro 3:11

As atitudes das pessoas em relação às profecias bíblicas variam amplamente. Alguns cristãos se preocupam tanto com isso, que falam constantemente sobre os últimos eventos mundiais, pensando serem sinais bíblicos de que Cristo poderia retornar a qualquer momento. Outros são tão indiferentes em sua visão das profecias, que parecem não crer na relevância delas à vida cristã.

Desta forma, a profecia é importante? Eis aqui alguns fatos para ajudar a colocar as coisas em perspectiva. Há 31.124 versículos na Bíblia, dos quais 8.352 têm algum tipo de conteúdo profético. Isso corresponde a 27% das Escrituras!

Como a profecia ocupa mais de uma quarta parte das Escrituras, o cristão deveria valorizar profundamente o seu papel na revelação divina. Mas, ao agirmos assim, deveríamos nos lembrar do motivo de Deus as ter colocado em Sua Palavra. Após descrever como o mundo terminará, Pedro conclui: "Visto que todas essas coisas hão de ser assim desfeitas, deveis ser tais como os que vivem em santo procedimento e piedade" (2 Pedro 3:11). Em outras palavras, deveríamos diariamente optar por viver piedosamente em conformidade com a nossa futura morada.

Deus nos deu informações sobre o futuro para glorificar a si mesmo, para assegurar-nos de Seu controle soberano da história e para desafiar-nos a vivermos piedosamente. —HDF

BUSQUE A VOLTA DE CRISTO E VOCÊ VIVERÁ PARA A SUA GLÓRIA.

ALEGRIA

...eis aqui vos trago boa-nova de grande alegria, que o será para todo o povo.
—Lucas 2:10

16 de Dezembro

Leitura: LUCAS 2:8-12

Após Adão e Eva desobedecerem a Deus, a alegria foi perdida. Deus os expulsou de sua morada no jardim, para evitar que algo pior acontecesse. Se tivessem comido da árvore da vida depois de comer da árvore do conhecimento do bem e do mal, eles teriam vivido para sempre em sua miséria.

A vida fora do jardim não era fácil. Adão e Eva tinham de trabalhar duro por seu alimento. A presença da morte estava em toda parte e os animais atacavam uns aos outros. Ainda pior, o filho primogênito do casal assassinou seu irmão mais novo. O que poderia ser pior? O pecado penetrara em suas vidas e o casal não podia impedir a alegria de esvair-se.

Mas, Deus tinha um plano para restaurar a alegria perdida no Jardim quando a morte chegou. A alegria retornou por meio do nascimento — o nascimento do próprio Filho de Deus. "...eis aqui vos trago boa-nova de grande alegria, que o será para todo o povo" (Lucas 2:10). Jesus cresceu para curar os enfermos, dar vista ao cego e ressuscitar os mortos. Mas, essa era apenas uma antecipação das coisas por vir. Deus adentrou nosso mundo, vivenciou nossa dor e conquistou a morte, dando-nos a esperança de que Ele manterá Sua promessa de dar fim à dor e eliminar o sofrimento e a morte (João 11:25-26; 1 Coríntios 15:3-4; Apocalipse 21:4). Não admira que o Natal seja a estação da alegria! —JAL

Verdades bíblicas:

Aplicação pessoal:

Pedidos de oração:

Respostas de oração:

A ALEGRIA DO NATAL É JESUS.

17 de Dezembro

Leitura: Atos 7:51–8:2

Verdades bíblicas:

Aplicação pessoal:

Pedidos de oração:

Respostas de oração:

VALE O RISCO

Porque pela graça sois salvos, mediante a fé; e isto não vem de vós; é dom de Deus; não de obras, para que ninguém se glorie.
—Efésios 2:8-9

O que alguém daria em troca de um novo *iPad*! Um garoto de 17 anos deu um rim! Aparentemente, ele não podia pagar por um *iPad* e queria tanto um, que se dispôs a correr o risco da cirurgia.

Estêvão, no livro de Atos 7, correu um sério risco, mas foi para proclamar as boas-novas sobre Jesus. Ao efetuar milagres, ele foi preso, falsamente acusado de blasfemar contra Deus e a lei Mosaica, e levado à presença do sumo sacerdote (Atos 6:8-14). Em resposta a uma pergunta do sumo sacerdote (Atos 7:1), Estêvão correu o risco e pregou um sermão do qual sabia que seus ouvintes não gostariam. Ele disse que, em toda a história de Israel, a nação repetidamente rejeitara os mensageiros de Deus. E agora, eles haviam rejeitado o Messias.

O sermão de Estêvão provocou uma forte reação. "Eles, porém, clamando em alta voz, taparam os ouvidos e, unânimes, arremeteram contra ele. E, lançando-o fora da cidade, o apedrejaram…" (Atos 7:57-58) Por que Estêvão arriscaria sua vida para pregar a respeito de Jesus? Ele desejava desesperadamente que seus ouvintes soubessem que, devido à morte e ressurreição de Jesus, eles não precisavam mais viver sob a lei, mas poderiam viver sob a graça e o perdão (Atos 6:13-15; Efésios 2:8-9). Jesus morreu para que nós tenhamos a vida eterna. —AL

A VIDA DE UM CRISTÃO É UMA JANELA PELA QUAL OS OUTROS PODEM VER JESUS.

OUVIDOS ABERTOS

18 de Dezembro

Sacrifícios e ofertas não quiseste; abriste os meus ouvidos; holocaustos e ofertas pelo pecado não requeres.
—Salmo 40:6

Leitura: SALMO 40:1-10

Recentemente, estava enfrentando um problema com meus ouvidos e decidi tentar um tratamento um tanto controverso. Supostamente, ele derreteria o cerume e eliminaria qualquer possível impedimento à minha capacidade de ouvir. Tenho de admitir que parecia uma experiência estranha. Mas, desesperado para conseguir ouvir claramente, dispus-me a tentar.

Se a boa audição é importante na vida, ela é ainda mais importante em nossa caminhada com Deus. No Salmo 40:6, Davi declarou: "Sacrifícios e ofertas não quiseste; abriste os meus ouvidos; holocaustos e ofertas pelo pecado não requeres." A palavra *abriste* neste versículo pode ser traduzida como *desimpediste* e refere-se ao que Deus deseja para nós. Ele quer que nossos ouvidos estejam abertos e prontos a ouvi-lo ao falar conosco por meio de Sua Palavra. Às vezes, porém, nossos ouvidos espirituais podem estar bloqueados pelo ruído de fundo da cultura ao redor ou pelas canções de sereias da tentação e pecado.

Que nós possamos, em vez disso, inclinar nossos corações ao Senhor em total devoção, mantendo nossos ouvidos abertos a Ele para que sejamos sensíveis à Sua voz. Ao falar, Ele colocará Sua Palavra em nossos corações e nós aprenderemos dele para nos deliciarmos com Sua vontade (Salmo 40:8). —WEC

Verdades bíblicas:

Aplicação pessoal:

Pedidos de oração:

Respostas de oração:

DEUS FALA POR MEIO DE SUA PALAVRA ÀQUELES QUE ESCUTAM COM SEUS CORAÇÕES.

19 de Dezembro

Leitura: MARCOS 10:46-52

Verdades bíblicas:

Aplicação pessoal:

Pedidos de oração:

Respostas de oração:

SEJA ESPECÍFICO

…Que queres que eu te faça?…
—Marcos 10:51

No dia anterior a uma grande cirurgia, compartilhei com minha amiga que eu estava realmente apavorada quanto ao procedimento. "Qual parte a apavora?", perguntou ela. "Tenho muito medo de não acordar da anestesia", respondi. Imediatamente, Anne orou: "Pai, o Senhor conhece o medo da Cindy. Por favor, acalme seu coração e encha-a com Sua paz. E, Senhor, por favor, acorde-a após a cirurgia."

Penso que Deus gosta desse tipo de especificidade quando conversamos com Ele. Quando o cego mendigo Bartimeu clamou a Jesus por ajuda, Jesus perguntou: "…Que queres que eu te faça? Respondeu o cego: Mestre, que eu torne a ver. Então, Jesus lhe disse: Vai, a tua fé te salvou…" (Marcos 10:51-52).

Não precisamos fazer rodeios com Deus. Embora possa haver um momento para orar poeticamente, Davi o fez, também há momentos em que devemos dizer simplesmente "Deus, perdoe-me pelo que acabo de dizer" ou simplesmente "Jesus, eu te amo pois…". Ser específico com Deus pode até ser um sinal de fé, porque reconhecemos que não estamos falando com um Ser distante, mas com uma Pessoa verdadeira que nos ama intimamente.

Deus não se impressiona com uma torrente de palavras elaboradas. Ele escuta o que o nosso coração está dizendo. —CHK

A ESSÊNCIA DA ORAÇÃO É A ORAÇÃO DO CORAÇÃO.

O PRESENTE

20 de Dezembro

E a vós outros [...] reconciliou no corpo da sua carne, mediante a sua morte, para apresentar-vos perante ele santos...
—Colossenses 1:21-22

Leitura: COLOSSENSES 1:19-27

Referimo-nos ao Natal como a época de trocar presentes. A maioria de nós se esforça para encontrar presentes dos quais amigos e família gostarão, mas nem todos os presentes são iguais. Alguns deles vêm com uma insinuação sutil, como um aparelho de ginástica ou um livro sobre perda de peso. Outros são aqueles que quem presenteia deseja para si mesmo. Mas, os melhores são aqueles que vêm de alguém que nos ama e sabe o que desejamos.

No Natal passado, o pastor da minha igreja, nos desafiou a pensar de maneira diferente na vinda de Cristo. Nós sabemos que Jesus era o presente perfeito de Deus para nós (Romanos 6:23), mas o pastor acrescentou outro pensamento. Disse-nos que a vinda de Jesus à terra também podia ser vista como um presente que Ele deu a Seu Pai. Jesus amava Seu Pai e sabia que o que Ele mais desejava era que nós, Sua criação, fôssemos reconciliados com Ele. Por meio de Sua encarnação, Jesus possibilitou sermos um presente santo e inculpável para Deus (Colossenses 1:22).

Pensar em nós mesmos como um presente para Deus nos faz desejar ser um presente que vale o custo, "...para o seu inteiro agrado, frutificando em toda boa obra e crescendo no pleno conhecimento de Deus" (Colossenses 1:10). —JAL

Verdades bíblicas:

Aplicação pessoal:

Pedidos de oração:

Respostas de oração:

O MAIOR PRESENTE DE DEUS DEVE DESPERTAR NOSSA MAIS PROFUNDA GRATIDÃO.

21 de Dezembro

Leitura: PROVÉRBIOS 16:19-24

Verdades bíblicas:

Aplicação pessoal:

Pedidos de oração:

Respostas de oração:

DOCES PALAVRAS

Revesti-vos [...] de ternos afetos de misericórdia, de bondade, de humildade, de mansidão, de longanimidade.
—Colossenses 3:12

Sérgio sempre admirara o relacionamento entre seus sogros. Por isso, um dia, ele lhes perguntou o que fazia o casamento deles ser feliz e o sogro respondeu: "Você precisa mantê-lo doce!"

Um dos meus amigos conclui muitas de suas notas para mim e meu marido, e para outros amigos, com estas palavras: "Lembrem-se de serem bons uns com os outros."

Ambos dão um ótimo conselho sobre ser gentil. As tensões diárias da vida podem, facilmente, tornar-nos irritáveis com nossos cônjuges ou com outras pessoas. Envolvemo-nos com pequenos aborrecimentos ou criticamos hábitos de pouca importância. Deixamos escapar palavras nocivas e rudes sem pensar.

O livro de Provérbios nos aconselha sobre as palavras que usamos com os outros: "O que guarda a boca e a língua guarda a sua alma das angústias" (Provérbios 21:23). E traz as seguintes advertências: "A morte e a vida estão no poder da língua..." (Provérbios 18:21) e "Alguém há cuja tagarelice é como pontas de espada, mas a língua dos sábios é medicina" (Provérbios 12:18). O conselho do sogro sobre manter o casamento "doce" me faz recordar Provérbios 16:24: "Palavras agradáveis são como favo de mel: doces para a alma e medicina para o corpo."

Senhor, enche os nossos corações com palavras que hoje serão bênção para outras pessoas. —AMC

CORAÇÕES GENTIS SÃO JARDINS; PENSAMENTOS BONS, RAÍZES; PALAVRAS AMÁVEIS, FLORES; ATOS BONDOSOS, FRUTOS.

OS CÉUS PROCLAMAM

22 de Dezembro

Os céus proclamam a glória de Deus, e o firmamento anuncia as obras das suas mãos.
—Salmo 19:1

Leitura: Salmo 19:1-6

Você não precisa passar muito tempo olhando o céu à noite para deslumbrar-se com a maravilha da tremenda admirável criação de Deus. A gigantesca extensão de galáxias e a massa nebulosa da nossa própria Via Láctea nos lembram da espetacular criação e da permanente obra de Jesus, em quem tudo subsiste (Colossenses 1:16-17). É como se todos nós tivéssemos poltronas de primeira fila no teatro do poder criador de Deus.

Mas, o espetáculo noturno de que desfrutamos nada é em comparação com a glória que Deus demonstrou quando enviou Seu Filho à Terra. Enquanto os pastores vigiavam seus rebanhos, o céu encheu-se repentinamente de chamas com mensageiros angelicais louvando a Deus e dizendo: "Glória a Deus nas maiores alturas" (Lucas 2:14). Até magos de um país estranho vieram e adoraram ao Rei quando Deus plantou no leste a mais brilhante de todas as estrelas, que os levou a Belém.

Enquanto "...os céus proclamam a glória de Deus..." todas as noites (Salmo 19:1), nunca antes ou depois disso o teatro do universo se avivou mais com Sua glória do que na anunciação de que o Criador deste universo nos amou o suficiente para vir ao nosso planeta para nos salvar de nossos pecados. Não se esqueça disso na próxima vez que você se maravilhar com as estrelas!
—JMS

Verdades bíblicas:

Aplicação pessoal:

Pedidos de oração:

Respostas de oração:

A GLÓRIA ESPETACULAR DO AMOR DE DEUS POR NÓS FOI REVELADA NA VINDA DE JESUS.

23 de Dezembro

NATAL DO ARADO

Leitura: Isaías 2:1-4

Verdades bíblicas:

Aplicação pessoal:

Pedidos de oração:

Respostas de oração:

> …[muitas nações] converterão
> as suas espadas em relhas de arados […];
> nem aprenderão mais a guerra.
> —Isaías 2:4

Em seu livro *Christmas 1945* (Natal de 1945), Matthew Litt relata a primeira celebração de Natal em tempo de paz nos EUA após a Segunda Guerra Mundial. Um jornal da cidade de Nova Iorque alertou seus leitores a esperarem uma frota de navios de guerra no porto de Nova Iorque: "O dia de Natal encontrará uma poderosa armada, formado por 4 encouraçados, 6 porta-aviões, 7 cruzadores e 24 contratorpedeiros." Mas, em vez de promover guerra, os navios militares abrigavam mil crianças necessitadas.

As medidas das crianças foram tiradas previamente para que os casacos e quepes de lã azul–marinho, com ajuste perfeito, pudessem ser embrulhados como presente e entregues quando elas chegassem a bordo dos navios. Estes navios de guerra haviam sido transformados em portadores de compaixão.

O profeta Isaías previu um futuro dia do reino de paz de Cristo nesta terra: "…estas converterão as suas espadas em relhas de arados e suas lanças, em podadeiras; uma nação não levantará a espada contra outra nação, nem aprenderão mais a guerra" (Isaías 2:4). O tempo de Natal serve como um lembrete de que o Príncipe da Paz trará, definitivamente, um tempo de calma e compaixão globais.

Ao celebrarmos a primeira vinda do Príncipe da Paz e aguardarmos Sua segunda vinda, somos relembrados que temos o privilégio de servir como Seus "portadores de compaixão". —HDF

A VERDADEIRA PAZ PROVÉM DO PRÍNCIPE DA PAZ.

MOMENTO DE GRAÇA

24 de Dezembro

Voltaram, então, os pastores glorificando e louvando a Deus por tudo o que tinham ouvido e visto, como lhes fora anunciado.
—Lucas 2:20

Leitura: LUCAS 2:13-20

Todo ano, gosto de escutar, pela rádio BBC Mundial, a transmissão ao vivo do culto de véspera de Natal diretamente da capela de uma universidade na Inglaterra. Este *Festival de Nove Lições e Cantos* combina leituras das Escrituras, orações e música coral num comovente culto de adoração. Certo ano, fiquei impressionado com a descrição da congregação saindo da magnífica capela, em que o locutor disse que as pessoas estavam "saindo desse momento de graça e voltando ao mundo real".

Não foi assim no primeiro Natal? Os pastores ouviram um anjo anunciar o nascimento do Salvador, Cristo, o Senhor (Lucas 2:11), seguido por uma "…multidão da milícia celestial, louvando a Deus" (v.13). Após encontrarem Maria, José e o Bebê em Belém, os pastores divulgaram a notícia sobre esse Menino (v.17). "Voltaram, então, os pastores glorificando e louvando a Deus por tudo o que tinham ouvido e visto, como lhes fora anunciado" (v.20).

Eles tinham sido transformados pelo "momento de graça". Ao voltarem para seu mundo real, eles levaram as boas-novas sobre Jesus em seus corações e suas vozes.

Que nós também possamos levar a graça de Deus para o mundo real neste Natal e todos os dias do novo ano. —DCM

Verdades bíblicas:

Aplicação pessoal:

Pedidos de oração:

Respostas de oração:

LEVE A ALEGRIA DO NATAL COM VOCÊ TODOS OS DIAS.

25 de Dezembro

Leitura: HEBREUS 1:1-9

Verdades bíblicas:

Aplicação pessoal:

Pedidos de oração:

Respostas de oração:

UMA MENSAGEM DE DEUS

Havendo Deus [...] falado, muitas vezes e de muitas maneiras, aos pais, pelos profetas, nestes últimos dias, nos falou pelo Filho...
—Hebreus 1:1-2

Ray Tomlinson, em 1971, fez experimentos sobre a interação de pessoas com computadores. Ao enviar uma mensagem de seu computador, através de uma rede, a outro no escritório, enviara o primeiro *e-mail*. Agora, décadas depois, mais de um bilhão de *e-mails* são enviados todos os dias. Muitos com notícias importantes de familiares e amigos, mas outros podem levar propaganda indesejada ou vírus. A regra básica que rege o uso do *e-mail* é: "Não abra se não confiar no remetente."

Deus nos enviou uma mensagem na Pessoa de Seu Filho e nós podemos confiar no Remetente. No Antigo Testamento, Deus falou por meio de profetas e muitas pessoas rejeitaram Sua Palavra. Mas, tudo levava a isto: "Havendo Deus, outrora, falado, muitas vezes e de muitas maneiras, aos pais pelos profetas, nestes últimos dias, nos falou pelo Filho, a quem constituiu herdeiro de todas as coisas, pelo qual também fez o universo" (Hebreus 1:1-2).

Podemos nos sentir intimidados pelo inexplicável mistério do Deus Todo-poderoso vir ao mundo como bebê e ainda permanecermos indecisos em acolher Cristo totalmente e depositar nossas vidas em Suas mãos.

O Natal é a inesquecível mensagem de amor, redenção e esperança enviada por Deus. Você confiará no Remetente e abrirá a Sua mensagem hoje? —DCM

A MENSAGEM DE ESPERANÇA DIVINA É ATEMPORAL E ESTÁ AGUARDANDO PARA SER RECEBIDA.

MÃOS LIMPAS

26 de Dezembro

Quem subirá ao monte do Senhor?
Quem há de permanecer no seu santo lugar?
O que é limpo de mãos e puro de coração...
—Salmo 24:3-4

Leitura: SALMO 24

Verdades bíblicas:

Aplicação pessoal:

Pedidos de oração:

Respostas de oração:

Parece que, onde quer que vá nestes dias, você vê avisos incentivando as pessoas a lavarem suas mãos. Com a constante ameaça de germes e vírus disseminando doenças entre o público em geral, os agentes de saúde nos lembram continuamente de que mãos sujas formam o maior agente isolado da disseminação de germes. Assim, além dos avisos exigindo o vigilante lavar das mãos, os lugares públicos frequentemente fornecem desinfetantes para as mãos, para ajudar-nos a tomar cuidado com germes e bactérias.

Davi também falou sobre a importância de "mãos limpas", mas por um motivo dramaticamente diferente. Ele disse que mãos limpas são uma condição para estar apto a entrar na presença de Deus para adorá-lo: "...Quem subirá ao monte do Senhor? Quem há de permanecer no seu santo lugar?" perguntou ele. E a resposta? "O que é limpo de mãos e puro de coração..." (Salmo 24:3-4). Aqui, "mãos limpas" não é uma referência à higiene pessoal, mas uma metáfora para nossa condição espiritual — estar limpo do pecado (1 João 1:9). Ela fala de uma vida comprometida ao que é correto e divino — capacitando-nos a permanecer inculpáveis perante nosso Senhor no privilégio da adoração.

Por vivermos Sua vida em nós, Ele pode nos ajudar a fazer o que é certo para que nossas mãos estejam limpas e nossos corações prontos para adorar ao nosso grandioso Deus. —WEC

O CAMINHO PARA A ADORAÇÃO COMEÇA COM GRATIDÃO PELA PURIFICAÇÃO CONCEDIDA POR DEUS.

27 de Dezembro

UMA ESTRATÉGIA VENCEDORA

*Israel pecou,
e violaram a minha aliança...*
—Josué 7:11

Leitura: JOSUÉ 7:1-13

Verdades bíblicas:

Aplicação pessoal:

Pedidos de oração:

Respostas de oração:

Durante meus dias de técnico de basquetebol numa escola de Ensino Médio, cometi um enorme engano. Enviei alguns de meus jogadores para espiarem uma equipe adversária. Eles retornaram com o seguinte relatório: Podemos derrotá-los facilmente. Hiperconfiantes, perdemos para aquela equipe. Isso lhe soa familiar? A mim, faz lembrar a situação em Ai, quando Josué enviou seus espias, que julgaram equivocadamente a força do adversário.

Mas, outras coisas levaram à derrota em Ai além da má espia. Israel perdeu a batalha e 36 soldados por vários motivos que, penso, podem ensinar-nos.

Pouco antes da derrota em Ai, Josué conduziu seu exército com sucesso contra Jericó porque conhecia o plano de Deus para o ataque. Mas, não há menção de Josué consultando Deus antes de Ai. Antes da batalha de Jericó, os homens se consagraram a Deus (Josué 5:2-8). Antes de Ai, nada é dito sobre os homens de Josué se preparando espiritualmente. O pecado no acampamento é o motivo dado pela Bíblia para a derrota dos israelitas. Acã roubara do despojo de Jericó (Josué 7:1). Eles não foram capazes de derrotar Ai até o pecado ser confessado e o povo se consagrar (7:16-26). Então, Deus lhes deu um plano para a vitória (8:1-7).

Uma estratégia vencedora para nossas batalhas diárias: confessar nosso pecado e viver no poder que Deus proporciona
—JDB

A PUREZA NO CORAÇÃO PRODUZ O PODER NA VIDA.

VENTO E FOGO

28 de Dezembro

> Tratai todos com honra, amai os irmãos, temei a Deus, honrai o rei.
> —1 Pedro 2:17

Leitura: 1 Pedro 2:9-17

Às vezes, quando desejo acender uma fogueira, o vento a apaga. Mas, quando tento apagar uma fogueira, o vento a mantém acesa. Assim, na primeira situação, chamo-o de "mau", porque frustra meus planos; na outra, eu o chamo "bom", porque ele me ajuda a realizar meu desejo.

Este paradoxo ilustra como julgamos as coisas pela maneira como estas nos afetam. Declaramos circunstâncias ou pessoas "más" se elas frustram nossos planos ou nos causam inconveniência. Julgamos circunstâncias ou pessoas "boas" se concordarmos com elas e estas apoiarem nossa causa.

Mas, Deus é aquele que determina o que é bom ou mau; Ele o faz não levando em consideração se isso afeta nossos planos, mas se isso cumpre ou não os Seus planos. Seu plano é que sejamos "sacerdócio real, nação santa, povo de propriedade exclusiva de Deus". E Seu propósito para nós é proclamarmos "…as virtudes daquele que vos [nos] chamou das trevas para a sua maravilhosa luz" (1 Pedro 2:9).

Para cumprir o bom propósito de Deus, devemos respeitar todas as pessoas, amar outros cristãos, temer a Deus e honrar nossos governantes — mesmo quando algo não nos parece bom (1 Pedro 2:17). Tais ações podem espalhar uma centelha de crença naqueles que observam nossas reações às "más" circunstâncias e, acima de tudo, trazer louvor a Deus. —JAL

Verdades bíblicas:

Aplicação pessoal:

Pedidos de oração:

Respostas de oração:

QUANDO AS COISAS PARECEM MÁS, LEMBRE-SE DE QUE DEUS É BOM.

29 de Dezembro

Leitura: Salmo 1

Verdades bíblicas:

_____
_____
_____
_____
_____

Aplicação pessoal:

_____
_____
_____
_____
_____
_____
_____

Pedidos de oração:

_____
_____
_____
_____
_____
_____

Respostas de oração:

_____
_____
_____
_____

BENDIGA OS LIMITES

Bem-aventurado o homem que não anda no conselho dos ímpios, não se detém no caminho dos pecadores...
—Salmo 1:1

Em todos os anos em que trabalhei com pessoas, nunca encontrei alguém cuja vida estivesse totalmente confusa por ele ou ela ter seguido os preceitos divinos. Contudo, num dia em que a liberdade pessoal é celebrada como um direito inalienável, falar em conformar nosso estilo de vida à maneira de Deus é, frequentemente, visto como uma infração. E qualquer um que se posiciona em favor dos limites de Deus é considerado exorbitante. Mas, nesse frenesi por liberdade, não deve passar despercebido que nossa sociedade é cada vez mais marcada por um assombroso senso de insignificância e desespero.

O povo de Deus deveria ter uma visão dos limites, distintamente diferente. Como o salmista, devemos perceber que uma vida abençoada provém de deliciar-se nas leis do Senhor (Salmo 1:2) — não em viver como aqueles que andam no conselho dos ímpios e se detêm no caminho dos pecadores. Quem crê em Jesus reconhecerá que os limites de Deus não têm o objetivo de tirar o tempero da vida. Pelo contrário, eles são cercas divinas construídas com a sabedoria de Deus para ajudar-nos a evitar a perfídia e a tribulação da vida imprudente.

Na próxima vez em que você for tentado a romper os limites de Deus, lembre-se de Seu propósito amoroso ao construir as cercas. Escolha bendizer a Deus pelos limites e pela maneira como tais limites lhe trazem bênçãos. —JMS

OS LIMITES DIVINOS MANTÊM VOCÊ AO ALCANCE DAS BÊNÇÃOS DE DEUS.

UMA CARTA DURADOURA

30 de Dezembro

...seca-se a erva, e cai a sua flor, mas a palavra de nosso Deus permanece eternamente. —Isaías 40:8

Leitura: ISAÍAS 40:1-8

Os fundadores de uma renomada loja de artesanato são cristãos. O presidente dessa empresa, tem paixão pelas Escrituras e pretende montar um museu da Bíblia, que exibirá livros raros e manuscritos de todo o mundo. Ele disse: "Estamos interessados em [...] incentivar pessoas a considerarem o que [a Bíblia] tem a dizer [...] O objetivo é criar um museu em torno da história da Bíblia. Nenhum outro livro foi tão perseguido ou amado. Sua incrível história precisa ser contada."

A Bíblia foi preservada através do tempo de maneiras extraordinárias, e o museu contará essa história. As cópias mais antigas que temos do Novo Testamento são mais numerosas e próximas da data dos eventos registrados pelas testemunhas oculares do que qualquer outro documento antigo daquele tempo. Seus relatos sobre Cristo são mais confiáveis do que qualquer outra coisa que saibamos sobre Sócrates ou César. Não deveria nos surpreender que Deus está nos bastidores, usando pessoas e circunstâncias para divulgar Seu inspirado texto de redenção. Isaías proclamou com eloquência: "...seca-se a erva, e cai a sua flor, mas a palavra de nosso Deus permanece eternamente" (Isaías 40:8).

Quando lemos a Bíblia com o coração aberto, desejamos compartilhar sua mensagem. Ela é a carta duradoura de Deus para todas as pessoas. —HDF

Verdades bíblicas:

Aplicação pessoal:

Pedidos de oração:

Respostas de oração:

EM TODA A LITERATURA, NADA EXISTE COMPARÁVEL A BÍBLIA.

31 de Dezembro

Leitura: SALMO 39:4-13

Verdades bíblicas:

Aplicação pessoal:

Pedidos de oração:

Respostas de oração:

PENSAMENTO FINAL

*Dá-me a conhecer, Senhor, o meu fim
e qual a soma dos meus dias,
para que eu reconheça a minha fragilidade.*
—Salmo 39:4

Ao aguardarmos o Ano Novo com planos e resoluções, as vozes de homens piedosos do passado nos incentivam a pensar sobre algo que preferimos ignorar — nossa própria morte.

Thomas de Kempis (1379–1471) escreveu: "Feliz é aquele que tem sempre diante de seus olhos a hora de sua morte e diariamente se prepara para morrer." E François Fénelon (1651–1715) escreveu: "Não há como afligir-se excessivamente à cegueira dos homens que não querem pensar na morte, e que se afastam de uma coisa inevitável que poderíamos nos alegrar em pensar frequentemente. A morte só importa pessoas carnais."

Estes homens não se referiam a uma preocupação deprimente com a morte, mas a uma abordagem dinâmica da vida. Como o salmista Davi, devemos orar: "Dá-me a conhecer, Senhor, o meu fim e qual a soma dos meus dias, para que eu reconheça a minha fragilidade […] Na verdade, todo homem, por mais firme que esteja, é pura vaidade" (39:4-5). Davi fala de pessoas que trabalham em vão, amontoando riquezas sem qualquer ideia de quem as levará (v.6). Ele conclui afirmando que sua esperança está em Deus, o único que pode afastá-lo de uma vida de rebelião e desastre espiritual (vv.7-8).

Ao depositarmos nossa esperança em Deus, a brevidade de nossa vida na terra merece ser considerada — diariamente
—DCM

SABER QUE A MORTE É CERTA PODE PROPORCIONAR UMA ABORDAGEM DINÂMICA À VIDA.

Notas

Acesse o link clube.paodiario.com.br para ter acesso ao **Clube Pão Diário**.

Faça o seu cadastro e tenha acesso a:
- Lançamentos de nossos novos produtos
- Descontos especiais para compras on-line
- Nosso conteúdo digital
- Recursos bíblicos gratuitos para baixar em seu dispositivo móvel ou computador.
- Conhecer nossos projetos
- Envolver-se no que acontece globalmente em *Pão Diário*